ALLE MOEDERS HATEN MIJ

SARAH HARMAN

Vertaling Ingrid Zweedijk

HarperCollins

MIX
Paper | Supporting responsible forestry
FSC® C021394

Voor het papieren boek is papier gebruikt dat onafhankelijk is gecertificeerd door FSC®
om verantwoord bosbeheer te waarborgen.
Kijk voor meer informatie op www.harpercollins.co.uk/green.

HarperCollins is een imprint van Uitgeverij HarperCollins Holland, Amsterdam.

Oorspronkelijke titel: *All the Other Mothers Hate Me*

Vertaling: Ingrid Zweedijk
Omslagontwerp: Patrice Sheridan / G.P. Putnam's Sons
Omslagbewerking: Pinta Grafische Producties
Omslagbeeld: © Adobe Stock
Foto auteur: © Faye Thomas
Zetwerk: Mat-Zet B.V.
Druk: ScandBook UAB, Lithuania, met gebruik van 100% groene stroom

ISBN 978 94 027 1697 9
ISBN 978 94 027 7424 5 (e-book)
NUR 330
Eerste druk april 2025

Originele uitgave verschenen bij G.P. Putnam's Sons, een imprint van Penguin Random House LLC.

HarperCollins Holland is een divisie van Harlequin Enterprises ULC.

www.harpercollins.nl

Voor Jack, mijn maatje

PROLOOG

DE VERMISTE JONGEN IS DE TIENJARIGE ALFIE RISBY, EN OM JE DE waarheid te zeggen: hij is een ettertje.

Ik besef dat het vreselijk is om zoiets te zeggen over een kind, zeker een kind dat vermist wordt. Maar – en hier ben ik niet trots op – als ik een jongen uit Dylans klas had moeten kiezen die op klaarlichte dag zou verdwijnen, dan zou Alfie bovenaan mijn lijstje hebben gestaan.

Er zijn van die kinderen die je wel zou willen slaan, en Alfie was er zo een. Misschien lag het aan zijn haar, die vaalrode tint die we vroeger rossig noemden. Of aan zijn fletse rozijnkleurige ogen. Of aan zijn kleine, scherpe tanden, die hem een fretachtig voorkomen gaven.

Dat ze scherp zijn is een feit: vorig jaar beet hij zijn nanny Cecilia zo hard dat ze gehecht moest worden. Wekenlang verscheen ze 's middags op het schoolplein als een sneue schim, met haar onderarm in het verband.

De enige keer dat ik me had opgegeven als begeleider op een schoolreisje, een picknick op Hampstead Heath, stond Alfie gebogen over een schaal saucijzenbroodjes en zei tegen me, heel nonchalant, alsof we twee volwassenen aan een bar waren, dat hij mijn 'sletterige nagels' supergaaf vond.

En dan heb je nog dat gezin waar hij uit komt. Dat was niet gewoon St. Angeles-rijk. Het bevond zich in een heel andere categorie.

'Rijker dan Onze-Lieve-Heer, zeg maar,' had een van de moeders me toegefluisterd tijdens de voorjaarsfundraiser vorig jaar, toen we suikerkoekjes op plastic bordjes klaarlegden.

Maar als ik eerlijk ben, had mijn mening over Alfie niets te maken met zijn haar of zijn rijkeluisafkomst of zijn frettentandjes. Nee. Mijn afkeer van Alfie kwam uitsluitend voort uit de manier waarop hij Dylan behandelde, mijn vroegwijze, gevoelige, enige zoon: alsof hij een insect was dat vermorzeld moest worden.

En niemand vermorzelt mijn kind.

1

Shepherd's Bush, Londen

VRIJDAG, 7.45 UUR

IK WORD WAKKER MET EEN GIRLS' NIGHT-NUMMER IN MIJN hoofd. Eerlijk gezegd is 'The Quake' nooit zo'n hit geworden als het label had gehoopt. Het hielp niet dat er in dezelfde week dat onze single werd uitgebracht een verwoestende aardbeving met een kracht van 8,9 door Zuid-Californië was geraasd, waardoor een parkeergarage als een soufflé in elkaar zakte en 346 mensen eronder bedolven raakten. Toch is het op zich nog steeds een lekker nummer.

You're like an earthquake,
Richter 10 heartbreak
Said you wanna 'short break'
Then takin' up with that skan–

Ik neurie in mezelf onder het dekbed, fantaserend dat ik sta op te treden voor een uitverkocht Wembley Stadium in plaats van een lauwe douche ga nemen op de benedenverdieping van een half victoriaans rijtjeshuis. Niet eens het hele verdomde huis.

'Dylan!' gil ik. 'Opstaan! Je komt te laat op school!'

Mijn zoon verschijnt in de deuropening, helemaal aangekleed, tot en met zijn St. Angeles-pet en -das.

'Haha, heel grappig, mam.' Hij rolt met zijn ogen en drukt me een koud blikje Red Bull in de handen.

Ik neem een slok; ons ochtendritueel is afgerond. Dus trek ik het warme dekbed weer over mijn hoofd.

'Even serieus, kunnen we vandaag eens niet te laat komen?' smeekt mijn zoon. 'Ms Schulz zegt dat de bus dit keer niet wacht.'

Er komt een vage herinnering boven aan een toestemmingsbriefje, aan het krabbelen van mijn paraaf met auberginekleurige eyeliner en het aankruisen van het 'niet beschikbaar als begeleider'-vakje.

'Vanwege het uitje?' mompel ik vanonder het dekbed.

'Ja. Het Wetland Centre. Vogels kijken. Kun je nu opstaan, alsjeblieft?'

'Oké. Heb je er zin in?' Ik ben tijd aan het rekken, maar hij heeft nog meer haast dan anders. Misschien betekent dit dat het pesten eindelijk is gestopt.

Dylan richt zijn smekende groene ogen op me. 'Mag ik er niet gewoon zelf heen lopen?' zegt hij, half vragend, half klagend.

Ik sla het dekbed voor de tweede keer van me af. Dof herfstlicht schemert nu door de jaloezieën, mijn netvliezen doorborend. Ik hijs mezelf overeind. Waarom moet het 's ochtends zo lícht zijn?

'Dylan. Hier hebben we het over gehad. Je bent tien. Je loopt niet alleen naar school. Wil je soms in de kelder van een harige oude pedofiel belanden? Hm? Wil je soms de rest van je leven –'

Dylan onderbreekt me. 'Het heet hier een souterrain, mam. Alleen Amerikanen zeggen kelder.'

De manier waarop hij zijn neus optrekt wanneer hij het woord Amerikanen uitspreekt, is als een lichte steek door mijn hart.

Ik klok de rest van mijn Red Bull naar binnen en keil het blikje naar de uitdijende verzameling op mijn toilettafel. Dylan kijkt afkeurend naar mijn batterij lege blikjes, alsof het afgedankte gele uraniumhouders zijn.

‘Die ga je toch wel inleveren, hè? Aluminium is een van de energieverslindendste materialen op aarde. Mr Foster liet me een documentaire zien –’

‘Niet nu, Greenpeace. Dan komen we te laat.’

Hartgrondig zuchtend beent Dylan naar de keuken. ‘Goed dan,’ mort hij. ‘Maar mam...’ Zijn stem galmt door de gang. ‘Kun je vandaag alsjeblieft een normáál shirt aantrekken? Zoals de andere moeders?’

Ik kijk naar mijn *Girls’ Night 2008*-tourshirt. Van al mijn bandshirts is dit mijn favoriet. Hij is uit de begintijd, vóór het hele Rose-debacle. Op de voorkant staat een zeefdrukfoto van mijn eigen, veel jongere gezicht. Op de achterkant staat mijn naam, FLORENCE, in blokletters, als bij een voetbalshirt.

Ik trek het aanstootgevende shirt over mijn hoofd, waarbij ik een stierwaardige boer laat. Mijn blik valt op een glinsterende oranje croptop in de berg kleding op de vloer.

‘Komt voor elkaar, knul.’

2

Shepherd's Bush

VRIJDAG, 7.58 UUR

BUITEN IS HET KOUD EN HELDER, DIE SUPERONGEZELLIGE TIJD half november wanneer de klok is teruggezet maar de kerstfeestjes nog niet zijn begonnen.

Dylan rent voor me de deur uit, zijn rugzak losjes zwaaiend over één schouder. Onze buurman Mr Foster – de eerdergenoemde aluminiumdocumentairefanboy – staat voor zijn huis glazen potten te sorteren voor de glasbak. Dylan zwaait enthousiast naar hem. Ik huiver. Ik vind het niet heel tof dat de zesenzeventigjarige plaatselijke recyclingfanaat momenteel mijn zoons beste vriend is. Ik vind het nog minder tof dat hij Dylan steeds levende krekels geeft om zijn huisschildpad te voeren. Maar dat is een strijd voor een ander moment.

'O, Florence,' zegt Mr Foster, opkijkend van een berg potten. 'Heb je gezien dat –'

'We hebben nogal haast,' roep ik over mijn schouder zonder te stoppen. Als Dylan die bus mist, dan is het huis te klein.

Mr Foster bromt wat en gaat verder met zijn afvalscheiding. 'Tuurlijk. Laat je door mij niet ophouden.'

Naarmate we dichter bij Dylans school komen, maken de bekende kiptoko's en wedkantoren van onze buurt plaats voor biologische slagers en natuurwijnwinkels. Algauw komen Dylan en ik langs de statige witte villa's waarin de Oezbeekse ambassade en de familie Beckham huizen. Dylans school is slechts een paar straten verder, weggestopt in een doodlopende straat.

St. Angeles is een honderdvijftig jaar oude jongensschool, gevestigd in een doolhof van een victoriaans herenhuis dat rechtstreeks uit een Dickens-roman lijkt te komen. De enige concessie aan de moderne tijd is de detonerend vrolijk blauwe voordeur, haastig geverfd nadat een private-equityfonds de boel een paar jaar geleden overnam en de eenentwintigste eeuw in probeerde te sleuren.

Het ochtendafzetritueel op St. Angeles is even strak gechoreografeerd als een Noord-Koreaanse militaire parade. Het is een strikt-verboden-voor-auto's-situatie, wat betekent dat alle ouders – hoe druk of belangrijk ook – een paar straten verderop vechten om een parkeerplaats en daarna te voet koers zetten naar de imposante ijzeren poort, als bedevaartgangers die Mekka bestormen.

Tegen de tijd dat wij aankomen slingert de stoet smekelingen zich al om het blok. We zijn laat, maar niet té laat. Dylan gaat de bus nog halen, en ik ga mijn cruciale volgende afspraak halen. Ik moet alleen Ms Dobbins zien te ontlopen, het nieuwe hoofd 'geestelijke gezondheidszorg'. Ik ontwijk haar telefoontjes al weken. Wat ze ook wil, het kan niet goed zijn.

Dylan en ik sluiten aan in de rij achter Allegra Armstrong-Johnson en haar ziekelijk bleke zoontje, Wolfie. Ik bewaar een veilige afstand, in de hoop dat ze zich niet omdraait. Het zou te ver gaan om Allegra mijn aartsvijand te noemen – die eer komt Hope Grüber toe – en trouwens, ik ken Allegra niet goed genoeg om haar te haten. Maar zij is het type St. Angelesmoeder dat ik mijd als de pest. Het type met glanzend bruin haar, een Hurlingham Club-lidmaatschap en een tachtig hectare grote paardenfokkerij in Norfolk. Haar man Rupert schrijft Churchill-biografieën, wat blijkbaar niet alleen een echte baan is, maar er ook voor zorgt dat ze in een chic herenhuis in South Kensington kunnen wonen.

'Weer aan de late kant, Florence?' kirt Allegra, een en al opgewektheid en gemaakte beleefdheid.

Ik kijk op naar haar. Deze ochtend draagt Allegra Hermès-rijlaarzen van boterzacht leer en een groene Barbour-waxjas, afgetopt met een o zo zelfvoldaan gezicht. Haar anorectische whippet loopt los en is gehuld in een gewatteerd hesje.

Wanneer ik geen antwoord geef tuit Allegra haar lippen en zegt best wel hard: 'Je ziet er heel glamoureus uit vanochtend. Grootse plannen voor vandaag?'

Iets in haar toon geeft me het gevoel dat ik een scholier ben die zich moet melden bij de directeur. Het helpt niet dat ik tien jaar jonger ben dan de meeste St. Angeles-moeders, die geen van allen per ongeluk zwanger raakten op hun twintigste.

Ik negeer Allegra's vraag en klop dat scharminkel van een hond van haar op zijn kop. 'Braaf, Wolfie.'

Ze krimpt ineen. 'Wolfie is de naam van onze zóón,' zegt ze met een frons. 'Niet van onze hond.'

Ik begin zachtjes te neuriën, het intro van 'You're So Vain'. Wanneer ik bij het refrein kom werpt Dylan me een vernietigende blik toe.

'Mam!' sist hij. 'Hou op!'

'Wat?' zeg ik argeloos. 'Carly Simon, een klassieker, hoor!'

Ik zou aardig moeten doen tegen Allegra. Feit is dat ze een bedreigde diersoort is hier: een geboren en getogen Britse op St. Angeles. De meesten van haar soort, degenen zonder adellijke titels of hedgefondsechtgenoten, zijn inmiddels naar Surrey getrokken. In dat opzicht is deze enclave in Londen raar: een mengelmoes van mensen met schimmige inkomstenbronnen van over de hele wereld. Je komt hier eerder een Bahreinse prins of Griekse rederserfgename tegen dan iemand uit, zeg, Yorkshire. Een tijdje terug ging het gerucht dat St. Angeles het schoolgeld verlaagde voor de paar overgebleven Britse leerlingen, bijna als een beurs voor onbemiddelde studenten. Zo gek is dat niet. Buitenlandse ouders geloven maar wat graag dat ze een 'authentiek' Engelse ervaring krijgen wanneer ze hun kinderen naar school sturen in kniekousen en strohoeden. En het is zinloos om van het onderwijs aan je kind een jarenlange opvoering van nostalgisch Britse cosplay te maken als álle andere kinderen ook uit Melbourne of Parijs of Hongkong of Helsinki komen.

Persoonlijk vind ik die hele Engelse obsessie met scholen bespottelijk. Waar ik opgroeide, in een krap driekamerappartementje aan een zonovergoten stuk asfalt buiten Orlando, Florida, gingen kinderen gewoon naar de dichtstbijzijnde school. Volwassen mannen waren beslist niet hele etentjes bezig uit te vissen waar hun gastheer had leren hoofdrekenen.

Als het aan mij lag zou Dylan naar de basisschool bij ons om de hoek gaan en zou ik elke ochtend vijfentwintig minuten langer uitslapen. Toen ik dit tegen mijn ex-man Will zei, reageerde hij alsof ik had voorgesteld Dylan regulier onderwijs te onthouden om tien jaar noeste arbeid te verrichten op een kolchoz. Will was een St. Angeles-jongen, snap je, en hij wilde met alle geweld hetzelfde voor Dylan.

'Mij best,' had ik schouderophalend gezegd. 'Jij betaalt.'

Nou ja, het uniform is wel schattig.

Wanneer we bij de poort aankomen geeft het plaatsvervangend hoofd, een prehistorische brontosaurus genaamd Ms Schulz, ons een zuinig lachje.

'Goedemorgen, Dylan,' zegt ze nuffig, naar mij turend vanonder een helm van grijs gepermanent haar. Ze is precies zo gekleed als Mrs Doubtfire en ruikt vaag naar mottenballen.

'Veel plezier vandaag, knul!' roep ik Dylan na wanneer hij door de poort verdwijnt in een zee van in identieke blazers geklede jongetjes. 'Laat ze een poepie ruiken!'

Ms Schulz krimpt ineen. 'Mrs Palmer,' zegt ze, met een knikje in mijn richting.

'Grimes,' breng ik haar in herinnering. 'Dylan heet Palmer. Net als zijn vader.'

Ze knippert achter haar uilenbril. 'Uiteraard,' zegt ze uitdrukkingsloos. Alsof ze me de afgelopen vijf jaar niet elke ochtend heeft gezien. 'Neem me niet kwalijk. Prettige dag.'

Haastig loop ik bij de poort weg voordat Ms Dobbins opduikt. Een paar meter verderop staat Hope Grüber, de voorzitter van de oudercommissie, Farzanah Khan en Cleo Risby te vergasten op het fascinerende verhaal van de foutloze score op een St. Pauls-proeftoelatingsexamen van een van haar drieling.

'We hadden niet eens een privéleraar ingehuurd!' kraait Hope, knipperend met haar wimperextensions.

Hope is een terriër van een wannabe uit Brisbane. Voor ze haar man ontmoette, een Oostenrijkse vastgoedmagnaat die dertig jaar ouder is dan zij, was Hope een krap bij kas zittend catalogusmodel dat boven een snackbar woonde aan Goldhawk Road. Na mijn vertrek bij Girls' Night verkeerden we een tijdje in dezelfde kringen. We waren geen vriendinnen, maar we leidden hetzelfde leven: shoppen bij Primark, uitgaan in Fabric, voortdurend loerend op de volgende kans. Het verschil, neem ik aan, is dat Hope die vond.

Vandaag de dag heeft Hope drie zonen, rijdt in een babyblauwe Bentley met gepersonaliseerde BOYMUM-kentekenplaten en omschrijft zichzelf op Instagram als #Model, #Filantroop en #Girlboss. Ze heeft nog steeds een plat accent en draagt te veel panterprintjes om door te gaan voor een lid van de 'ingetogen luxe'-club, maar ze heeft zich populair weten te maken bij de andere St. Angeles-moeders door actief te zijn met een hoofdletter A. Moet er een benefietgala of bakselverkoop georganiseerd worden? Hope is je vrouw. Het kan geen kwaad dat zij en Karl Theodor een chalet met acht slaapkamers in Verbier hebben waar ze de andere moeders in laat logeren, zelfs in het hoogseizoen. In ruil daarvoor wordt haar verschrikkelijke drieling – Trip en Teddy en, weet ik het, Terriërjong – nooit uitgesloten van een verjaardagspartijtje. In tegenstelling tot Dylan.

'Ms Dobbins zegt dat hij een natuurtalent is!' blaat Hope. Bij het noemen van haar naam loopt er een rilling over mijn rug. Ik moet maken dat ik hier wegkom.

Naast haar trekt Farzanah een perfect gevormde wenkbrauw op, zonder ook maar te proberen haar sceptische blik te verbergen. 'O ja?'

In tegenstelling tot Hope heeft Farzanah een echte baan, als 'dermatoloog van de sterren', met een huidverzorgingslijn bij Harrods en haar eigen kliniek aan Harley Street. Farzanah is met afstand de best verzorgde persoon die ik ooit van dichtbij heb gezien, met een stralende huid, blinkend witte tanden en lang donker haar zó glanzend dat je praktisch je spiegelbeeld erin kunt zien. Haar vader was eind jaren negentig de Pakistaanse ambassadeur in Londen, en Farzanah ging naar een meisjeskostschool in Berkshire, waar ze hetzelfde bekakte accent aanleerde als de weduwe van de graaf van Grantham. Als klap op de vuurpijl is haar zoon Zain een écht genie, dat drie jaar op rij de LEGO-bouwwedstrijd op school heeft gewonnen. Hope kan Farzanah niet luchten, maar op een totaal andere manier dan ze mij haat.

Naast hen staat Cleo Risby maar met een half oor te luisteren, gravend naar iets in haar oversized tas. Cleo is de coolste van alle St. Angelesmoeders. Ze is bijna een kop groter dan de rest, met platinablond haar en een steevast afwezige blik, als een model dat net wakker wordt uit een dagdroom. Ze schijnt kunstenaar te zijn, hoewel voor zover ik weet haar werk uitsluitend bestaat uit kettingroken voor de deur van diverse galerieën en gefotografeerd worden voor *Vanity Fair*. Haar man is ouder en schathemeltjerijk, de erfgenaam van een diepvriesproductenfortuin.

Cleo laat zich zelden zien bij het naar school brengen (daar heeft ze mensen voor), dus dit is een bijzondere gelegenheid, met name voor Hope, die niets liever wil dan Cleo's beste vriendin worden. Helaas was Allegra Armstrong-Johnson haar enkele decennia voor (ze deelden een kamer op school), en dus is Hope gedwongen Farzanah te tolereren en zich te vermaken door mij te jennen.

Hope grijpt mijn arm op het moment dat ik langsscharrel, haar vissenlippen tuitend tot een bezorgde uitdrukking. 'O, Florence. Daar ben je. Ms Dobbins zocht je. Leek nogal dringend.'

'Juist, eh... bedankt,' mompel ik.

Farzanah klakt onheilspellend met haar tong. 'O jee. Alles goed met Dylan?'

Zij en Hope wisselen een blik van verstandhouding als ik mijn pas versnel. Nog maar een paar meter naar de hoek, links afslaan en dan ben ik veilig, verlost van Ms Dobbins en de misprijzende blikken van de andere moeders en wat Dylan nu weer heeft gedaan.

Aan het eind van de stoep, net wanneer ik een zucht van verlichting slaak, krijg ik een harde por precies tussen mijn schouderbladen.

Fúck.

Wanneer ik me omdraai is het niet Ms Dobbins, maar een Aziatische vrouw met glanzend haar die in een hand een mobiel houdt en met een plat Californisch accent ratelt. 'Dus ik zei tegen hem dat er niet over valt te onderhandelen, dat we hiervoor dekking vanuit New York hebben...'

Ik woon inmiddels bijna mijn halve leven in dit land, en soms vergeet ik hoe snerpend een Amerikaans accent op vol volume kan zijn. Dat van mij is in de loop van de jaren verwaterd, als oploskoffie gemengd met slappe thee.

'Eh, hallo? Gaf je me nou een por?'

De vrouw gebaart naar haar oor, ten teken dat ze aan de telefoon is. Alsof ik háár net in de rug heb gepord.

'Precies. Ja. Honderd procent. Luister, ik bel je nog terug,' zegt ze, waarna ze een oortje uitdoet en haar hand uitsteekt. 'Jenny Choi,' zegt ze, mijn arm op en neer pompend alsof wij tweeën net een historisch vrijhandelsakkoord hebben gesloten. 'Sorry daarvoor. Probeerde nog een uurtjefactuurtje binnen te harken.'

Ze ziet mijn verwarde uitdrukking en voegt eraan toe: 'Advocaat. Risico van het vak, hè.'

'Juist. Kennen wij elkaar?'

'Nee, nee. Wij zijn nieuw hier. Maar Ms Schulz vertelde me dat er nog een Amerikaanse moeder was.' Jenny glimlacht en verplaatst haar gewicht. Ze is minstens tien jaar ouder dan ik, misschien wel twintig. Haar gezicht is onopgemaakt en ze draagt een androgyn zakelijk pak dat er peperduur uitziet. Zo'n vrouw die met het grootste gemak vraagt of ze de manager kan spreken.

'Ik heb de tweeling, Max en Charlie? Eigenlijk zouden ze beginnen op de Amerikaanse School in St. John's Wood, maar het intakegesprek... nou ja, de jongens hadden hun dag niet.' Jenny stopt en glimlacht geforceerd. 'Maar goed, doet er niet toe. Nu zijn we hier.'

Ik knik en probeer het machinegeweersalvo aan informatie dat ze op me afvuurt te verwerken. In de verte komt Ms Dobbins tevoorschijn uit de schoolpoort en begint de rij af te struinen.

'Nou, eh... welkom op St. Angeles,' zeg ik, achteruit weglopend voordat Ms Dobbins me in de smiezen krijgt.

Jenny slaat haar armen over elkaar. 'Luister, laat me je nummer opslaan. Voor een speelafspraak.'

'Een speelafspraak?' Ik neem Jenny's gladde gezicht in me op, haar perfecte gebit, haar steile, kinlange bob. We mogen dan hetzelfde paspoort hebben, maar dat is vrijwel zeker het enige wat we gemeen hebben. Hoelang zal het duren voor ze me laat vallen, als ze eenmaal doorheeft dat ik persona non grata ben onder de St. Angeles-moeders?

'Voor de jongens,' verduidelijkt ze. 'Ik wil heel graag dat ze vriendjes krijgen.'

Inmiddels heeft Ms Dobbins me gespot en komt als een bloedhond op me afstormen.

Jenny geeft me haar telefoon aan. 'Voer het maar in. Dan bel ik je gelijk even zodat je mijn nummer ook hebt.'

Jezus, ze weet niet van ophouden. Ik hamer mijn nummer er zo snel mogelijk in. Ms Dobbins is nog maar een paar meter van me verwijderd en nadert snel.

'Nou, eh... leuk je te ontmoeten,' mompel ik, al half weggedraaid. Maar het is te laat. Ms Dobbins' hand ligt op mijn schouder.

Gesnapt.

'Ms Grimes!' zegt ze iets te hard. 'Sorry dat ik stoor! Mag ik u een momentje stelen?'

Eliza Dobbins is jonger dan ik, achter in de twintig, met grote, ronde ogen en gitzwart haar. Ze zou best knap kunnen zijn als ze haar best deed, maar dat doet ze duidelijk niet. Er zitten vegen mascara onder haar wenkbrauwen en haar spuuglelijke kunstzijden bloes is bezaaid met muffinkruimels. Het helpt niet dat ze ongeveer honderdvijftig maanden zwanger is, rondzeulend met haar buik als een stuk overrijp fruit.

'Ik moet ervandoor,' zegt Jenny, die zich uit de voeten maakt. 'Heel leuk je te ontmoeten.'

Ik wend me tot Ms Dobbins. 'Ik heb eigenlijk nogal haast.'

'Geen probleem,' zegt ze vrolijk. 'Welke kant gaat u op? Dan loop ik mee!' Ze klopt op haar bolle buik. 'Goede lichaamsbeweging! Wandelen en praten!'

Wanneer we oversteken voel ik de andere moeders naar ons kijken, hun ogen in mijn rug prikkend, speculerend over wat Dylan nu weer heeft gedaan. Ik neem me voor niet om te kijken. Maar dan, net als de vrouw van Lot, kan ik het niet laten: ik werp nog een laatste blik op de schoolpoort. Cleo is weg, constateer ik opgelucht, maar Hope en Farzanah en Allegra hangen nog steeds rond bij de poort, hun halzen uitgestrekt in mijn richting.

Ms Dobbins schraapt haar keel. 'Ik probeer u al een paar dagen te bereiken. Is alles goed thuis?' Haar grote bruine ogen zijn poelen van vloeibare empathie, waardoor ik een nóg grotere hekel aan haar krijg.

'Wat bedoel je?' vraag ik met een stalen gezicht.

'Dylans woede-uitbarsting. Vorige week,' zegt ze, mijn arm zachtjes aanrakend. Het ieniemieniesteentje in haar verlovingsring vangt het fletse licht, glinsterend als een antiek knoopje.

'O. Dat.' Ik probeer niet te grijnzen. 'Geef toe, het was best grappig. Ik bedoel, zeg nou zelf: heb jíj nooit een tafel willen leegvegen op Teddy Grübers schoot?'

Ms Dobbins tuit haar lippen. 'We willen Dylan graag laten beoordelen,' zegt ze op kalme, bedachtzame toon, die erop lijkt te zijn afgestemd om mij niet overstuur te maken. 'Door een externe professional. Dokter Lieber is uitermate ervaren in –'

Het zweet breekt me uit.

'Er is niks mis met Dylan,' snauw ik. 'Ik ga hem niet naar een of andere zielenknijper sturen zodat jullie hem kunnen volpompen met medicijnen.'

Ms Dobbins fronst. 'Ik verzeker u dat dat niet mijn bedoeling is. Het is alleen dat...' Op fluistertoon vervolgt ze: 'Na het incident met de, eh... schildpad, zijn we verplicht zulke zaken heel serieus te nemen.'

Ik slik. Schildpadgate. Aan het eind van vorig schooljaar stond een groepje jongens, onder wie Alfie en Dylan, rond de koivijver in de hoek van het schoolplein een schildpad te bewonderen. Volgens Dylan had Alfie de schildpad met een cricketbat staan porren. Dylan zei dat hij moest ophouden, dat hij de schildpad pijn deed. Over wat er vervolgens gebeurde lopen de meningen uiteen, maar het onbetwistbare gevolg was dat Alfie vier hechtingen nodig had voor de bloedende jaap boven zijn rechterwenkbrauw. Dylan werd drie dagen geschorst en kreeg een 'gedragsproeftijd' opgelegd. Het leek me een overdreven strenge straf voor iets wat duidelijk zelfverdediging was. Althans, dierenverdediging. Dus mocht hij de schildpad van mij adopteren. Greta woont nu tevreden in een terrarium in zijn kamer.

Aan de overkant zijn Farzanah en Hope gestopt met doen alsof ze een gesprek voeren en staan nu ongegeneerd te staren, hun best doend om elk woord op te vangen.

Mijn hele lijf verstrakt. 'Die andere jongens – Teddy en Alfie en Wolfie – die pésten hem!' Ik ruk mijn zonnebril af en steek een priemende wijsvinger uit naar het zachte vlees van Ms Dobbins' borstbeen. 'Ga eens achter hún moeders aan op straat om een psychiatrisch onderzoek af te spreken!'

Ms Dobbins staart me aan, maar gaat er niet op in. Haar mond klapt open en dicht als een guppy op het droge.

'Dat dacht ik al,' schamper ik, me met een ruk omdraaiend.

Ze roept me na, mekkert iets tegen mijn rug terwijl ik wegbeen. Maar wat het ook is, het wordt meegevoerd door de wind.

Zo snel als ik kan loop ik Holland Park uit. Alle spieren in mijn lijf staan in brand, alsof ik net twee Chloe Ting-trainingsvideo's achter elkaar heb afgewerkt. Ik stop mijn handen dieper in mijn zakken en zet Ms Dobbins' bezorgde gezicht uit mijn hoofd. *Er is niks mis met Dylan!* Dat mens weet niks van mijn zoon.

Het klopt dat Dylan altijd al een beetje apart was. Officieel wijt ik het aan Will, omdat die ons in de steek liet toen hij nog maar een baby was. Maar de tekenen waren er van begin af aan. Hij heeft nooit gebrabbeld, niet eens een 'mama', tot we op een dag door de supermarkt liepen en hij met een mollig vingertje naar een pak op het schap wees en zei: 'Mammie, mag ik alsjeblieft wat sap?' Zomaar, met een bekakt Brits accentje. Ik ging zowat van mijn stokje in het gangpad.

Dus ja, Dylan was anders dan andere kinderen van zijn leeftijd. En hij vond andere kinderen ook niet echt leuk. Wanneer ik hem als kleuter meenam naar de speeltuin, dan meed hij de andere jongetjes en hun balspelletjes en knoopte liever een gesprek aan met een wachtende opa of oma of een verveelde oppas of afgepeigerde moeder. Echt, elke volwassene was goed genoeg. Ik gaf hem geen ongelijk. Kinderen zijn monsters.

En inderdaad, mijn zoon is een beetje een driftkikker. Maar je moet goed begrijpen dat het komt door zijn absolute besef van goed en kwaad. Voor Dylan is alles zwart-wit. *De Goeden versus de Kwaden, Greta versus Exxon-Mobil.* Ik heb geprobeerd hem uit te leggen dat niemand alleen maar goed of alleen maar slecht is (behalve, misschien, zijn vader, haha) en dat de beweegredenen van mensen ingewikkeld zijn. Het heeft geen zin. Als Dylan een rechtbank was geweest, zou elke zaak eindigen in óf de doodstraf óf volledige vrijspraak. Voor hem bestaat er geen grijs gebied.

Wanneer ik bij de Holland Park-rotonde kom, de levensgevaarlijke fuik voor voetgangers die de chique wijk van Dylans school scheidt van de zout-der-aarde-buurt waar wij wonen, hou ik automatisch mijn adem in, een onbewuste poging om de uitlaatgassen van vier banen stationair draaiend verkeer naast me niet binnen te krijgen.

Vandaag is een goede dag, spreek ik mezelf toe. Het is vrijdag. De maan staat in Jupiter, een gunstige tijd voor een nieuw begin. En het allerbelangrijkst, bedenk ik met een opgewonden tinteling, is dat ik vanavond met Elliott heb afgesproken.

Alles gaat veranderen.

3

Shepherd's Bush

VRIJDAG, 8.45 UUR

OFFICIEEL GAAT FRESH NAILS PAS OM TIEN UUR OPEN, MAAR IK duw de deur toch open, me schrap zettend voor de vertrouwde elektronische *dingdong*.

'Tijd voor een inloopklant?' roep ik door de nog donkere studio.

Linh zit in kleermakerszit in een massagestoel, gehuld in een bomberjack dat van aluminiumfolie lijkt te zijn gemaakt, naar Vietnamese TikTok-video's te kijken zonder koptelefoon.

'We zijn gesloten,' blaft ze. 'Kom om elf uur maar terug.'

'Ik ben het, druif,' zeg ik, mijn tas in mijn vaste stoel slingerend.

Linh staat op en doet alsof ze flauwvalt, een dramatisch neerzijgen waar ik in zou zijn getrapt als ze het niet om de week deed. 'Meid, ik dacht dat je dood was. Kom binnen!'

De spanning trekt uit mijn schouders. Alles in Fresh Nails is precies zoals ik het achterliet: de scherpe geur, de plakkerige plastic stoelen, de dubieuze, bijgevulde flesjes handlotion. Mijn paradijsje.

Ik plof in een stoel en toon Linh mijn verwaarloosde nagels.

'Jakkes!' zegt Linh met een grimas, en dan: 'Ik weet in elk geval dat je niet bent vreemdgegaan!'

'Ik heb het zó druk gehad.' Dit is een leugen, maar gelukkig vraagt Linh niet door. In plaats daarvan gaat ze aan de slag door haar spullen met een desinfecterend middel in te sprayen.

'Hoe gaat het op school?' vraag ik. Naast nagelstylist is Linh tweedejaars modestudent aan Central Saint Martins. Haar moeder, die eigenaar is van Fresh Nails en nog veertien nagelstudio's in West-Londen, denkt dat haar enige dochter momenteel International Finance studeert aan de London School of Economics en op een dag haar imperium zal overnemen. Het is nogal een ding.

'Sst!' sist Linh, wijzend naar de tv achter mijn hoofd. 'Hij heeft er gisteravond weer een te grazen genomen!'

Ik draai mijn hoofd naar de tv. Een vrouwelijke verslaggever met scheve tanden en een afzichtelijke perzikkleurige blazer kuiert ernstig kijkend over straat bij Loftus Stadion, een microfoon in haar hand geklemd.

'Wat? Wie?'

Linh fronst. 'De Shepherd's Bush Strangler. Volg je het nieuws niet?'

Nee dus, beste lezer.

'Wat, eh... is er dan gebeurd?'

'Vrouw die 's avonds alleen naar huis liep. Hij besloop haar van achteren.' Linh doet alsof ze zichzelf wurgt en huivert. 'Tweede deze maand, weet je. De Strangler wordt brutaler.'

'Hoe kan dat nou?' Ik praat zachtjes, ook al is de studio verder uitgestorven. 'Hangt Londen niet vol met bewakingscamera's?'

'Ik weet het! Krankzinnig, hè?'

Ik kan niet vaststellen of ze geschokt of opgewonden is. Het enige wat kan tippen aan Linhs fascinatie voor true crime is haar passie voor conceptuele couture. Ik weet vrij zeker dat de broek die ze aanheeft voorheen een parachute was.

'Nee, maar serieus, hoe –'

Linh kapt me af door mijn rechterhand voor mijn gezicht te houden. 'Waarom doe je dit?' vraagt ze streng. De huid rond mijn nagels bloedt, een mislukte poging om mijn eigen nagelriemen terug te duwen. 'Weet je, sommige dingen kun je echt niet zelf. Soms heb je húlp nodig.'

Ik ontwijk haar blik en blader met mijn vrije hand door de plastic nagellakmonsters. Ik besluit om voor een rozetint te gaan die zo intens is dat Barbie ervan zou blozen.

Linh fronst. 'Serieus? *Faux Ho?* Heb je een date of zo?' Wanneer ik niet antwoord zet ze een plagerig stemmetje op. 'Ooo! Florence heeft een dahate! Wie is de geluksvogel?'

'Zo zit het niet.'

Ze geeft me een speelse tik op de arm. 'O, dus het is een dame? Goed zo!'

'Nee, nee, het is niet –'

'Handen in het water!' commandeert ze, gebarend naar de kom lauw water waar mijn gehavende nagelriemen in moeten weken.

'Het is een bespreking. Met een muziekmanager die ik van vroeger ken. Elliott.' Het hardop zeggen voelt als het uitknijpen van een mee-eter: onmiddellijke, pure verlichting.

'Ooo!' zegt Linh. 'Ga je weer zingen?'

Ik krimp ineen en kijk weer naar de nagellakmonsters.

Linh valt even stil, alsof ze de ernst van de situatie tot zich laat doordringen. 'Oké.' Ze klakt met haar tong en bukt, waarbij ze even achter de tafel verdwijnt. Wanneer ze weer tevoorschijn komt houdt ze een flesje rode nagellak vast als een buitgemaakte robijn.

Ik hap naar lucht. 'Is dat wat ik denk dat het is?'

Ze knikt, haar gezicht bloedserieus. 'Taco Party. Onmogelijk te krijgen, zelfs op eBay. Mijn nicht nam het vorig jaar mee uit Dubai.'

Taco Party staat wijd en zijd bekend als de allermooiste rode nagellak ooit gecreëerd, de kleur van Red Hots-kaneelsnoepjes gemengd met een Ferrari. Hij werd uit de handel genomen nadat bleek dat de rode kleurstof afkomstig was van bedreigde Greta oto-vlinders uit het Amazonegebied.

Linh draait het flesje met een ceremonieel gebaar open en snuift de geur diep op. 'Net moedermelk,' zegt ze met een grijns. 'Nou, vertél!'

Het telefoontje was drie dagen geleden binnengekomen, vlak nadat ik Dylan bij school had afgezet. Ik lag languit op de bank naar herhalingen van *Polygamy Island* te kijken en aan mijn gespleten haarpunten te plukken.

'Groot nieuws!' zei de nasale stem aan de andere kant van de lijn. 'Mega!'

'Met wie spreek ik?' vroeg ik.

'Met Elliott, suffie,' kweelde de stem. 'Ben je me vergeten?'

Het was tien jaar geleden dat ik Elliott Rivera's stem voor het laatst had gehoord. Destijds was ik lid van een veelbelovende girlband, en Elliott was de tweede assistent van een platenbaas. Hij was een strak in de gel en het pak zittend groentje dat zich het vuur uit de sloffen liep, op jacht naar een hoekkantoor. Will en de andere meiden hadden hem belachelijk gemaakt, die noemden hem 'Snelliott' – en erger. Maar Elliott en ik hadden altijd een klik gehad, de band tussen outsiders die de wanhoop bij elkaar konden ruiken.

'Hoe gaat het nou met je, Florence?' vroeg hij.

Ik wist van het lezen van *Variety* – oké, het lezen van tweets van *Variety* – dat 'Snelliott' tegenwoordig een belangrijke muziekmanager in Los Angeles was. Ik zag hem al voor me met zijn voeten op een mahoniehouten bureau, met uitzicht op Sunset Boulevard, uit het raam kijkend naar mensen die onder hem als mieren door elkaar krioelden. De droom was in elk geval voor één van ons uitgekomen.

'Ik zal meteen ter zake komen,' zei hij. 'Ik ben in de stad en ik heb iets wat ik met je wil bespreken. Een kans.'

Eíndelijk, dacht ik. Ein-de-lijk. Het was het telefoontje waar ik al tien jaar over had gefantaseerd, het telefoontje met de magische kracht om mijn carrière weer op gang te brengen.

'Volgende week dan?' vroeg ik, al druk rekenend hoeveel salonbezoekjes ik in de tussentijd kon proppen.

'O, lieve schat, nee. Ik vlieg zaterdagochtend terug naar LA. Het awardseizoen staat voor de deur. Kun jij vrijdag?'

'Aankomende vrijdag? Als in: over drie dagen?' Het was niet ideaal, agendatechnisch gezien. Tien dagen is echt het minimum om mezelf te laten harsen, oplappen en aflakken tot een zweem van mijn oude glorie. Maar als vrijdag de enige optie was, dan ging ik alles op alles zetten.

'Natuurlijk,' zei ik snel. 'Tot vrijdag dan.'

'Top. Een van mijn assistenten stuurt je de gegevens nog.'

Nadat het telefoongesprek voorbij was had ik het gevoel dat mijn hele lijf was gevuld met helium. Er was niemand om het goede nieuws mee te delen, dus maakte ik drie screenshots van mijn belgeschiedenis om mezelf ervan te overtuigen dat het echt was gebeurd.

Veertig minuten later mailde Elliotts assistent (asst1@elliottrivera.com) me de bevestiging van onze reservering om 19.00 uur bij Mr Bang Bang, een biodynamisch dimsumrestaurant in Hackney waar gasten worden aangemoedigd hun eigen eetstokjes mee te nemen en het personeel te helpen afwassen.

Wat volgde was achtenveertig uur van het meest hectische cosmetische behandeltraject van mijn leven. Het begon in een bedompte kelder in Marylebone, waar een petieterige Russin met een pincet zwarte haartjes aanbracht tussen mijn eigen wimpers. De ingreep duurde twee uur en na afloop was ik draaierig van de chemische lijmlucht. Daarna volgde een kappersbehandeling in Regent Street, waar ik de bestedingslimiet van mijn creditcard gebruikte om een 'celebritystylist' genaamd Markk (met dubbel k) te betalen om achtendertig Remy-platinablonde extensions van een centimeter dikte aan mijn schedel te weven, waarmee mijn suikerspinknot transformeerde in een zacht, glanzend blond gordijn. De finishing touch had ik te danken aan de plaatselijke Sun Express, waar ik de papieren string had afgeslagen en als een kip aan het spit had rondgedraaid zodat de 'St. Tropez Teint' tot in al mijn lichaamsopeningen kon doordringen.

Het geluid van mechanisch gesuis brengt me terug in de studio.

Linh zit ondeugend te grijnzen, een airbrush omhooghoudend.

'Ik heb een idee,' zegt ze. 'Niets geks, hoor. Gewoon iets om hem te laten zien wat hij heeft gemist.'

Blijkbaar kijk ik aarzelend, want ze voegt er snel aan toe: 'Geen extra kosten.' Ze vult de airbrush met een paar voorzichtig overgeschonken druppels nagellak en tikt met haar wijsvinger tegen het reservoir. Een zen-achtig gevoel van overgave bekruipt me. Ik leun achterover in de plastic stoel. Er biggelt iets warms en nats over mijn wang. Een traan.

Jezus, Florence, stel je niet zo aan.

Linh geeft me een tissue aan alvorens haar veiligheidsbril op te zetten. 'Het wordt beeldschoon. Heb vertrouwen.'

En voor het eerst in tijden heb ik dat.

Het begin van de eeuw was een zware tijd voor Mariah Carey. Ze was vlak daarvoor weggegaan bij Sony Music na te zijn gescheiden van de CEO, en had net een historische deal van 80 miljoen dollar gesloten met Virgin toen ze een veelbesproken inzinking kreeg en in het ziekenhuis werd opgenomen wegens 'extreme uitputting'. Een paar weken later flopte haar film *Glitter* – bedoeld als showcase voor haar sterrenstatus – gigantisch. Volgens een recensie in *The Guardian* werd Mariah 'met gemak weggespeeld door het kersenhouten aanrecht in haar gelikte appartement in Manhattan'. Haar rol werd geselecteerd voor een Razzie. Het bijbehorende album deed het zo slecht dat Virgin haar contract afkocht.

Haar volgende poging, *Charmbracelet*, uitgebracht bij Island Records, werd afgekraakt door recensenten. Eentje schreef dat het 'de rauwe emotionele puurheid had van een Hallmark-beterschapskaart'. De Queen of Christmas had afgedaan. Was afgeserveerd. De zoveelste popster die over haar hoogtepunt heen was.

Maar toen bracht ze *The Emancipation of Mimi* uit, zo'n topalbum dat haar felste critici gedwongen waren publiekelijk door het stof te gaan omdat ze haar hadden afgeschreven. Het was niet alleen de divacomeback van de eeuw; het was een ware herrijzenis. Met *Mimi* vond Mariah zichzelf opnieuw uit, als artiest en als mens.

De afspraak met Elliott vanavond wordt mijn *Emancipation of Mimi*-moment. Maar eerst moet ik nog één vernederend punt op mijn lijstje doorstrepen.

Mijn werk.

4

Shepherd's Bush

VRIJDAG, 10.01 UUR

IK BAL MIJN HAND TOT EEN VUIST EN BONK OP DE METALEN deur.

'Adam!' roep ik. 'Ik heb je nodig!'

Stilte.

Ik doe een stap achteruit in het piepkleine halletje dat onze voordeuren scheidt. Onze woningen waren oorspronkelijk één rijtjeshuis, die nu is opgedeeld als een kerstkalkoen door een inhalige projectontwikkelaar, een ware visionair die zich niet bezighield met oersaaie dingen zoals het fatsoenlijk omleggen van het leidingwerk. De laatste tijd ontstaat er telkens wanneer Adam boven doucht een minivulkaan in mijn gootsteen, bruine drab die als een fontein omhoogspuit.

Ik leg mijn oor tegen Adams deur.

Is er soms iemand bij hem? Ik overweeg de mogelijkheid terwijl ik mijn nagels bewonder, helderrode ovalen met op beide ringvingers een ragfijn geairbrushte witte F, oftewel pure perfectie. Door Linh loop ik achter op schema, maar de vrouw is een kunstenaar. Die mag je niet opjagen.

'Adam! Noodgeval!' schreeuw ik, met mijn vuist op de deur hamerend.

Tekenend, eigenlijk. Sinds Marta hem dumpte hangt Adam hier voortdurend rond, met het aanbod om 'de gootsteen te repareren' of 'een balletje te trappen met Dylan'. Maar nu ik hem daadwerkelijk nódig heb, geeft hij niet thuis. Zo zijn mannen dus.

Ik sta nog steeds mijn nagels te bewonderen wanneer Adams deur openzwaait. De geur van zweet en Old Spice vult het halletje. Zijn voorhoofd is vochtig van het zweet en zijn donkere krullen staan alle kanten op, alsof er met een ballon over zijn hoofd is gewreven.

'Flo?' zegt hij op danig verwarde toon.

Ik huiver. Ik heb er een bloedhekel aan Flo te worden genoemd. Het is erg genoeg dat mijn moeder me noemde naar een sitcomster uit de jaren zeventig met een kittig matje. Moet mijn roepnaam ook nog eens synoniem zijn aan menstruatie?

'Sorry, Flo,' mompelt Adam. Hij heeft een afwezige, lege blik in zijn ogen. 'Het is, eh... geen heel goed moment, eigenlijk.'

Ik tuur over zijn schouder zijn woning in. 'Hoezo? Is er iemand bij je?'

Voor zover ik weet heeft Adam geen enkele date gehad sinds Marta is vertrokken. Hij was helemaal idolaat van haar, misschien zelfs op het obsessieve af. Zo'n vriend die elke week bloemen voor haar kocht, die helemaal naar Hampstead reed om haar op te halen bij de kapsalon als ze moest overwerken. Ik wist zeker dat hij haar ten huwelijk zou vragen. Niemand was verbaasder dan ik toen hij meldde dat ze hem vanuit het niets had gedumpt en was teruggegaan naar Polen.

Fronsend stapt Adam het halletje in, waarbij hij de deur achter zich dichttrekt. Dat gaat met een harde klap, waarvan ik opschrik.

'Wat? Nee. Tuurlijk niet.'

'Laat maar,' zeg ik zo luchtig als ik kan opbrengen. 'Ik bel Matt B. wel.'

Matt B. (niet te verwarren met Matt T.) is Adams minst favoriete van mijn huidige scharrels, een Deutsche Bank-valutahandelaar die helemaal goed gaat op sashimi in schemerig verlichte Mayfair-restaurants om daarna een suite te boeken in het Peninsula. Matt B. denkt dat ik niet weet dat hij een vrouw en drie kinderen verborgen houdt in zijn zeskamervilla in Oxfordshire, maar dus wel. Ik ben alleen dól op goede sushi.

'Het is oké,' zegt Adam, zijn vingers ineenstrengelend om zijn knokkels hard te laten knakken. Zijn handen hebben het formaat van een kleine ham. 'Wat is er?'

'Waarom ben je zo bezweet?'

'Met de gootsteen bezig,' gromt hij. 'Was weer verstopt –'

Ik vang een vleug op van iets bijtends en chemisch dat zijn huid afgeeft.

'Gatver. Goed, ik moet een paar ballonnetjes afleveren. Denk je dat jij me kunt brengen?'

'Ik dacht dat je je rijbewijs ging halen?'

Dat is vals. Adam weet dat ik twee keer ben gezakt. De laatste keer had de zoetgevooisde Bengalese eigenaar van de rijschool me meegegeven dat ik niet hoefde terug te komen tot ik verkeersveiligheid 'serieus' nam.

'Luister, als je me niet wilt helpen, zeg het dan gewoon, oké? Sjezus.'

'Kom op, Florence,' zegt hij, zijn armen over elkaar slaand. 'Doe niet zo mal.'

Ik buig mijn hoofd opzij en tuur door mijn wimpers. Adam ziet er niet slecht uit. Hij is zesendertig, vijf jaar ouder dan ik, en hij heeft nog een dikke donkere bos haar, wat helaas geen zekerheid is voor een man van zijn leeftijd. Zijn ogen zijn felblauw, omringd door zware wimpers. En hij is afgetraind, wat (bijna) opweegt tegen zijn enige echte tekortkoming: Adam is klein. Niet napoleontisch of zo. Maar zo'n één meter zeventig, max. Ik weet dat we kleine koningen niet meer mogen discrimineren, maar als ik heel eerlijk ben: het is de enige reden dat Adam en ik nooit iets hebben gehad.

'Dus je kunt me afzetten?' zeg ik met een pruillip. 'Alsjeblieft! Het kost je maar twintig minuutjes of zo.'

Adam zucht en verplaatst zijn gewicht. 'Waar ergens dan?'

'Notting Hill. Artesian Village.'

Hij kijkt op zijn horloge, een poenerig Apple-geval dat je hartslag bijhoudt en wie weet wat nog meer. Hij aarzelt even, alsof hij nadenkt, maar ik weet al dat hij ja gaat zeggen. Adam zegt altijd ja, althans, tegen mij.

'Ké,' zegt hij. Hij gebaart met zijn kin naar de straat, waar zijn surveillanceauto geparkeerd staat. 'Ik kan je afzetten, maar je moet zelf zien terug te komen.'

'Super!' gil ik, mijn armen om hem heen slaand. Zijn lijf voelt warm en solide, alsof je een boom omarmt.

'Ik moet nog een paar ballonnen opblazen. Tien minuten, oké?'

Adam opent zijn mond om te protesteren, maar ik loop al terug naar mijn eigen woning, over de stapel tijdschriften en twee-cent-royaltycheques die zich op mijn deurmat ophopen heen stappend.

'Nog even niet de kraan opendraaien, ja?' roept hij me na. 'En vijf minuten max. Ik moet ergens heen!'

Er is een heel specifiek type dat zeshonderd pond aan ballonnen uitgeeft voor de eerste verjaardag van haar kind, en ik durf je op een briefje te geven dat ze Charlotte heet. Of Caroline. Of eventueel Caroline Charlotte, afgekort tot CeCe.

In dit geval was het doodgewoon Caroline.

Adam zet me af voor een mintgroen herenhuis met drie bovenverdiepingen. Ik stap uit en pak de ballonnen van de achterbank. Voordat ik bedankt kan zeggen of het portier goed dicht kan doen, scheurt Adam de straat uit zonder ook maar een blik in de achteruitkijkspiegel te werpen.

Ik bel aan, wat klinkt als een windgong, en er begint een keffertje te blaffen.

Een lange, slanke vrouw in een lavendelblauwe legging en bijpassende crop top doet open. Ze heeft zichtbare buikspieren en een gezicht dat er precies zo uitziet als op haar Instagram-foto's, met een goudglanzende huid, door een bij gestoken lippen en een skischansneusje.

Caroline monstert me een halve tel alvorens over haar schouder te roepen: 'Het is het ballonnenmeisje!'

Geroezemoes van vrouwenstemmen, kletsend en lachend, drijft naar me toe van ergens diep in het huis.

'We verwachtten de pilatesinstructeur,' legt Caroline uit. 'Maar kom verder.'

Dat doe ik zijwaarts, zodat ik de tachtig frambooskleurige ballonnen die ik bij me heb niet laat knallen.

Het ballonnengebeuren was mijn zus Brookes idee, een voorwaarde voor een oude lening die ze inmiddels (hopelijk) is vergeten. 'Je kunt niet de hele dag thuis zitten kijken naar *Parlementariërs Dansen op het IJs*, hopend op royaltycheques!' had ze me te verstaan gegeven. Zij had makkelijk praten. Haar carrière als meubelinkoper voor John Lewis-warenhuizen was niet op spectaculaire wijze geïmplodeerd. Ze snapte niet hoe beledigend het idee was dat leuren met decadente ballonnenconstructies via Instagram een positieve professionele ontwikkeling kon zijn.

Na het overlijden van onze moeder had Brooke haar studie aan University College Londen bekostigd door te werken bij een hip evenementenbureau. Ze bleef maar doorzagen over ballonnenbogen. 'De winstmarge is ongelooflijk! Je hebt niet eens helium nodig. Letterlijk alleen ballonnen, lucht en tape!' En in tegenstelling tot al haar andere halfbakken plannetjes om mijn leven op de rit te krijgen, hield Brooke hier maar niet over op. Uiteindelijk had ze zelf het Instagram-account aangemaakt, met gebruik van stockfoto's van kinderfeestjesbogen en de klantenlokker van gratis bezorging in postcodegebied W2. In het eerste uur kreeg ze vijftien aanvragen binnen. Dat was zeven jaar geleden. Inmiddels run ik het bedrijfje zelf, met uitsluitend contante betaling. Met de dag voelt de naam – Pop! Star Balloons – minder als een wrange inside joke en meer als zout in een al etterende wond. Om nog maar te zwijgen van de logistieke nachtmerrie om ballonnenbogen door heel Londen te bezorgen zonder auto. Maar het is beter dan een echte baan zoeken – niet dat ik word doodgegooid met aanbiedingen of zo.

Vanbinnen is Carolines huis nog groter dan het er vanbuiten uitziet. Het is een historisch pand, maar de binnenkant is compleet uitgebroken en vervangen door strakke lijnen en glas. Het plafond bestaat nu grotendeels uit een gigantische lichtkoepel; op een mooie dag moet het lijken alsof je zo het verblindende zonlicht in loopt. Maar vandaag is de lucht grauw.

Caroline leidt me naar een open eetkeuken die uitkijkt op een prachtig verzorgde tuin. Een stuk of vijf blonde vrouwen in stijlvolle fitnesskleding hangen op een stel lichte plofbanken in de aangrenzende woonkamer, als aangespoelde Lululemon-zeemeerminnen. Op de achtergrond is een huishoudster meloen aan het snijden, waarvan ze af en toe een stuk voert aan een baby in een designerkinderstoel. Elke keer kraait de baby het uit, alsof haar net een dijenkletser is verteld. Het hele tafereel lijkt wel een reclame voor Loaf-meubels, of misschien vrouwelijke vruchtbaarheid in het algemeen.

Heel even voel ik me verlamd door een stomp in de maag van jaloezie: hoe zou het zijn om de hele dag te hangen met mijn vriendinnen, een ontspannen sportlesje te doen en stukken fruit te eten die iemand anders had gesneden?

Daarvoor zou je vriendinnen moeten hebben. De gedachte zet zich vast in mijn brein als een stuk prikkeldraad.

Ik schraap mijn keel. 'Waar wil je dat ik de boog plaats?'

Carolines bambiogen schieten door de ruimte. Ze heeft duidelijk niet zo nagedacht over de zeshonderd pond aan lucht en latex die ze bij mij heeft besteld.

'Hoelang gaat dit duren?' roept een van de vriendinnen vanaf de bank. 'De pilatesinstructeur kan hier namelijk elk moment zijn. We doen postpartumpilates. Bij Adriana. Ze komt aan huis, mocht je ooit iemand zoeken.'

'Ik zal het zo snel mogelijk doen,' zeg ik zonder me om te draaien. Een ballonnenboog plaatsen is niet moeilijk, maar wel geestdodend. Heel veel dezelfde handelingen. Knopen, tapen, knopen, tapen.

'O mijn god!' gilt een stem vanaf de bank. 'Florence Grimes? Ben jij het?'

Ik heb het gevoel alsof er net een harige spin over mijn nek is gekropen.

Werktuiglijk draai ik me om naar de bank. Ze is het inderdaad. Haar glanzende bruine haar is nu op schouderlengte geknipt en ze heeft het een en ander laten doen, niet allemaal even fraai, stel ik met genoegen vast. Haar jukbeenderen zijn onnatuurlijk hoog, haar lippen een tikje eendachtig. Maar haar stem is onmiskenbaar dezelfde.

'Lacey,' zeg ik, met moeite een glimlach opzettend. Ik fantaseer over oplossen, ter plekke, mijn lichaam dat wegsmelt in de parketvloer als een waterijsje en alleen een kleverige paarse vlek achterlaat.

'O jeetje, je bent het écht!' gilt Lacey. Ze springt op van de bank en slaat haar armen om me heen alsof we oude vriendinnen zijn. 'Ik heb je niet meer gezien sinds Jess' bruiloft! Dat was – wat? – tien jaar geleden!'

'Hmhm.' Het lijkt of mijn tong bedekt is met een laag zand. Ik heb me in de loop van de jaren zoveel verschillende versies van deze reünie verbeeld: op de rode loper bij de Grammy's, wanneer ik ben genomineerd. Of in de tribune, waar ik een wedstrijd van de Lakers meepik met mijn beste vriendin Mariah.

Maar ik had nooit gedacht oog in oog met Lacey te staan terwijl ik aan het werk ben als een veredelde klusjesvrouw in het luxueuze huis van haar vriendin.

Ik ben misselijk.

'Speelt Alfonso nog steeds bij Arsenal?' breng ik uit.

Lacey frunnikt aan haar verlovingsring, een opzichtige, vierkant geslepen vijfkaraats diamant op een ragdunne platina ring. Ze liet ons hem allemaal omdoen op de avond dat Alfonso haar ten huwelijk vroeg, waarbij wij vieren hem als een talisman doorgaven achter in de tourbus. Ik kan het gewicht ervan nóg voelen. Vandaag de dag zitten Lacey's vingers ramvol met fonkelende aanschuifringen. Eén voor elke keer dat Alfonso is vreemdgegaan, waarschijnlijk.

'Nee, hij is vorig jaar gestopt,' zegt ze. 'We zitten tegenwoordig voornamelijk in Somerset. Beter voor de kinderen. We hebben er drie!'

Ik probeer te knikken, maar mijn hersenen zijn veranderd in een kom slappe noedels, totaal verweekt en zouteloos.

'Wat voer jij tegenwoordig uit?' snatert ze.

Ik aarzel, heel even maar. Lacey's ogen schieten naar de ballonnen en dan terug naar mij. Ze glimlacht, iets te breed.

'Ooo, natuurlijk! Wat goed!' kirt ze, waarbij de meewarigheid van haar gezicht druipt. 'Wat goed, Florence. Dat je na dat alles op je pootjes terecht bent gekomen.'

Een van de bankmeerminnen rimpelt haar dopneusje. 'Wacht, waar kennen jullie elkaar van?'

Lacey slikt. 'Florence zat bij ons in de band. Zij was de oorspronkelijke, eh... voordat Rose, eh... je weet wel...' Haar stem sterft weg.

'Ik verliet de band voordat Girls' Night het maakte. Slechtste beslissing van mijn leven.' Het is mijn standaardantwoord, een dat ik heel vaak heb gegeven, maar het hardop zeggen wordt er nooit gemakkelijker op.

Een golf van opluchting trekt over Lacey's gezicht wanneer ze beseft dat ik het haar niet moeilijk ga maken.

'Het was een gemis voor ons,' zegt ze snel.

'Aha,' zegt een van de andere meiden, die een lok goudblond haar om haar vinger draait. 'Waarom stapte je op?'

Ik ben duizelig, alsof de hele kamer zich onder water bevindt. Ik steek een hand uit naar de muur om mezelf overeind te houden.

'Het is lang geleden,' mompel ik.

'Hoor eens, Florence,' zegt Lacey, waarbij ze een poging doet om met haar gebotoxte voorhoofd een bezorgde uitdrukking te creëren. 'Ik wil alleen even zeggen dat het niet deugde. Hoe dat met jou ging.'

Een warme gloed verspreidt zich over mijn gezicht, waarna de vlammen me uitslaan als bij een code-rood-brand.

'Het is oké, Lace,' stamel ik, achteruitwankelend en struikelend over mijn zak ballonnen. Een aantal ervan knapt luidruchtig, als een machinegeweersalvo. De baby begint te blèren.

'Ik, eh... heb iets in de auto laten liggen. Ben zo terug,' roep ik over mijn schouder terwijl ik de voordeur uit vlieg.

Buiten is het gaan regenen. Elke dikke druppel die op mijn hoofd ploft, voelt als een persoonlijke aanval. Het vocht is een ernstige bedreiging voor mijn pasgeföhnde haar, maar ik voel me te vernederd om me er druk om te maken. In verdwaasde toestand dool ik langs schuimpjeskleurige huizen, waarbij Lacey's woorden door mijn hoofd blijven razen als een achtbaan van schaamte waar ik niet uit kan. *Wat goed! Wat goed! Wat goed!*

Bij Notting Hill Gate doemt een groezelige pub voor me op als een luchtspiegeling in de woestijn. Ik word naar binnen getrokken als door een magnetische kracht. Soort zoekt soort. Uitschot zoekt uitschot.

De pub is schemerig verlicht en de vloer is plakkerig; mijn natte schoenen maken kletsende geluidjes wanneer ik naar de bar loop. De tent is vrijwel uitgestorven. Er is maar één tafel bezet, door een groep bouwvakkers die naar Premier League-hoogtepunten zitten te kijken op een flatscreen.

Achter de bar staat een oudere man een vork op te poetsen met een servet.

'Wodka-tonic, suikervrij,' zeg ik.

Hij kijkt op met ogenschijnlijk oprechte verbazing, alsof ik net zijn huiskamer ben binnengelopen en om een voetmassage heb gevraagd.

'Wablief, meis?' zegt hij.

'Wodka-tonic, suikervrij,' herhaal ik, ditmaal luider.

Hij draait zich om en begint met flessen te rinkelen, op gletsjertempo. Voordat ik dit drankje krijg zijn we allebei al dood en begraven.

'Goed, wodka heb ik,' zegt de barkeeper, een stoffige literfles Smirnoff ophoudend. 'Maar suikervrije tonic, ik vrees dat die op is. Wat dacht je van Fanta?' zegt hij opgewekt. 'Een lekkere wodka-Fanta?'

'Sorry hoor, is dit geen bar?' snauw ik.

'Het is Wetherspoons, mop. En net aan lunchtijd. De meeste gasten, die willen gewoon een pintje.' Zijn stem klinkt zo aardig dat ik bijna in tweeën breek. 'Bestelwagen komt ons vanmiddag weer bevoorraden. Kom over drie uur terug, dan maak ik voor je wat je maar wilt.'

Ik bind in. 'Goed. Een wodka-Fanta.'

Ik richt mijn aandacht op de werklui en probeer te bepalen wie de leukste is. Een van hen kijkt op, en ik glimlach naar hem. Hij bloost, waarna zijn blik terugschiet naar de veiligheid van het tv-scherm.

De bejaarde barkeeper zet mijn lichtgevend oranje drankje op de bar. Ik sla het in drie teugen achterover.

'Nog eentje.'

'Zo'n dag, hè?' zegt hij met een meelevende glimlach.

Ik negeer hem en richt mijn aandacht op die ene leuke, totdat zijn maten hem fluisterend in de ribben beginnen te ellebogen. Dan staat hij op om naar mij toe te komen. Hij is lang, stel ik goedkeurend vast, en een stuk jonger dan ik dacht. Maar ja, boeien.

'Rondje van mij?' zegt Sexy Bouwvakker, gebarend naar mijn drankje. Hij ruikt lekker: een houtige, aardse geur van dennennaalden gemixt met nat gras. In zijn groene broek zitten luchtdoorlatende inzetstukken en verstevigde knieën. Een tuinman, besef ik, geen bouwvakker.

Serieus, Florence? zegt een stemmetje in mijn hoofd. Een stemmetje dat verdacht veel weg heeft van dat van mijn zus, Brooke.

Ik glimlach. 'Ik heb een beter idee.'

5

Notting Hill Gate

VRIJDAG, 11.45 UUR

NA AFLOOP TREKT HIJ ZIJN GROENE BROEK OP EN SLENTERT DE damestoiletten uit, het loshangende achterpand van zijn polyester werkhemd achter hem aan wapperend als een superheldencape.

Ik leun tegen de wasbak. Ik voel me beter. Niet top, niet zoals Mariah die de trap afdaalt in haar gouden jurk in de video van 'It's Like That'. Maar wel beter.

Ik plens wat water rond mijn mond en bekijk mezelf in de spiegel. Niet gek, voor een dertigplusser. Het kan een stuk slechter. Eerlijk gezegd is het een stuk slechter gewéést. Bijvoorbeeld vlak nadat Will ons verliet, toen ik op slag tien kilo en driekwart van mijn wenkbrauwen kwijtraakte. Maar goed, boeien. Verleden tijd.

Een keer, in de begintijd van Girls' Night, zei een visagist tegen me dat ik een gezicht had als een geschilde aardappel, en hoe cru dat ook klinkt, ik wist precies wat ze bedoelde. Van nature ben ik vrijwel onzichtbaar. Mijn haar en huid en wenkbrauwen zijn allemaal variaties op dezelfde vale zandkleur. Ik zal nooit echt mooi worden, niet zoals mijn zus, maar in de loop van de jaren heb ik alle trucs geleerd: wimperextensions, wenkbrauwen lamineren, tanden bleken, buikspieroefeningen en kniebuigingen en trappenlopen tot je erbij neervalt. Er lekker uitzien heeft eigenlijk heel veel weg van het maken van ballonnenbogen. Niet moeilijk, alleen heel veel geestdodend werk.

Ik gorgel nog één keer met water en spuug het uit in de wasbak. Mijn telefoon zoemt in mijn zak.

1 nieuw bericht van Brooke.

Ben er! staat er, gevolgd door een smiley. Met andere woorden: waar blijf je?

Fúck. Lunch. Brooke. Ik ben al te laat, wat heel erg is, want de hele poppenkast was mijn idee.

Ik antwoord met de rennende emoji en stuif de pub uit, het ongenadige daglicht weer in.

Hijgend en puffend kom ik aan bij de Princess Royal Pub, een volle zesendertig minuten na het afgesproken tijdstip. Brooke zit al geparkeerd in een nisje, een onaangeroerde salade voor haar neus. Ze draagt een gestreepte schipperstrui met goudkleurige knopen op de schouder en draait een lok maïspluimhaar om haar vinger.

'Sorry, sorry, sorry,' prevel ik, met een hoop kabaal tegenover haar neerploffend.

Brooke kijkt op van haar telefoon. 'Daar ben je. Ik heb alvast besteld.'

De woorden rollen haar uit de mond als een geboren en getogen Londense. Als je ons hoort praten zou je nooit denken dat we zussen zijn. Vergeleken bij haar klink ik als Woody uit *Toy Story*.

Brooke is altijd het zondagskind geweest. Ze werd geboren op een zonnige dag in mei als de terug-naar-de-fabrieksinstellingen-versie van mij. Nieuw en verbeterd, met een dopneusje en beter haar. Onze vader, vrachtwagenchauffeur op de lange routes, was niet veel thuis, en drie weken na Brookes geboorte verdween hij voorgoed. Het klassieke 'ging sigaretten halen en kwam niet meer terug', behalve dan, zoals onze moeder jaren later zou uitleggen, dat hij met zijn wagen stomweg de I-95 had genomen naar zijn 'echte familie' in Scarsdale. Ik verweet het Brooke niet, natuurlijk niet. Maar het was lastig om geen link te leggen tussen haar lawaaierige komst en het overhaaste vertrek van onze vader.

Onze moeder was serveerster bij Denny's, het type vrouw dat altijd 'het beste in mensen zag', waardoor er voortdurend misbruik van haar werd gemaakt. Zo haalden de andere serveersters haar regelmatig over om hun rotdienst op zaterdag over te nemen met huiliehuilieverhalen die ze nooit in twijfel trok. ('Toon eens wat compassie, meiden,' berispte ze ons wanneer we zeurden dat we weer alleen thuis werden gelaten.)

Door haar zachtaardige karakter was onze moeder een magneet voor een bepaald type gewiekste, 'pech hebbende' oplichter, mannen met namen als Dean en Ace en Billy die worden aangetrokken door de staat Florida als motten door een straatlantaarn. Het type dat steevast een paar honderd dollar wil lenen voor 'een nieuwe zakelijke onderneming' die nooit ofte nimmer van de grond komt.

Brooke was veertien en ik zeventien toen onze moeder ons plaats liet nemen in een nisje, drie chocoladelavacakejes bestelde en aankondigde dat we midden-Florida gingen verruilen voor Engeland en onze vertrouwde drie-eenheid voor een nieuw leven met Barry, een 'kunstenaar' die ze had leren kennen op Match.com die 'vlak bij Windsor' woonde.

Ik was woest. Het was de zomer vóór mijn laatste jaar en ik was eindelijk populair.

'En het cheerleaden dan?' krijste ik, en ik smeet mijn cakeje tegen de muur.

Brooke daarentegen was een nerdy erelijstleerling die nul sociaal kapitaal te verliezen had. Ze had het nieuws stoïcijns aangehoord, de radertjes in haar hoofd al op volle toeren draaiend.

Toen ons vliegtuig drie weken later landde op Gatwick Airport slikte Brooke haar r in, hield haar vork in haar linkerhand en overwoog welk hoedje ze zou dragen naar Ascot.

Het maakte niet uit dat Barry's huis 'vlak bij Windsor' een driekamerflat in Slough bleek te zijn die hij deelde met zijn bejaarde moeder.

Of dat zijn 'kunst' bestond uit het schilderen van winkelpuien op een bedrijventerrein. Brooke had de verhuizing gebruikt om haar plaats in de sociale rangorde opnieuw te bepalen, als een soort Brontë-zus uit het outletcentrum.

Onze moeder merkte zo vaak op hoeveel ze van zichzelf zag in Brooke. *Je zus en ik zijn één ziel in twee lichamen*, zei ze dan. Niemand hoefde mij te vertellen aan wie ik haar deed denken. Onze vader. Het zwarte schaap dat ervandoor ging.

Ik vis een walnoot uit Brookes salade. 'Sorry, B. Werd opgehouden door een ouderding.'

Ze fronst. 'Echt? Ik dacht dat de andere moeders je haatten?'

'Het is een lang verhaal.' Ik wenk de ober en bestel een dubbele cheeseburger zonder broodje.

Brooke bestudeert mijn gezicht alsof ze een raadsel probeert op te lossen. 'Je bent heel erg opgedirkt,' zegt ze uiteindelijk. Afgezien van lippenbalsem en soms een veeg mascara doet mijn zus niet aan make-up. Zou ik eerlijk gezegd ook niet doen als ik eruitzag zoals zij.

'Niet iedereen kan zich permitteren om erbij te lopen als een tuinierende plattelandspensionado, B.'

Brooke buigt naar me toe en snuift. 'Heb je gedronken? En is dat... potgrond op je mouw?'

Ik verander van onderwerp. 'Hoe gaat het met de bruiloft?'

Volgende week zaterdag gaat Brooke trouwen in de Holy Trinity Church op Sloane Square, de culminatie van haar jarenlange project om door te dringen tot de hogere middenklasse. De bruiloft is haar favoriete gespreksonderwerp.

'Pff,' verzucht ze. 'Het is zo stressvol.'

In een reflex kijken we allebei naar de kluit antieke diamantjes aan haar vinger. Haar verloofde Julian is zo'n bescheiden-chique Engelsman met zulke nette manieren dat ze een onzichtbaarheidsmantel vormen voor zijn ware persoonlijkheid. Het kostte me twee jaar om erachter te komen dat ik echt, serieus, een bloedhekel heb aan de man.

'Je hebt geen idee,' zegt Brooke, waarna ze zich inhoudt. 'Sorry. Ik bedoel alleen... nou ja, het was anders voor jou, destijds.'

Ik knik braaf. Ik heb nog een gunst nodig.

'Trouwens, dat is waar ook,' zegt ze, haar marineblauwe Smythson-agenda openslaand. 'Een laatste doorpas voor de bruidsmeisjes. Maandagmiddag om twee uur. Het is het enige tijdstip waarop Julians zus kan.'

'Prima,' zeg ik, nog een walnoot van haar bord pikkend.

Ze kijkt me sceptisch aan. 'Echt? Dan ben jij er ook?'

Ik vervorm mijn gezicht in wat ik hoop dat een sympathieke uitdrukking is. 'Natuurlijk, B. Je staat al zo onder druk. Daar wil ik niet nog een schepje bovenop doen.'

'Juist, oké,' zegt ze, de agenda met een klap dichtslaand. 'Wat nou weer, Florence? Vertel op. Wat wil je?'

Ik bijt op mijn lip. 'Waarom doe je altijd zo achterdochtig?'

Ze verstijft. 'Het is geen achterdocht. Het is intuïtie. Er is een verschil.'

'Het punt is, ik heb een heel belangrijke afspraak vanavond. En ik vroeg me af of jij zou kunnen –'

Brooke trekt een gezicht. 'O mijn hemel, zeg het gewoon: je hebt een date.'

Er gaat een golf van frustratie door me heen. Brooke bezit geen greintje creativiteit. Ze begrijpt niet hoe funest het is voor een artiest als je dromen je worden afgenomen, als je hunkert naar een podium en niet in staat bent er een tevoorschijn te toveren. Als het aan haar lag zou ik sappelen in de anonimiteit, eeuwig ballonnenbogen maken of – nog beter – me laten omscholen tot accountant.

'Wie is de gelukkige deze week?' vervolgt ze. 'Een portier? Een onlinegokker? O, misschien is de Shepherd's Bush Strangler single?'

'Het is geen date,' snauw ik. 'Het is een sollicitatiegesprek.'

Ze snuift verachtelijk, waardoor de neusvleugels van haar perfecte wipneusje trillen. 'Tuurlijk, een sollicitatiegesprek op vrijdagavond. Kom op, Florence. Je kunt heus wel een betere leugen bedenken.'

'Kun je me niet gewoon helpen? Voor één keer?'

Brooke spert haar ogen open. 'Voor één keer? Zei je nou serieus voor één keer? Hoe haal je het in je hoofd!' Haar gezicht begint nu rood aan te lopen, een tomaatrood dat begint op haar kruin en uitwaaiert naar haar kin. 'En die "ene keer" dat ik je vierduizend pond leende dan? Of die "ene keer" dat je een maand bij mij op de bank sliep en...' Ze gaat op fluistertoon verder. '...een hele stóét aan wildvreemde types mee naar huis nam!'

Nu is ze op stoom, met elk woord vliegen spettertjes spuug uit haar mond. 'Is het zo moeilijk om je eens normáál te gedragen? Totdat de bruiloft achter de rug is?!'

De binnenbrand laait weer op. Ik probeer te slikken, maar het speeksel in mijn mond is veranderd in zaagsel. 'Ha! De bruiloft. Hoe kon ik die vergeten? Je hebt hem al minstens een halve minuut niet ter sprake gebracht.'

Aan de tafel naast ons begint een groepje vrouwen afkeurende geluiden te maken, zich in hun stoelen omdraaiend om te zien wat er aan de hand is. Brooke werpt hun een verontschuldigende blik toe, haar verontwaardiging getemperd door haar eeuwige neiging om een scène te voorkomen.

'Waarom kan Will niet op Dylan passen?' sist ze. 'Ik dacht dat hij hem in de weekenden zou nemen!'

Mijn gezicht brandt. Ze heeft gelijk. Volgens onze omgangsregeling hoort Will Dylan elke vrijdag om 18.00 uur op te halen en bij zich te houden tot zondagmiddag. Maar Will zegt zo vaak af – meestal vrijdagmiddag laat, lang nadat Dylans tas is gepakt en zijn hoop gewekt – dat ik er niet langer op reken.

'Hoor eens, het spijt me dat je zus helpen – je enige nog levende familielid – zo'n gigántische opgave voor je is. Mama zou vast heel trots zijn op hoe –'

Brookes gezicht betrekt. 'Waag het niet mama erbij te halen! Als zij hier was –'

'Je maakt jezelf belachelijk, B,' sis ik. 'Voor zover mama weet – voor zover ze ooit zal weten – ben ík degene die het heeft gemaakt.' Ik vis de laatste walnoot uit haar salade en stop hem in mijn mond. 'Dat kun je niet hebben, hè?'

Het is een rotopmerking, zelfs voor mij. Brooke zakt tegen de wand van het nisje en trekt haar bord dichterbij. 'Zit niet met je vingers aan mijn eten.'

Onze ober duikt weer op om mijn burger zonder broodje op tafel te zetten, zoals je een bak voer zou neerkwakken voor een hond die net je lievelingspantoffels had stuk gekauwd. Ik zet mijn tanden erin en laat het sap over mijn kin lopen.

Brooke fronst. 'Je weet dat jij je als de grote zus hoort te gedragen, hè?'

Ik smak extra luidruchtig om haar te irriteren en wacht af.

'Oké,' grauwt ze. 'Jij wint. Ik zal wel weer de wijste zijn, zoals gewoonlijk. Ik pas wel op Dylan. Maar ik doe het voor hem, het is maar dat je het weet. Niet voor jou.'

'Top,' zeg ik, een hand uitstekend over de tafel om een slok van haar cola light te nemen. 'Tot vanavond.'

Ik laat Brooke opdraaien voor de rekening en haast me het restaurant uit naar het metrostation. Het regent niet meer, maar er hangen donkere wolken die zich elk moment kunnen openen. Ik had haar paraplu moeten meenemen, bedenk ik, maar nu is het te laat.

Van bekvechten met Brooke krijg ik altijd een rothumeur, zelfs wanneer ik win. Omdat mijn zus, met haar niet-ironische voorliefde voor Boden-truien en Sweaty Betty-leggings en Jamie Oliver-kookboeken, in wezen een normáál mens is. Een goed mens. Iemand die niet in staat is af te dalen naar de duistere, lelijke krochten van de ziel om koste wat het kost een discussie te winnen. In tegenstelling tot mij.

Tuurlijk, ik kan best een paar uur glimlachen en op mijn tong bijten, misschien zelfs een paar dagen. Maar het houdt een keer op. Op een gegeven moment borrelt het duistere altijd op. Een sneer hier, een onnodig kwetsend opmerkinkje daar. Brooke weet dit. En dus laat ze me winnen, elke lullige overwinning een volgende splinter onder mijn vingernagel, een pijnlijke herinnering aan de verdorvenheid die in mij sluimert.

Ik werp een blik op mijn telefoon. Eén uur en zevenenveertig minuten totdat ik Dylan moet ophalen.

Ik moet opschieten, want er is nog één laatste klusje dat ik moet doorstrepen op mijn takenlijstje.

6

Selfridges, Oxford Street

VRIJDAG, 14.08 UUR

IK DOE EEN STAP ACHTERUIT EN BEWONDER MEZELF IN DE PASkamerspiegel. De bodysuit is perfect: zacht zwart fluweel, met lange mouwen en een laag uitgesneden V-hals die bijna tot mijn navel komt. Beslist niet iets waarbij je een beha aan kunt. Ik ben zo blij dat ik implantaten heb genomen toen ik me dat soort dingen nog kon veroorloven.

Ik draai het prijskaartje om. Mijn adem stokt hoorbaar.

368 pond!

Ik knijp mijn ogen tot spleetjes. Misschien is dat de prijs in Zweedse kronen? Ik kijk nogmaals.

368 pond.

Ik wil deze bodysuit niet zomaar. Ik heb hem nódig. Het is een absolute vereiste dat de outfit die ik kies voor vanavond voor mij spreekt. Iets wat Elliott woordeloos duidelijk maakt dat ik er klaar voor ben. Dat ik het waard ben. Dit wordt goddomme mijn *Emancipation of Mimi*-moment.

Ik check het prijskaartje nog een keer, voor alle zekerheid.

368 pond.

Wie geeft zulke bedragen uit? Het venndiagram van mensen die deze bodysuit kunnen betalen én fatsoenlijk dragen moet, zeg maar, één Russische oligarchs ex-vrouw zijn.

Ik grabbel in mijn handtas naar de tien centimeter grote metalen schijf die ik op eBay heb besteld voor precies dit soort gevallen. Het metaal voelt koel en glad aan. Hoewel ik een paar YouTube-filmpjes heb bekeken, heb ik tot nu toe nooit daadwerkelijk een diefstalbeveiliging verwijderd.

Dit is geen diefstal, spreek ik mezelf toe. We hebben het hier over een in een Cambodjaanse sweatshop, door kinderen van Dylans leeftijd gemaakte bodysuit. Integendeel, het is eerder een protestactie. Een principiële verwerping van laatkapitalistische normen.

Desondanks check ik het plafond op beveiligingscamera's. Ze hangen toch zeker geen camera's op in de paskamers?

Met mijn linkerhand hou ik het apparaat tegen de diefstalbeveiliging en ik wacht op de klik, net als in de instructiefilmpjes. Ik sta mijn adem nog in te houden wanneer drie kwieke klopjes op de paskamer me met een schok terugbrengen in de werkelijkheid.

'Lukt het allemaal?' informeert een zoetsappige stem door de deur.

Ik laat het apparaatje vallen. Het ligt op de vloer, een buitenaards ruimtevaartuig gecrasht op het hoogpolige tapijt van de Selfridges-paskamer. Goddank voor manshoge deuren.

'Ja hoor, prima,' zeg ik iets te hard.

'Zeg het maar als u een andere maat nodig hebt,' kwinkeleert de stem. 'Mocht u een grote garderobe-update op de planning hebben staan, dan bieden wij ook een personal shoppingservice met een van onze professionele stylisten.'

'Bedankt,' piep ik. Mijn hart geeft een drumsolo in mijn borstkas. Misschien is dit een slecht idee. Correctie: dit is een héél slecht idee. Maar wat voor keuze heb ik? Ik heb deze outfit nodig.

Ik ga op het gestoffeerde bankje zitten en wacht tot het geluid van de voetstappen van de paskamermedewerker wegsterft. Ik zie mezelf al tegenover Elliott zitten in een knus hoeknisje, roddels uitwisselend over wie uit het wereldje te ver is gegaan met Ozempic of voor de vierde keer is gescheiden. Op een gegeven moment zal hij zijn glas wijn opzijschuiven en mij in de ogen kijken.

'Even serieus, Florence,' zal hij zeggen. 'Jij was altijd al de ster van Girls' Night. Hoe kunnen we je overhalen de studio weer in te duiken voor een soloalbum?'

De gedachte bezorgt me een lichte huivering van genot. In werkelijkheid weet ik helemaal niet wat Elliott wil bespreken, hij had vaag gedaan aan de telefoon. Maar als hij me mee uit eten vraagt, op zijn laatste avond in Londen nog wel, dan moet het iets positiefs zijn.

Juist. Geen tijd te verliezen. Ik adem in en druk de metalen schijf voor de tweede keer op de diefstalbeveiliging.

Aan de andere kant van de kamer begint mijn telefoon te zoemen van een reeks meldingen. *Ping. Ping. Ping.*

Ik pak hem op. Zevenentwintig nieuwe berichten, allemaal van de St. Angeles-moeders groepschat. Die wijven zijn gestoord, vooral Hope, maar zevenentwintig berichten? Dat lijkt me... vreemd.

Ik open de chat. De berichten verschijnen sneller dan ik ze kan lezen.

NOODSITUATIE OP SCHOOL!

KOM SNEL HIERHEEN!

Mijn blik schiet over het scherm, in een poging te begrijpen wat er aan de hand is.

POLITIE IS ONDERWEG!

Ik krijg het warm, word draaierig.

Wat is er aan de hand? typ ik.

Niemand reageert. Ik krijg een wee gevoel in mijn maag. Ik doe nog een poging.

Wat is er aan de hand?

Maar de andere moeders negeren me ijskoud. De groepschat valt stil. Ik schiet mijn sweatshirt aan over de bodysuit en storm de paskamer uit naar de roltrap. Mijn hart hamert in mijn borst terwijl ik er een appje naar Dylan uit rammel.

ALLES GOED MET JOU? APP ME TERUG, beveel ik. METEEN!

Ik veeg het zweet van mijn voorhoofd en staar naar mijn telefoon, alsof ik zo mijn zoon kan dwingen om te antwoorden.

Laatste keer online: 4 uur geleden, tergt zijn profiel me.

Ik was Dylan een keer kwijt in een winkelcentrum. Hij was vier of vijf, en ik had hem, tegen zijn wil, meegesleept naar Westfield om een jurk te ruilen die ik al een keer op date had gedragen. Ik stond te bakkeleien met de arrogante caissière over of er deodorantvlekken in zaten, en ik verloor hem een tel uit het oog. Letterlijk één tel. Ik keek naar beneden, en Dylan was weg. 'Dylan!' schreeuwde ik. Geen antwoord. Die caissière gaf me een blik van 'wat verwacht je dan van een flutmoeder die een duidelijk gedragen jurk probeert terug te brengen?' Ik liet de jurk voor wat die was en rende de winkel door, klanten vragend: 'Hebt u een klein jongetje gezien, ongeveer zo groot, in een blauw shirt?' Ik had het een stuk of vier mensen gevraagd, met een hartslag van honderdtachtig, voordat Dylan onder een kledingrek uit sprong en 'Boe!' riep. Ik gaf bijna over in mijn handen. Mijn opluchting sloeg onmiddellijk om in woede. 'Wat mankeert jou?' schreeuwde ik. 'Ik dacht dat ik je kwijt was!' Hij barstte in tranen uit. We huilden allebei tijdens de busrit naar huis.

Het einde van de roltrap komt totaal onverwacht en lanceert me met een keiharde schok, die me in één keer terugbrengt in het hier en nu. Op de begane grond baan ik me zigzaggend een weg over de parfumerieafdeling, de parfumwolken ontwijkend, tot ik bij het bordje boven de deur ben dat aangeeft UITGANG OXFORD STREET. Ik knal de stoep op, mijn longen vol zuigend met koele lucht.

Hordes toeristen versperren de stoep, als een kudde blatende schapen, om onzinnige foto's te nemen van de kerstversieringen, de etalages en hun eigen domme hoofden.

'Uit de weg!' krijs ik, me tussen de lichamen door ellebogend om een langsrijdende zwarte taxi aan te houden.

'Holland Park!' blaf ik tegen de chauffeur. 'Zo snel mogelijk.'

Ik kijk op mijn telefoon. Geen nieuwe berichten. Ik doe een schietgebedje.

Alstublieft, God, laat dit zijn zoals die dag in het winkelcentrum. Laat hem in orde zijn.

Mijn lijf is nu even strak gespannen als een drum, die in één ritme dreunt.

Niet Dylan. Niet Dylan. Niet Dylan.

7

Holland Park

VRIJDAG, 15.01 UUR

IK BEN NOG TWEE STRATEN VAN DE SCHOOLPOORT VANDAAN wanneer de eerste gil me bereikt.

Het gegil komt van alle kanten tegelijk. Een groepje nanny's staat op de stoep op een kluitje te huilen en te fluisteren. Verderop, dichter bij de poort, staat een andere groep te trillen van verontwaardiging. Moeders.

Achter mijn oren begint een dof geraas aan te zwellen, alsof er een jet opstijgt in mijn schedel.

Dylan.

Ik zet het op een rennen.

De normaal gesproken ordelijke afhaalprocedure is geïmplodeerd. Het hoofd van de school, Nicola Ivy, staat bij de poort, een klembord vasthoudend als een reddingsvlot, met een bezorgde uitdrukking op haar gezicht. Ze is halverwege de veertig, met zelf geverfd bruin haar en een rokersmond. Haar aanwezigheid bij de poort is een veeg teken: Ms Ivy laat de dagelijkse leiding over de school grotendeels over aan Ms Schulz en geeft zelf alleen acte de présence op de grote fundraisinggala's. Wat er ook is gebeurd, het is ernstig.

'Als ik ouders en verzorgers mag verzoeken om...' begint Ms Ivy, krachteloos gebarend naar de groter wordende menigte.

Tegenover haar bestookt een stel withete groep 6-moeders haar met vragen als handgranaten.

'Waar zijn onze zonen?' brult Allegra Armstrong-Johnson, die moeite heeft haar aan de riem trekkende hond in bedwang te houden.

Hope Grüber staat te zwaaien met een beige Bottega Veneta-tas alsof het een wapen is. 'Vertel ons wat er is gebeurd!'

'Niemand mag de school in of uit,' zegt Ms Ivy zwakjes. Ze werpt een radeloze blik op haar plaatsvervanger, Helen Schulz, die elke schijn van behulpzaamheid heeft laten varen en en plein public staat te snotteren in een zakdoek.

Cleo Risby dringt naar voren. 'Iemand moet ons vertellen wat er aan de hand is. Nu!'

Ms Ivy's ogen schieten nerveus over de groep moeders. Haar handen trillen. Wat ze ook te zeggen heeft, het is niet goed.

Ze schraapt haar keel. 'Een leerling uit groep 6 is verdwenen... of, eh... beter gezegd... lijkt te zijn...' Ze stopt, waarbij haar blik blijft hangen op Cleo. 'De politie kan hier elk moment zijn. Misschien kunnen we beter op hen wachten.'

De moeders protesteren woedend. Uiteindelijk blijft Ms Ivy's mond bewegen, maar het is te laat. Ik ben doof van paniek, mijn hele lijf trilt van één wanhopige smeekbede: *Niet Dylan. Niet Dylan. Niet Dylan.*

Dwars door de menigte storm ik op Ms Ivy af. Ze protesteert zwakjes wanneer mijn schouder de hare raakt, maar ik loop door en baan me een weg door de poort. Bovenaan de trap is Ms Schulz in elkaar gezakt voor de blauwe deur als 's werelds beroerdste uitsmijter. Een van haar beige kniekousen is op haar enkel gezakt, een web van spataderen onthullend.

'Aan de kant,' zeg ik, maar ze hoort me niet boven het geluid van haar gesnotter uit. In de verte loeien sirenes.

'Aan de kant!' herhaal ik, ditmaal harder, en ze schuift opzij. Tot mijn verbazing gaat de blauwe deur makkelijk open, met een zachte klik. Achter me wordt Ms Ivy's stem zachter: '...politieonderzoek... hoogst ongebruikelijk... samenwerken met de autoriteiten...'

Ik loop een schemerige gang in, waar het ruikt naar oude sportsokken en vers krijt.

'Dylan?' roep ik in het wilde weg, want ik zie geen hand voor ogen.

Naarmate mijn ogen zich aanpassen, trekt het donker op om een meute onbelangrijke jongetjes te onthullen, geen van hen Dylan. Ze zitten allemaal tegen de muren geleund, onrustig fluisterend tegen elkaar.

De biologieleraar, Mr Dempsey, komt met zwaaiende armen op me afstormen.

'Hoe bent u... De school is afgesloten!' brult hij, zijn dikke zwarte bril over zijn neus omhoogduwend. 'U mag hier niet komen.'

Maar ik ben hem al voorbij, de trap op rennend naar de klaslokalen.

'Dylan!' schreeuw ik in de lege ruimte.

Ik ben mijn perifere zicht kwijt en kan Mr Dempsey niet meer horen, hoewel ik me er vaag van bewust ben dat hij zich ergens achter me bevindt. Ik heb het gevoel dat mijn ziel mijn lichaam heeft verlaten. Als Dylan iets – wat dan ook – is overkomen, heb ik geen reden om deze planeet te blijven bewonen. Dan gooi ik me linea recta van het dak.

Ik steek mijn hoofd in de leerlingentoiletten. 'Dylan!' schreeuw ik. 'Ben je hier?'

Ik ben niet van de hocus pocus, maar ik zweer dat ik Dylan voel, me bewust ben van het gewicht van zijn ziel lang voordat mijn oogzenuwen de kans hebben om zijn aanwezigheid te registreren en als een samenhangende gedachte door te geven aan mijn hersenen. Plotseling ben ik me, op moleculair niveau, bewust van zijn bleke huid, zijn doordringende groene ogen, de sproetjes op zijn neus.

Mijn enige zoon zit veilig, gezond en wel tegen de radiator geleund zijn haar rond zijn vingers te draaien.

‘Hé, mam,’ zegt hij, zijn stem zo nonchalant als wat.

Mijn schouders ontspannen voor de eerste keer sinds de Selfridges-paskamer. Ik sla mijn armen om hem heen, hem smorend met mijn lichaam. Ik word overvallen door de neiging om hem als een origamizwaantje op te vouwen en terug te stoppen in mijn buik, waar hij voor altijd veilig zal zijn.

Dylan kijkt naar me op. Zijn bleke gezicht is besmeurd met modder en er zit een verse rode schram boven zijn rechterwenkbrauw. ‘Hebben ze hem gevonden?’

‘Wie?’ vraag ik dommig. Mijn opluchting is zo groot dat die tot tijdelijk geheugenverlies lijdt. Maar natuurlijk wordt andermans kind nog vermist, en de paniekerige spurt door die blauwe deur van een andere moeder zal een andere, hartverscheurende afloop hebben.

‘Alfie,’ zegt mijn zoon zonder zijn ogen op te slaan.

In mijn hoofd beginnen alarmbelletjes te rinkelen. *Alfie Risby? Het schildpadjoch?*

‘Shit.’

In de verte hoor ik voetstappen de trap op dreunen, gevolgd door de stem van Mr Dempsey, die tekeergaat over ‘een ouderindringer’. Ik geef Dylan een hand en trek hem overeind.

‘Kom, we gaan,’ zeg ik op het moment dat een rood aangelopen Mr Dempsey de deur opengooit.

‘Aha!’ brult hij. Hij heeft de kleur van een granaatappel, met dunne straaltjes zweet die over zijn brede, vlezige gezicht lopen. Hij posteert zich in de deuropening, waarmee hij ons in de toiletruimte opsluit.

Ik laat Dylans hand los en loop naar Mr Dempsey, tot ik zo dichtbij ben dat ik zijn Boots-aftershave kan ruiken.

‘Aan de kant,’ zeg ik, mijn stem kalm en ijskoud.

‘Ben je gek geworden? De politie moet iedereen ondervragen die –’

‘Aan de kant. Nu.’ Ik buig voorover en fluister in zijn oor: ‘Of ik schreeuw moord en brand.’

Verbijsterd trekt Mr Dempsey zijn hoofd terug. ‘Wat? Bedreig je me?

Je... Je hebt geen toestemming om je zoon mee te nemen,' stottert hij, maar hij stapt al uit de deuropening.

Ik draai me om naar Dylan en gebaar naar zijn rugzak, die ik over mijn schouder slinger.

'We gaan,' grauw ik. Ik hou Dylans hand vast terwijl we de trap af rennen en tussen de uitgestrekte benen door van zijn klasgenoten, allemaal gehuld in dezelfde grijze wollen broeken.

'Ik ga het melden bij de politie,' roept Mr Dempsey ons na.

Aan het eind van de gang duw ik een zware deur open waarop staat UITSLUITEND TOEGANG VOOR PERSONEEL. We komen in een keuken vol blinkende roestvrijstalen werkbladen en stapels plastic dienbladen.

'Er moet hier toch een soort dienstingang zijn? Voor leveranciers?' Mijn hart hamert nog steeds in mijn borst, en ik vraag me af of Dylan kan zien hoe doodsbang ik ben.

'Hoe moet ik dat weten?' Dylan haalt zijn schouders op. 'Ik ben hier nog nooit geweest.'

Ik scan de ruimte; mijn blik vliegt over industriële vaatwassers, vijfliteremmers afwasmiddel, enorme flessen ketchup en mosterd, en servettenhouders. Dan zie ik het. Aan de zijkant. Een oplichtend groen UITGANG-bordje. *Fuckzijdank.*

Ik grijp Dylan weer bij de hand.

'Daar gaat-ie.'

Buiten begint het pikdonker te worden. We zijn beland op een leveranciersplatform naast het parkeerterrein voor personeel. Heel even zeggen we geen van beiden iets. Nog steeds heb ik Dylans rugzak om en zijn zweterige hand in de mijne geklemd. De gedachte los te laten is onverdraaglijk, en hij protesteert niet. Vanaf de andere kant van het gebouw hoor ik sirenes en geschreeuw. Iemand spreekt door een megafoon.

Behoedzaam lopen we om het gebouw heen, waarbij mijn hart harder gaat bonken naarmate we dichter bij de voorkant van de school komen. Ik zet me schrap voor iets – een harde stem, een strenge hand, iemand die ons ziet en tegenhoudt, maar dat gebeurt niet. Voor de school heeft zich een menigte verzameld; hordes verslaggevers drommen samen als mieren, klaar om kruimels van een picknick buit te maken. Twee politieagenten staan bij Ms Ivy op de trap. Een bebaarde agent met een noordelijk accent spreekt de menigte toe op een toon bedoeld om de paniek te temperen.

'Dames en heren, dit is een lopend onderzoek...'

Ik probeer Dylan snel mee te sleuren, maar hij stopt en draait zich om. 'Waar nemen ze Alfies moeder mee naartoe?' vraagt hij, aan mijn mouw trekkend. Ik volg zijn blik naar een bult op de stoep; een verfrommeld hoopje kleren en blond haar en slanke, rondmaaiende armen. Er komt een schrille jammerkreet uit het hoopje. Het duurt een tel voor ik doorheb dat het een mens is. *Cleo.* Twee agenten in uniform, een man en een vrouw, proberen haar overeind te trekken, maar ze werkt niet mee. Ik word zo misselijk dat ik bijna moet overgeven.

'Kom,' zeg ik, aan Dylans hand trekkend. 'We moeten hier weg.'

De mensen die in de chique huizen rond de school wonen hebben inmiddels hun lampen aangedaan, die een warme gloed werpen op de stoep, en hun gordijnloze ramen veranderen in miniatuurtheaters: een moeder die met huiswerk helpt; een man die groente snijdt; een jongen die pianospeelt. Zich geen van allen bewust van de nachtmerrie die zich even verderop voltrekt.

Ik blijf een ogenblik staan om Dylans gezicht in me op te nemen. Zijn uitdrukking is laconiek, onaangedaan. Hij lijkt niet uit zijn doen of zo. *Zou dat wel moeten?* Dylan merkt dat ik hem aanstaar.

'Mam, ik –'

Ik leg een vinger tegen mijn lippen. 'Geen woord tot we thuis zijn,' zeg ik. 'En dan wil ik het hele verhaal horen.'

Ik zet een ontspannen gezicht op, ik loop rustig, niet te snel. Maar mijn allesoverheersende opluchting begint plaats te maken voor iets anders: een wee gevoel in mijn onderbuik, zoals wanneer je net van de duikplank bent gesprongen. Er wordt een jongen vermist, en ik heb mijn zoon net als een haas van het toneel laten verdwijnen, onder het oog van leerkrachten en verslaggevers en politieagenten. Wat bezielde me in godsnaam?

Ik klem zijn hand steviger vast, mijn vingers om zijn klamme palm geslagen.

Veilig. Gezond. En wel.

8

Shepherd's Bush

VRIJDAG, 16.23 UUR

TEGEN DE TIJD DAT WE BIJ ONZE VOORDEUR AANKOMEN, TRILLEN mijn handen zo erg dat ik sta te hannesen om de sleutel in het slot te krijgen. Dylan wordt er niet goed van ('Jemig, mam, ik doe het wel!') en neemt het over.

Ik weet wat me te doen staat, wat een goede moeder zou doen: water opzetten, met Dylan op de bank gaan zitten, hem zijn verhaal laten doen. Ik probeer mezelf naar de keuken te dirigeren, maar mijn lichaam lijkt van lood, alsof er gewichten aan mijn ledematen zijn vastgemaakt die me steeds dieper naar de oceaanbodem trekken. In plaats van de thee-met-koekjes-aanpak lig ik ineens op mijn buik op de bank. De neiging om mijn ogen te sluiten zit diep, een oerdrang. Het is niet eens een keuze.

Dylan loopt naar de keuken om voor zichzelf een glas water in te schenken.

'Mag ik naar de overkant om te kijken of Mr Foster thuis is?'

Ik staar hem wezenloos aan. 'Mr Foster?'

Hij neemt een slok. 'Ja. Hij heeft krekels voor Greta. Ze gaat bijna in winterslaap.'

Ik voel woede oplaaien jegens Dylans huisschildpad en dwing mezelf rechtop te gaan zitten. Het voelt als het optakelen van de Titanic.

'Maak je nou een geintje?'

Dylan kijkt me uitdrukkingsloos aan. 'Nee.'

Natuurlijk niet. Mijn zoon is de nuchterste persoon op aarde.

'Kom zitten,' draag ik hem op, op de plek naast me kloppend. 'Vertel eens wat er vandaag is gebeurd.'

Eerst denk ik dat hij bij me op de bank komt zitten. Maar dan klapt hij met een nijdig gezicht zijn glas op het stenen werkblad, waardoor het in duizend stukjes uiteenspat.

'Jij verpest alles!' schreeuwt hij, waarna hij naar zijn kamer rent en de deur dichtsmijt.

Ik ga niet achter hem aan. In plaats daarvan pak ik de stoffer en blik en begin het glas op te vegen. Dat was me het dagje wel; logisch dat hij prikkelbaar is.

Mijn telefoon zoemt op het moment dat ik de stoffer en blik terugleg in de kast. Een bericht van Will.

Zag net het nieuws. Wat is er in godsnaam aan de hand?

Alles in orde, Dylan oké, antwoord ik.

Er verschijnen drie puntjes; hij is aan het typen.

Ben er om 18.00 uur. Zorg dat hij klaarstaat.

Zodra ik klaar ben met opruimen, loop ik op mijn tenen door de gang en ik klop op Dylans kamerdeur. Hij zit op zijn onopgemaakte bed voor zich uit te staren.

'Zin in vegan *mac and cheese*?'

Hij schudt zijn hoofd.

Ik speur zijn gezicht af naar verborgen aanwijzingen. In de zachte ronding van zijn wangen zie ik sporen van de baby die hij zo'n vijf minuten geleden nog was. Mijn blik dwaalt door zijn kamer, over de *Nobody Owens*-stripboeken, de stapels haastig opgevouwen en inmiddels vergeten wasgoed, de veel te ingewikkelde telescoop (een verjaardagscadeau van

Will, ongetwijfeld bedoeld om het gebrek aan sterrenkijkmogelijkheden vanuit onze woning te benadrukken).

'Hoor eens, Dyl... je weet dat ik aan jouw kant sta, hè?'

Hij knikt maar maakt geen oogcontact. Ik laat me op zijn onopgemaakte bed zakken, de gekreukelde astronautendekbedhoes gladstrijkend. Greta staart me strak aan vanuit haar schemerige terrarium.

'Ik moet weten wat er vandaag is gebeurd.' Ik wacht.

Het verhaal begint er in korte, staccato zinnetjes uit te komen. 'We waren op schoolreisje,' zegt Dylan op vlakke toon. 'Naar het Wetland Centre.'

Ik stel me de jongens voor op hun kaplaarzen, baggerend door kniehoog moeras en drassige begroeiing, langs vogelhutten en in onbruik geraakte reservoirs uit de victoriaanse tijd.

'Juist. Oké.'

'Mr MacGregor deelde ons op in tweetallen, gaf ons een verrekijker mee. Om naar de zeldzame roerdomp te zoeken.' Nu trilt Dylans stem een beetje. Hij slaat zijn ogen neer, naar het sterrenpatroon op het vloerkleed. 'Alfie en ik waren samen.'

Mijn hartslag schiet omhoog. 'Jullie waren samen? Met z'n tweetjes?'

'Hmhm,' zegt Dylan.

Mijn nekharen staan nu recht overeind. 'Juist, eh... oké. Ga door.'

'We waren aan de andere kant van het moeras. En ik... ik zag afval op de grond. Een colablikje en een Mars-wikkel.' Hij balt zijn handen tot vuistjes bij de herinnering aan de doodzonde. 'Iemand had ze gewoon op de grond gegooid. Er had een vogel in kunnen stikken!'

Ik dwing mezelf te denken aan een koel, kalm meer. *Ik ben neutraal. Ik ben Zwitserland.*

'Juist. Oké. Ga door.'

'Dus ik zei tegen Alfie: "Ik ga een afvalbak zoeken." En toen ik terugkwam, was hij weg.' Hij laat zijn hoofd hangen. 'Ik dacht dat hij zich verstopt had of een geintje met me uithaalde.'

'Ik begrijp het niet. Telden ze jullie niet toen jullie weer in de bus zaten? Hoe konden ze helemaal terug naar school rijden zonder Alfie?'

Zijn gezicht wordt asgrauw. Het weeë gevoel in mijn maag keert terug. De puzzelstukjes beginnen nu op hun plaats te vallen, maar het plaatje dat ze vormen bevalt me helemaal niet.

'Dus... je wist dat Alfie niet in de bus zat?' vraag ik zachtjes, uit alle macht wensend dat het niet waar is. 'En je... zei niks?'

Dylan staart naar de vloer.

'Ik snap het niet. Hoezo merkten de begeleiders niet dat hij ontbrak?'

Mijn zoon durft me amper aan te kijken. 'Kweenie,' mompelt hij.

'Dylan.'

Hij ademt uit, een lange, trage zucht waar geen eind aan lijkt te komen. 'We zaten allemaal in de bus. Mr MacGregor stond te praten met de chauffeur, een van de ouders noemde onze namen op en vinkte ze af op een lijst. Toen ze Alfies naam noemde...'

'Wat?'

Dylans stem is zo zwak dat die van de oceaanbodem lijkt te komen.

'Ik riep: "Ja!" '

Vol ongeloof staar ik hem aan. 'Wát deed je?'

'Het was een geintje!' Een dikke traan biggelt uit een van zijn ooghoeken.

Ik verstijf. Dylan zien huilen is het enige ter wereld wat mij gegarandeerd aan het huilen krijgt, en mijn tranen zullen hem helemaal overstuur maken, waardoor we allebei in een vicieuze cirkel van snotteren en snikken belanden. Ik sla mijn armen om hem heen en trek hem tegen me aan zodat hij mijn gezicht niet kan zien.

'Het is mijn schuld,' brengt hij verstikt uit.

'Nee,' zeg ik als vanzelf, automatisch. 'Zeg dat niet. Zeg dat nooit meer.'

Dylan en ik zitten samen op zijn bed, allebei onbeweeglijk. Onder mijn sweater heb ik nog steeds de zwarte bodysuit van Selfridges aan. De stof voelt nu aan als een maliënkolder die me belemmert, me verstikt.

Dylan neemt een pluk rossig haar tussen zijn vingers en begint die rond te draaien. Een zenuwtrekje. Er is nog iets, iets wat hij me niet vertelt.

'Ik heb mijn rugzak laten liggen,' mompelt hij.

Ik ga rechtop zitten. 'Op school bedoel je?'

'Nee,' zegt hij zachtjes, zijn haar maar ronddraaiend. Dan maakt hij zijn blik los van het vloerkleed en kijkt me recht aan. 'In het Wetland Centre.'

Ik frons. Ik zou zwéren dat ik zijn rugzak mee naar huis had gezeuld. Maar wat doet het er ook toe.

'Het geeft niet. De school zal wel een paar dagen dicht blijven. Ik zal bellen om te vragen of iemand hem heeft afgegeven.'

'Mam?'

'Ja?'

'Denk je dat Alfie dood is?'

Een kristalhelder beeld flitst voor mijn ogen op: een lichaam van Dylans formaat dat naar de bodem van een reservoir zinkt. Ik zet het beeld van me af. 'Nee. Nee, schat. Natuurlijk niet.'

Voor de tweede keer die avond sla ik mijn armen om mijn zoon heen zodat hij mijn tranen niet kan zien.

Ik roer een keer door de macaroni en kieper het fluorescerend oranje poeder in de pan. Je gelooft niet hoe moeilijk de vegan Kraft Mac & Cheese in Londen te vinden is – niet dat Dylan het lekker vindt. De plantaardige surrogaatboter is amper begonnen te smelten of mijn telefoon gaat over.

'Hallo?'

'Max zei dat het tijdens het schoolreisje gebeurde! Ik hoorde dat niemand het in de gaten had tot ze terug bij school waren!'

De stem klinkt onbekend. Ik pieker me suf. 'Sorry, met wie –'

De onbekende zwijgt een nanoseconde, en ik hoor het zuigende geluid van een vape. 'Met Jenny. Jenny Choi. Van vanochtend.'

Mijn hart begint te bonzen. Waarom word ik gebeld door deze vrouw die ik amper ken?'

Ze vervolgt: 'Weet je, wat ik niet begrijp is: wáár waren de begeleiders?' Haar stem stijgt een volle octaaf, als een operazangeres die toonladders doet. ‘Ik zal je vertellen hoe het klinkt, Florence. Het klinkt als een rechtszaak.’

‘Nou, misschien –’ begin ik, maar Jenny walst over me heen.

‘Want hoe is dit in hemelsnaam mogelijk?’ blaft ze. ‘Tellen ze de kinderen niet? Is dat niet, zeg maar, les nummer één bij schoolreisjes?’

Een ogenblik stel ik me voor dat ik een van Jenny’s cliënten ben en dat deze stortvloed van verontwaardiging wordt ontketend namens mij. Ik sluit mijn ogen en beeld me in dat haar intellect met volle kracht neerdaalt over iedereen die me ooit tekort heeft gedaan: Will, Rose. *Met name Rose.* Het geeft me een heerlijk, zweverig gevoel, als het drinken van een mok glühwein op een lege maag.

Jenny is nog steeds aan het woord, als een machinegeweersalvo. ‘Kan dit te maken hebben met dat hele...’ Ze gaat zachter praten. ‘...handtastelijkheidsincident van een paar jaar terug?’

‘Hoe weet jij –’ zeg ik, maar Jenny ratelt door.

‘Mijn nanny zei dat er vandaag zowat een rel uitbrak bij school – was jij erbij?’

‘Heel even. Eerlijk gezegd, Jenny –’

‘O, check je mail,’ onderbreekt ze me. ‘Bericht van Ms Ivy.’

‘Eh... ik ben met iets bezig. Kun jij het voorlezen?’

Jenny begint voor te lezen, met de zelfverzekerde stem van iemand die geheid aanvoerder van haar debatteam op de middelbare school was.

Beste groep 6-ouders,
Hierbij nodigen wij u uit voor een ingelaste ouderbijeenkomst morgen om 14.00 uur.
Frieth Road, Marlow, Buckinghamshire, LS7. Uitsluitend ouders a.u.b. Geen kinderen, nanny’s, advocaten etc.
Spreek in de tussentijd alstublieft NIET met de media.
Met vriendelijke groet,
Nicola Ivy

Jenny maakt een laag fluitend geluid. Of misschien raakt haar vape leeg. 'Zal ik je morgen oppikken? Ik hoorde dat je geen rijbewijs hebt.'

'Eh,' stotter ik, niet in staat zo gauw een smoes te verzinnen.

'App me je adres,' commandeert ze, net wanneer de lijn begint te zoemen ten teken van een ander telefoontje.

'Sorry, Jenny, ik word gebeld door iemand anders.'

'Toe maar, snel. Laat me weten wat je ontdekt.'

Het tweede telefoontje is van Hope Grüber.

'Flooooorence,' kirt ze op een toon waarbij het glazuur van je tanden springt.

Ik huiver. Hope zou me nooit zomaar bellen.

'Wat verschrikkelijk van Alfie! Arme Cleo,' zegt ze, maar ze klinkt totaal niet medelijdend. In haar stem klinkt de nauwelijks verholen opwinding door van de dorpsroddeltante die eindelijk een echt smeuïg verhaal te pakken heeft. Ik zie haar voor me: gedrapeerd over een chaise longue in een kast van een penthouse met uitzicht op Hyde Park, de klassenbellijst afwerkend, terwijl een doodsbange assistent Karl Theodor havermoutpap voert.

'Wat kan ik voor je doen?' vraag ik kortaf.

Hope klakt met haar tong. 'Wilde alleen weten hoe het met jou gaat.'

'O, eh...'

'Want Teddy vertelde me dat Dylan en Alfie vandaag een tweetal waren. Op het uitje?'

De moed zakt me in de schoenen. Fúck. Ik had kunnen weten dat dit een valstrik was. Afbreken. Afbreken. Afbreken.

Hope gaat door. 'En ik weet dat er sprake is van... een verleden. Tussen de jongens.'

Ik zoek naar een excuus. 'Sorry, ik ben eigenlijk druk bezig.'

'Heb je overwogen contact met de politie op te nemen? Het zou goed zijn om Dylan met hen te laten praten, nu het nog vers in het geheugen ligt.'

'Natuurlijk,' zeg ik, hoewel ik er niet over pieker de recherche te helpen.

'Hij heeft heus niets te verbergen,' zegt ze poeslief. 'Hoewel ik moet zeggen dat het wel ter sprake kwam in de groepschat. Je weet wel, Schildpadgate...'

Een golf van schaamte overspoelt me, onmiddellijk gevolgd door verwarring. 'Hoe bedoel je? Er zijn geen berichten geweest in de groepschat –'

Tenzij... o. Natuurlijk. Er moet nog een chat zijn. Zonder mij. De korte stilte die erop volgt, bevestigt mijn vermoeden. Ik laat het erbij; het heeft nu geen zin. Ik kan maar beter uitvissen wat ze weet.

'Wat, eh... heb je dan gehoord?'

Hope schraapt haar keel. 'Nou, ik heb amper tijd gehad om te róddelen, Florence. En het is natuurlijk een politieonderzoek, dus het is allemaal strikt vertrouwelijk.'

Ik bestudeer mijn nagels en wacht. Hope zou nog geen geheim kunnen bewaren als haar leven ervan afhing. De aandacht is te verslavend.

'Maar ik weet wel dat de Risby's midden in een echtscheiding zitten,' fluistert ze. 'Affaire, schijnt. De vader. Dit weet je vast wel, maar de Risby's zijn in feite de Rockefellers van het diepvriesschap. Het familiefortuin staat op het spel.'

Ze stopt een tel om adem te halen. 'Naar ik begrijp is het een regelrechte vechtscheiding. Maar daar weet jij natuurlijk alles van. Hoe ís het met Will? Die dochtertjes van hem zijn zo snoezig.'

Ik bijt op mijn tong om niet te happen. Dat plezier gun ik haar niet.

In plaats daarvan gooi ik het over een andere boeg. 'Arme Cleo.'

'Arme Cleo,' echoot Hope automatisch. 'O, dat is waar ook: het bloemstuk voor de Risby's. De meeste ouders doen honderd pond, maar alles wat je kunt missen is prima,' zegt ze vals-inschikkelijk.

Honderd pond voor fucking bloemen! Er zitten zestien jongens in Dylans klas, minus Alfie uiteraard, wat inhoudt dat Hope ongeveer het equivalent inzamelt van een tweedehands Opel voor een bos verlepte anjers. Ik veracht haar met de kracht van duizend zonnen.

'Hope, sorry, de verbinding valt weg...'

Ik laat mijn stem wegsterven en hang dan gewoon op.

Dat kutwijf.

9

Holland Park

TWEE JAAR GELEDEN

ER IS NATUURLIJK EEN REDEN WAAROM ALLE MOEDERS ME HATEN.

Twee jaar geleden beging ik een vrij grote fout, onmiddellijk gevolgd door een nog grotere, op dezelfde avond. Het was de eerste week van december. St. Angeles stond op het punt de leerlingen los te laten voor een volle maand kerstvakantie, wat bij de kinderen hooggespannen verwachtingen wekte en bij de ouders verhoogde paniek. De uitlaatklep voor deze druk was het Holiday Fundraiser Gala, oftewel het HFG. Hoewel het zogenaamd gehouden werd om geld in te zamelen voor 'een kind dat een beurs nodig had', kreeg de vermeende begunstigde nooit gestalte en diende de avond voornamelijk om het resterende glamourlaagje van de school op te poetsen.

De neutrale naam van het evenement was in tegenspraak met de decadentie ervan: een viergangendiner verzorgd door Yotam zelf en een optreden van een aanstormend muziektalent, gevolgd door gratis drank en het soort losbandigheid dat de laatste dag van Glastonbury een theekransje bij de koningin deed lijken.

Aangezien het werd gehouden op de donderdagavond vóór het kerstspel van de jongens, was het bon ton om een enorme kater te hebben bij het voorprogramma op vrijdag om 11.00 uur, een knipoog dat jij natuurlijk van de partij was geweest. Eén jaar was een St. Angeles-vader de volgende ochtend aangetroffen door een terreinknecht, zonder broek en snurkend in de garderobe.

Hoewel Dylan al sinds zijn vierde op St. Angeles zat, was ik nooit op het HFG geweest. Niet alleen waren de kaartjes krankzinnig duur, ook kon je alleen een achtpersoonstafel boeken, dus met vier stellen. De tafelschikkingen waren het onderwerp van heftig ellebogenwerk. Of je dokte voor een hele tafel en haalde alles uit de kast om de 'juiste' stellen uit te nodigen (Hope) óf je wachtte en hoopte te worden gevraagd voor een goede tafel. Het spreekt vanzelf dat niemand mij ooit vroeg. Maar twee dagen vóór het evenement dat jaar had ik een paniekerig telefoontje van Hope gekregen. Er ging een bijzonder hevig buikgriepvirus rond; de band was zwaar getroffen. 'Ik weet dat jij een soort van "podiumachtergrond" hebt,' begon ze. Zou ik een 'feestelijk, niet-religieus kerstlied' willen zingen op het HFG?

Over betaling werd niet gerept, uiteraard, geen woord over de vette gage van de getroffen band. Maar ja, daar ging het niet echt om.

Ik zei ja. Ik koos Mariah Careys 'Oh Santa!' en deed veel moeite en een fikse uitgave om de nauwsluitende rood-witte jumpsuit uit haar 'All I Want for Christmas Is You'-video na te maken. Toen ik die avond het podium op stapte, met een vertrouwde adrenalinestoot door mijn aderen, voelde ik me, heel even, weer de oude. En eerlijk gezegd ging ik hartstikke lekker.

Na afloop waren er het plichtmatig-beleefde applaus, een fiks aantal verlekkerde blikken van de vaders en een paar dubieuze complimenten van de moeders. Ik liep het podium af, poederde mijn neus en keerde vervolgens terug naar de eetzaal op zoek naar mijn naamkaartje. Na enkele minuten speuren werd het duidelijk: de commissie had voor mij geen plaats gedekt.

Hope putte zich uit in verontschuldigingen. Natúúrlijk verwachtten ze niet dat ik achterin at met het cateringpersoneel. Het was een mísverstand. Het speet haar zó vréselijk.

Ik voelde mijn wangen branden van vernedering terwijl ik het wegwimpelde, haar verzekerde dat het niet gaf. Ik had toch geen honger. Omdat ik niet wist wat ik met mezelf aan moest, glipte ik naar buiten voor een sigaret. Ik rook helemaal niet – daarvoor ben ik te ijdel, sigaretten zijn funest voor je gezichtscollageen – maar ik heb altijd een pakje Gauloises Blondes in mijn handtas, voor noodgevallen.

Dus daar stond ik, zogenaamd te roken – eerder wolken uit te blazen – toen een van de vaders, type Draco Malfidus genaamd Rollo Risby, met een opgetrokken wenkbrauw op me afkwam en vroeg: 'Kun je er een missen?'

Een pakje sigaretten, voor het geval je het niet weet, kost in Londen zo'n zevenentwintig pond. Alleen een volbloed eikel zou er eentje bietsen van een vrijwel wildvreemde. Ik hield het pakje op en hij trok er een uit, waarbij zijn kleine gouden zegelring glansde in het maanlicht, als een tweederangs Bond-schurk. Sexy, op een foute manier.

'Dat was me het optredentje wel,' zei hij, zijn aansteker met 'RR'-monogram in zijn zak stoppend. Hij had zo'n vet accent dat ik het op toast had kunnen smeren. 'Daar is heel wat lef voor nodig, voor een meisje met jouw maten.'

Ik liet mijn blik over zijn lichaam gaan: het vlassige haar dat boven zijn slapen week als een terugtrekkend leger, het veertigersbuikje weggestopt in een ivoorkleurig smokingjasje. In mijn gedachten hoorde ik Cleo glashard liegen dat hij daarmee sprekend op Daniel Craig leek.

'Mijn maten?' zei ik, waarbij ik de rook van mijn sigaret recht in zijn bleke gezicht liet kringelen. 'Wauw. Nou, ik vind toevallig dat ik een goed lijf heb. Maar, eh... te gekke sneer. Zullen de "vrinden van de club" vet lachen vinden.'

Rollo stootte een verbaasde lach uit en stak zijn handen verontschuldigend op. 'Oké, oké,' zei hij met een verontschuldigende grijns. 'Cancel me alsjeblieft niet.'

Met een stalen gezicht keek ik hem aan. 'Geef me honderd pond.'

Rollo lachte opnieuw, maar ditmaal leek hij minder zeker van zichzelf. 'Ik heb een beter idee,' zei hij, waarbij een schalkse grijns zich over zijn gezicht verspreidde.

Er veranderde iets in de sfeer, en ik kon het op de klompen aanvoelen wat er zou volgen: de magische vraag, de vraag die van een middelmatige avond op de school van je kind een topavond kon maken.

'In voor een feestje?' vroeg hij met één lichte wenkbrauw opgetrokken.

Mijn feestbeesttijden lagen destijds grotendeels achter me. Maar Rollo's aandacht was als ijs op een verse brandwond. Ik wilde dolgraag ergens bij horen, niet er maar een beetje bij staan, opgelaten en ongewenst. Dus knikte ik.

We trapten tegelijk onze sigaretten uit en liepen zwijgend naar binnen, naar de toiletten. De hokjes waren ongelooflijk krap, bedoeld voor kinderen, maar we wurmden ons erin, giechelend om onze roekeloosheid. Rollo verdeelde twee keurige lijntjes en gebaarde dat ik eerst mocht. Zo galant.

De metaalachtige smaak sloeg eerst op mijn tong. Daarna kwam de maniakale turbosensatie van mijn neuronen die sneller begonnen te vuren dan de natuur ooit had bedoeld.

Dat was het moment waarop ik mijn eerste fout beging: ik glimlachte. Een echte, stompzinnige, gelukzalige glimlach.

Rollo vatte het op als een uitnodiging en greep zijn kans. Het hokje was piepklein; je kon er je kont niet keren. Ik probeerde hem weg te duwen, maar zijn zachte kantoorhanden waren overal, zijn tong zo diep in mijn mond gestoken dat ik de jus van zijn hoofdgerecht kon proeven.

De tijd vertraagde, kwam vervolgens tot stilstand. Ik herinnerde me een documentaire die ik een keer met Dylan had gezien, over surfers die haaienaanvallen hadden overleefd op het Groot Barrièrerif. Mik op de neus en kieuwen, zeiden ze.

Mijn vuist raakte het zachte weefsel van Rollo's neusbeen voor ik goed en wel doorhad wat ik deed. Zijn bloed, matrood, begon op de vloer te sijpelen als natte verf van een doek.

'Kutwijf,' brulde hij, naar zijn gehavende neus grijpend. 'Dit is een op maat gemaakte smoking!'

Ik deed de deur van het slot terwijl hij kermde van de pijn.

'En hij staat je zo goed, voor een man met jouw maten,' riep ik over mijn schouder.

Dat was echter niet mijn tweede fout.

De tweede was dat ik terugging naar de zaal en naar zijn vrouw toe liep, die, na diverse glazen chablis achterover te hebben gegooid, in een verhitte discussie verwikkeld was met Farzanah Khan over de Chelsea Flower Show. Ik tikte haar op een van haar bonkige schouders en toverde een bezorgde uitdrukking op mijn gezicht.

'Sorry dat ik stoor, Cleo,' zei ik, wellicht iets harder dan strikt noodzakelijk. 'Ik vrees dat Rollo een... ongelukje heeft gehad.'

Cleo sprong op, waarbij ze wijn morste. 'Waar is hij?'

'In de leerlingentoiletten.'

Ik bleef staan om oogcontact te maken met alle anderen aan de tafel. Het was de hoofdtafel, Nicola Ivy's favoriete manier om te babbelen met de rijkste St. Angeles-ouders. Zij en Allegra Armstrong-Johnson waren verdiept in een gesprek over de pluspunten van paardentherapie voor kinderen, terwijl Allegra's man Rupert een onsamenhangende monoloog afstak tegen Mr Ivy over het werkelijke aantal Britse slachtoffers in Normandië. Hope en Karl Theodor Grüber waren er ook, na kort daarvoor een forse donatie te hebben gedaan voor een koivijver waar niemand om had gevraagd (dezelfde koivijver die later het decor voor Schildpadgate zou vormen – niet dat ik verbitterd ben.)

Allemaal stopten ze met praten en keken op naar mij.

'Verslaving is echt klote,' zei ik.

Er klonk wat beleefd instemmend gemompel, en toen begon de hele tafel hun linnen servetten aandachtig te bestuderen. Cleo was al halverwege de zaal, haar schonkige schouderbladen uit haar mauve Marchesa-jurk uitstekend als vleugels.

Toen had ik weg moeten gaan, een taxi moeten bellen en linea recta naar huis moeten gaan, maar de drugs hadden inmiddels effect en ik had geen zin om er een punt achter te zetten. Dus ging ik weer naar buiten om nog een sigaret zogenaamd weg te dampen op de trap, en keek van een afstandje toe hoe Cleo en een geüniformeerde chauffeur worstelden om een opgefokte, bloedende Rollo op de achterbank te krijgen van een zwarte BMW 7 Serie.

Vanuit het niets dook Hope Grüber naast me op. Haar fletse vissenoogjes zoomden in op het bloedspoor op mijn jumpsuit.

'O jee,' mompelde ze. 'Best veel bloed, hè?'

'Tja. Hij probeerde me te versieren. Wat had ik dan moeten doen?'

'Hm.'

Hope vertrok haar pruilmondje tot een peinzende uitdrukking. En toen, zonder haar ogen van Cleo af te halen, zei ze: 'Wat deden jullie überhaupt samen in de toiletten?'

De vraag trof me als een koude douche. Ik wist meteen wat me te wachten stond bij de schoolpoort na de kerst: stilte. Starende blikken. Nuffige mondjes vertrokken tot strakke lijntjes. Gefluisterde geruchten: *Ik hoorde dat ze zijn neus heeft gebroken.*

Mij best. Het kon me niet bommen. Ik wilde toch al nooit bij hun identieke-leggings-moederclubje horen. Ik ga liever gewoon dood.

Maar het ergste was dat die ouwe Rollo blijkbaar kickte op de hele toestand. De volgende ochtend, toen ik bij Dylans kerstspel was, leverde een koerier een boeket van vijftig lange witte rozen af bij mijn voordeur, met een handgeschreven briefje:

Te gekke avond! Volgend jaar weer?

xxx

R

Ik zal die Britten nooit begrijpen.

10

Shepherd's Bush

VRIJDAG, 17.56 UUR

IK VRAAG DYLAN OM AAN DE KEUKENTAFEL TE KOMEN ZITTEN voor het avondeten. Meestal eten we niet samen, maar onder de gegeven omstandigheden lijkt het me wel gepast. In gespannen stilte prikken we mac and cheese aan onze vorken. Onder de tafel scrol ik door de koppen van de *Daily Post* op mijn telefoon. Alfies verdwijning is voorpagina-nieuws, de koppen even schreeuwerig als sensatiebelust.

SCHOOLREISJE VERANDERT IN NACHTMERRIE DOOR VERDWIJNING JONGEN OP KLAARLICHTE DAG

VERMISTE SCHOLIER IS ERFGENAAM VAN DIEPVRIESMAALTIJDENFORTUIN

INKIJKJE IN PARTICULIERE, £36.000 KOSTENDE SCHOOL VAN VERMISTE JONGEN WAAR LEERLINGEN SCHERM- EN FLUITLES KRIJGEN

Een rode aftelklok bovenaan de pagina geeft exact aan hoeveel tijd er is verstreken sinds Alfie als vermist werd opgegeven.

3 UUR EN 56 MINUTEN!

Ik kijk op van mijn telefoon naar Dylan. Hij heeft zijn schooluniform verruild voor het BEETS NOT MEATS-T-shirt dat Brooke hem vorig jaar voor de kerst gaf. Wat mij doet beseffen: ik draag nog steeds de fluwelen bodysuit onder mijn sweater. Ik kijk op mijn horloge. Nog maar één uur en vier minuten tot mijn afspraak met Elliott, dus ik kan hem net zo goed aanhouden.

Ik richt mijn aandacht op Dylan, die op een verontrustend tempo macaroni naar binnen zit te schuiven.

'Heb je vandaag iets verdachts gezien? Wat dan ook?'

'Nee,' zegt Dylan, die even stopt om te slikken. 'Dat heb ik je al verteld.'

'Gedroeg Alfie zich vreemd?'

'Hoe bedoel je?' vraagt hij, waarna hij weer een grote hap macaroni naar binnen schrokt.

'Leek Alfie, zeg maar, uit zijn doen? Zat hij ergens mee?'

Dylan slikt. 'Je bedoelt of hij zich van kant heeft gemaakt of zo? Ik betwijfel het, mam. Alfie vindt zichzelf namelijk heel wat.'

'Dylan!' Ik geef een klap op de houten tafel. 'Dat joch wordt vermist. Zo mag je niet praten!'

Mijn zoon haalt zijn schouders op en grijnst zelfvoldaan. De manier waarop zijn rechtermondhoek krult, doet me zo aan zijn vader denken dat ik moet wegkijken.

Mijn relatie met Will begon op een koude februariavond, na een rampzalig optreden in Leeds. Destijds was Will onze tourmanager, een levensmoeie man van eenendertig met de ondankbare taak om Girls' Night te begeleiden naar plaatsen als Newcastle en Nottingham, waar we het voorprogramma waren van andere, net iets minder waardeloze bands.

Ook toen al wist ik dat Girls' Night geen topband was. De hele opzet was een ordinaire melkkoe te creëren, een cynische poging van een tweederangslabel om de magie van de Spice Girls te laten herleven, tien jaar te laat. Wij vieren waren gecast op één middag tijdens een talentenjacht in een Westfield-winkelcentrum. Rose was de knapste. Imani was de danseres. Lacey was de allrounder. En ik was de zangeres. Ik had altijd al een goede stem. Geen wereldstem, geen Mariah of Whitney of Amy, maar een goede stem. Vast. Helder. Krachtig. Genoeg om te ontsnappen uit Slough, weg van Barry en mijn moeder en de perfecte Brooke.

Maar touren met Girls' Night was alsof je in een oestrogene snelkookpan zat. We deden zes optredens per week, kriskras door Engeland, Schotland en Wales in een bus die aanvoelde als een eilandje, afgesneden van de buitenwereld. Onze fanbase bestond uitsluitend uit meisjes van tussen de acht en zestien jaar oud. Meiden in de bus, meiden in het publiek, meiden op het podium. Will was de enige man in onze microkosmos, afgezien van twee grijze vijftigplusroadies die allebei Rob heetten. Natuurlijk waren we allemaal een beetje verliefd op Will. Hij was de enige reële optie. Hoewel hij met ons allemaal flirtte, was Rose zijn lievelingetje.

Op een avond, na een wel heel teleurstellende opkomst in Leeds, had Will op de deur van mijn hotelkamer geklopt. Om kosten te besparen stopte het label ons inmiddels met z'n tweeën in een kamer. Rose en ik in de ene, Imani en Lacey in de andere.

Ik zat net mijn teennagels te lakken, een glinsterend groenblauwe tint die ik van Lacey had geleend. De andere meiden waren de deur uit gegaan op zoek naar wiet.

'Alles kits, Flo?' vroeg Will, om zich heen kijkend. Ik kon de IPA in zijn adem ruiken.

Ik had niet verwacht dat Will me zou zoenen, en toen hij dat deed smaakte het zout en bitter, naar sigaretten gemengd met Doritos. Het verbaasde me hoe fijn ik het vond. Niet zozeer de kus, maar de aandacht. *Wat zal Rose jaloers zijn*, dacht ik, me tegen hem aan drukkend. Van dichtbij kon ik grijze haartjes bij zijn slapen zien.

Op het moment dat het gebeurde was ik al aan het bedenken hoe ik het verhaal van ons avontuurtje zou brengen aan de andere meiden (*Jullie ra-*

den nooit wat er gisteravond gebeurde!). Niet dat ik het zoenen niet lekker vond. Of wat erop volgde. Het was oké. Maar ik was toch voornamelijk opgetogen dat ik mijn eigen stukje spanning en sensatie uit de doeken kon doen tijdens de lange dagen in de bus.

Vijf weken later begon ik de longen uit mijn lijf te kotsen, net toen geruchten de kop opstaken dat het label van plan was de stekker eruit te trekken en onze tour te beëindigen. Tegen die tijd was het duidelijk dat de dagen van Girls' Night waren geteld. Toen botste mijn moeders groene Opel Corsa op een vrachtwagen op de M25. Het was haar eigen schuld; ze had gedronken. Brooke en Barry en ik begroeven haar op een lapje grond in Slough, naast Barry's moeder. Ik was twintig, een zwangere wees op het punt werkloos te raken. Geen moment heb ik ook maar overwogen het kind niet te houden. Hij was alles wat ik had.

Will had het nieuws van mijn zwangerschap stoïcijns aangehoord en – ik vermoed nu: dankzij een strenge preek van zijn vader – me ten huwelijk gevraagd op een parkeerterrein van Marks & Spencer. De ring was een afdankertje van zijn moeder, een kitscherig jaren negentig-geval met geelgouden krullen en saffieren. Twee weken na zijn aanzoek schrapte het label de rest van de tour. Mijn huwelijk met Will aan het einde van de zomer voelde als het winnen van een troostprijs. Hoewel het een moetje was, hadden we een grootse bruiloft in zijn ouderlijk huis in Hertfordshire. Ik was weer even de ster, met een bloemkrans en een kanten jurk die straktrok over mijn buikje. De foto's stonden in *HELLO! Magazine*. Niet op de cover, maar toch. POPPRINSES TROUWT AMBITIEUZE MUZIEKMAGNAAT. Ik beschouwde Rose' jaloezie als een ereteken, een bewijs dat ik iets had gewonnen wat de moeite waard was.

Alleen kwam ik van een koude kermis thuis, want Will verborg al die tijd zijn eigen geheim.

Wanneer ik terugkeer in het hier en nu heeft Dylan zijn bord leeg.

'Mag ik nu een toetje?' vraagt hij, al naar de vriezer rennend voor een waterijsje.

Hij is het stokje als een samoeraizwaard aan het hanteren wanneer de bel gaat.

'Daar is papa!' joelt hij, van zijn stoel springend.

Ik kijk op mijn horloge. Tien over zes. Eindelijk. Het liefst zou ik Will laten wachten, maar ik moet over vijftig minuten in Hackney zijn en ik doe er minstens een uur over om er te komen.

Dylan holt naar zijn kamer om Greta gedag te zeggen, en ik loop het halletje in om de voordeur open te gooien.

Will draagt zijn geijkte uniform: een wit buttondown overhemd, gestreken kaki shorts en kastanjebruine loafers zonder sokken. De geur van Acqua di Gio dringt mijn neusgaten binnen. Hoe kan één iemand zo'n... walm afgeven?

Fronsend gebaart Will naar zijn instapmodel Porsche langs de stoep. 'Waar is Dylan? Ik zei dat hij klaar moest staan. Je weet dat ik hier niet mag parkeren.'

'Je bent te laat,' snauw ik. Ik duw Dylans weekendtas in zijn handen. 'Ik heb vanavond een afspraak waar ik op tijd moet zijn.'

'O ja, joh?' Will leunt tegen het deurkozijn. Plotseling heeft hij alle tijd van de wereld. 'Over de vermiste jongen?'

Zijn toon is licht verwijtend, alsof Alfie Risby's verdwijning een irritante gebeurtenis is die ik persoonlijk op touw heb gezet om hem dwars te zitten.

Ik buig achterover de woning in. 'Dylan! Opschieten. Je vader heeft haast!'

Will zucht en haalt een hand door zijn van de gel glimmende haar. 'Wat is er nou gebeurd? Dat joch verdween zomaar op klaarlichte dag?'

'Ik ben de politie niet,' verzucht ik. 'Ik heb geen idee.'

Will fronst, alsof hij degene is die de minuten aftelt tot een levensveranderende afspraak en ik degene ben die hem afhoudt van het noodzakelijke rondje opmaken en afstylen.

'Nou, de school moet toch íéts hebben gezegd. Is hij ontvoerd?'

'Ik heb je alles verteld wat ik weet. Bel anders zelf de school. En morgen is er een bijeenkomst –'

Hij onderbreekt me. 'Heb je met Dylan gepraat? Wat zei hij?'

'Ja, natuurlijk! Maar je weet hoe Dylan is –'

Daar slaat Will op aan. 'Wat wil je daarmee zeggen?'

Mijn ex-man wil niets weten van Dylans soms zonderlinge gedrag. Elke mededeling over zijn problemen op school wordt gezien als bewijs van mijn belabberde ouderrol.

Ik zucht. 'Ik bedoel gewoon dat hij kwetsbaar is. Dit jaar begon nogal heftig, met de hele Schildpadgate-toestand. Ik wil hem niet van streek maken –'

Voor ik uitgesproken ben vliegt de voordeur open.

'Pap!' roept Dylan stralend, waarna hij Will zo'n tweearmige knuffel geeft waar ik een moord voor zou doen. Van alle hartzeer in mijn leven staat het feit dat Dylan zijn flutvader op handen draagt met stip op één.

'Hé, maatje,' zegt Will, hem op zijn rug beukend. Will bukt tot hij op ooghoogte met Dylan is, alsof hij tegen een peuter praat. 'Hoe zou je het vinden om een hele week naar het platteland te gaan, met mij en Rose en de meisjes?'

'Echt?' Dylan pompt met zijn vuist in de lucht van vreugde.

Ongelovig staar ik Will aan. 'Wat? Ga je dat niet eerst met mij overleggen? We hebben een omgangsregeling.'

Will werpt Dylan een samenzweerderige blik toe. 'O jee, zo te horen hebben we een klein probleem, maatje.' Met een minzame blik kijkt hij naar mij op. 'Doe even rustig. Het is maar een voorstel. Ze zeiden net op de radio dat de school de hele volgende week dichtblijft.'

Dylan kijkt me smekend aan. 'Alsjeblie-hieft, mam! Ik zie papa nooit –'

Ik begin te zeggen: 'En aan wie ligt dat –' maar Will kapt me af, waarbij hij Dylan een verzoenende klap op zijn rug geeft.

'Sorry, maat,' zegt hij. 'Je moeder zegt nee.'

Ik verbijt me. Ik word erin geluisd. Will rekent erop dat ik nee zeg zodat ik de boosdoener ben, terwijl hij maximale punten scoort met minimale inspanning. *Dacht het niet, Satan.* Knarsetandend tover ik een lach op mijn gezicht. 'Eigenlijk klinkt het als een supertof idee.'

Wills ogen vernauwen zich. 'Echt? Zeker weten? De hele week?'

'Tuurlijk,' kakel ik. 'De buitenlucht zal hem goeddoen. En zoals je zei, hij heeft geen school. Zolang hij maar op tijd terug is voor Brookes bruiloft volgende week zaterdag.'

Ik zal niet liegen: mijn afspraak met Elliott speelt door mijn achterhoofd. Niet dat ik probeer van Dylan af te komen, maar wat als Elliott me vraagt weer de studio in te duiken? Als de school echt dichtblijft zit Dylan straks de hele week thuis met niets te doen.

Ik draag mijn zoon op: 'Ren naar binnen en pak een paar extra onderbroeken en sokken.'

Zodra hij verdwijnt slaat Will zijn armen over elkaar en kijkt me streng aan. 'Hoor eens, ik weet niet waar jij de hele middag mee bezig bent geweest, maar je moet dit serieuzer nemen. Er wordt een jongen vermist. De school moet aansprakelijk worden gesteld. Sinds die Omega Plus-klojo's de boel overnamen gaat het bergafwaarts. Eerlijk gezegd, na zo'n incident... nou, ik vraag me af... moeten we volgend schooljaar echt de volle mep betalen? Volgens mij zou een korting aan de orde zijn.'

'Will, dit lijkt me niet het moment –'

Hij trekt zijn wenkbrauwen op. 'Ach ja. Je bent druk. Met je "afspraak".' Hij vormt aanhalingstekens met zijn vingers.

Een golf van schaamte spoelt over me heen. Zelfs na al die jaren kan Will me nog steeds het gevoel geven dat ik klein en slecht en verkeerd bezig ben.

Hij draait zich al half om. 'Zeg tegen Dylan dat ik in de auto op hem wacht. O, en Florence?'

Verwachtingsvol kijk ik naar hem op.

'Zorg dat hij de volgende keer klaarstaat.'

Wills geheim kwam aan het licht op een avond toen Dylan twee maanden was. Op aanraden van een goedbedoelende kraamverzorgster gaf ik borstvoeding – dat probeerde ik, althans. Voor mijn gevoel liep ik al dagen in dezelfde fleece badjas, en mijn haar was vet en geklit; we deden geen oog dicht.

Will en ik stonden tegen elkaar te schreeuwen in de keuken – Joost mag weten waarover. Ik had een mok (LEEDS: LIVE IT, LOVE IT) tegen de muur gesmeten, en door de kracht van het gebaar was mijn badjas opengesprongen, waardoor een drillend stuk van mijn post-partumlichaam zichtbaar werd.

Will staarde een ogenblik naar me, een afwezige blik in zijn ogen. Toen zei hij zachtjes: 'Je weet dat ik die avond voor Rose kwam, hè?'

Ik stond daar, sprakeloos, mijn mond wagenwijd open als een vette vis.

'Ik was dronken, maakte een wip met jou in plaats van met haar,' zei hij, meer tegen zichzelf dan tegen mij, alsof hij net ontwaakte uit een coma en moeite had de oorzaak van het ongeluk te reconstrueren.

'Maar dit...' Hij gebaarde naar mij, de keuken en, het onvergeeflijkste, Dylan, slapend in zijn Mozeswieg. 'Dit heb ik nooit gewild.'

Hij keek me recht in de ogen. 'Het was altijd al Rose.'

Will vertrok voordat Dylans eerste tandje doorkwam; hij laadde zijn o zo gewichtige platencollectie in een gehuurd busje en reed plankgas terug naar zijn ouderlijk huis in Hertfordshire.

Tegen de tijd dat Dylan één jaar was, waren Will en Rose in verwachting van hun eigen baby en hadden ze de volledige voogdij over onze hele vriendengroep. Het jaar erop overleed Wills vader en erfde Will geld. Veel geld. Genoeg om zijn eigen platenlabel te beginnen. Volslagen idioot die ik was, had ik me niet eens gerealiseerd dat zijn ouders rijk waren. Geld hebben in Engeland leek zo anders dan geld hebben in Florida.

Will en Rose bliezen Girls' Night nieuw leven in zonder mij. Ze vervingen me niet eens. Met drie meiden kon Rose altijd in het midden staan. Lacey en Imani gingen er allebei mee akkoord. Ze hadden het geld nodig; ik kon het ze moeilijk kwalijk nemen. Wills timing was perfect. De reünietour begon precies op tijd voor de eerste golf van millennial-meidenbandnostalgie. Een van hun nummers werd gebruikt in een Jetta-reclame.

'It's always been Rose –'

Zelfs nu, tien jaar later, kan ik die tekst amper oproepen zonder een stortvloed van snotterige tranen los te maken.

Desondanks heb ik er geen spijt van. Dylan is het mooiste in mijn leven, zonder meer.

Zodra Dylan goed en wel is geïnstalleerd in Wills auto, hol ik naar de badkamer voor de nodige herstelwerkzaamheden. Het is al tien voor halfzeven. Nu zal ik een taxi moeten nemen, en dan nog kom ik iets te laat, maar dat moet kunnen. Een sterrenentree. Het ruikt naar zwarte bessen en verbrand haar, de foute combi van een nasmeulende steiltang en een Diptyque Baies-kaars die ik vergeten ben uit te blazen. Ik ruk de sweater uit, strijk de gekreukte bodysuit glad en gorgel met een slok mondwater. Mijn haar zou nog wel een beurt met de steiltang kunnen gebruiken, maar daar is geen tijd voor. De voorkant is prima; de achterkant van mijn hoofd is het probleem. Ik moet gewoon zorgen dat ik me niet omdraai in Elliotts bijzijn.

Ik pak een lippotlood en poog de contouren van mijn mond te volgen, maar mijn hand trilt zo erg dat ik moet stoppen. Diep inademen. Nog maar een paar uurtjes. Ik kan dingen best nog een paar uurtjes parkeren. Deze afspraak inkoppen. Dan naar huis gaan en met alle Alfie-gedoe dealen.

Ik bestel een Uber op mijn telefoon en spuit nog een laatst vleugje parfum op.

Er wordt aangebeld.

Dylan moet iets zijn vergeten. Ik speur de badkamerplank af en zie het meteen: zijn tandenborstel. Ik stop hem in mijn tas en ren naar de deur. Snel afgeven en meteen door de auto in.

Wanneer ik opendoe staren twee onbekende gezichten me aan: een jongeman met een donkere tulband en een gezette vrouw met korte grijze krulletjes.

Beiden zijn in politie-uniform, beiden hebben dezelfde begrafenisuitdrukking op hun gezicht.

11

Shepherd's Bush

VRIJDAG, 18.21 UUR

'RECHERCHEUR GLOVER,' ZEGT DE VROUW, DIE ME EEN KAARTJE overhandigt. Ze is begin vijftig, met dof haar en een weerbarstige snorhaar die uit haar kin steekt. 'Mogen we binnenkomen?'

Mijn hoofd loopt om, niet in staat te verwerken wat zich voor mijn neus afspeelt. Aan de overkant gaat het gordijn voor Mr Fosters raam een eindje open.

'Sorry,' zeg ik, het portiek in stappend. 'Maar dit komt niet goed uit. Ik ben op weg naar een afspraak –'

De jonge agent, degene met de tulband, onderbreekt me. 'Ms Grimes, ik ben rechercheur Singh. Is Dylan er? Het is heel belangrijk dat we hem spreken.'

'Dylan is bij zijn vader,' zeg ik, me vermannend. 'In Hertfordshire.'

Rechercheur Glover trekt een wenkbrauw op. 'O ja?' Ze krabbelt iets in haar notitieboekje.

Ik kijk op mijn telefoon. Twee gemiste oproepen van de Uber-chauffeur. Als ik deze rit mis, kom ik veel te laat.

'Het spijt me, maar ik ging net weg –'

Weer onderbreekt Singh me, ditmaal met zijn hand tegen het deurkozijn. 'Ms Grimes, ik begrijp dat u uw zoon vanmiddag uit school hebt gehaald voordat de politie het gebouw had vrijgegeven?'

Ik werp een blik op mijn telefoon. Chauffeur vertrekt zo. Er worden annuleringskosten in rekening gebracht.

Paniek welt op in mijn keel. Ik mag niet te laat komen. Dat gaat me niet gebeuren. 'Sorry, word ik gearresteerd?' zeg ik met een blik op rechercheur Glovers zwarte bolhoed.

Singh fronst, alsof de vraag hem verwart. 'Of u wordt gearresteerd?' herhaalt hij op ongelovige toon.

'Ja. Word ik gearresteerd?' Ik voel zijn blik in de zijkant van mijn hoofd boren. Het is ineens snikheet in het portiek.

Hij kijkt even naar Glover alvorens te antwoorden. 'Eh, nee. Dit is een vrijwillig gesprek.'

'Dan denk ik dat we hier klaar zijn,' zeg ik. Ik tik op zoek een andere chauffeur in de app en wacht ongeduldig op het resultaat.

Glover werpt een bedenkelijke blik over mijn zwartfluwelen bodysuit en klapt dan haar notitieboekje dicht. 'Goed. Dat is aan u. Ditmaal.'

Haar afgemeten toon bezorgt me een lichte rilling. Ik kijk op van mijn telefoon.

'Het spijt me, het is alleen, zoals ik al zei, dat ik een belangrijke afspraak heb over –'

'Dan zullen we u niet ophouden,' zegt Glover. Met veel omhaal stopt ze haar notitieboekje in haar jaszak. 'U hoort nog van ons.'

'Hoezo? Ik bedoel, ik heb niets gedaan.'

Singh snuift, alsof het antwoord voor de hand ligt. 'Ms Grimes, er wordt een jongen vermist. En uw zoon heeft hem als laatste gezien. Hij wordt opgeroepen voor een officieel verhoor.'

De woorden komen aan als stenen tegen een ruit.

'Officieel verhoor?' papegaai ik paniekerig. Ik weet niet precies hoe het Britse rechtssysteem werkt, maar dit klinkt serieus. 'Heb ik een advocaat nodig?'

Glover klakt met haar tong. 'Helaas kunnen we geen juridisch advies geven,' zegt ze, naar Singh gebarend dat het tijd is om te gaan. 'Neem contact op met het Juridisch Loket als u vragen hebt.'

Onderaan de portiektreden draait Glover zich om. 'Succes met uw date,' zegt ze zonder haar schampere grijns te verbergen.

Tegen de tijd dat ze ze weg zijn kan ik geen nieuwe Uber meer krijgen. Al onze chauffeurs zijn momenteel bezet, probeer het later nog een keer. Ik zet koers naar Goldhawk Road en probeer een taxi aan te houden, maar er stopt er niet één. Het is vrijdagavond; ze zijn allemaal gereserveerd. Ik check Citymapper. Er zijn momenteel 'ernstige vertragingen' op de Circle-lijn. Fúck.

Ik moet Elliott bellen, hem laten weten dat ik te laat kom, maar ik heb zijn privénummer niet. Op weg naar de bushalte hamer ik er een mail uit naar zijn assistent: Het wordt iets later, ben onderweg. Ik krijg onmiddellijk een automatisch antwoord: Ik ben afwezig tot maandag en beantwoord uw bericht bij terugkeer. Fúck.

Ik kijk op mijn telefoon: 18.35 uur. Zelfs als ik nu in een taxi stap, doe ik er nog ruim een uur over om bij het restaurant te komen.

Net wanneer ik in paniek raak verschijnt bus 94, alsof hij bestuurd wordt door de onzichtbare hand van Vrouwe Fortuna. Ik krijg weer hoop. Dit kan nog goedkomen. Ik kan het nog halen.

Ik snel naar een plaats boven in de bus en zoek het telefoonnummer van het restaurant op. Zij kunnen een boodschap doorgeven aan Elliott, hem laten weten dat ik iets later kom. Hij zal vast geïrriteerd zijn, maar dan wacht hij wel.

De telefoon gaat drie keer over voordat er wordt opgenomen. 'Welkom bij Mr Bang Bang, we zijn –'

'Hallo. Kunt u een boodschap doorgeven aan mijn vriend? Ik kom iets later. Het lag niet aan mij, maar ik ben inmiddels onderweg. Als u aan hem kunt doorgeven –'

Bij het horen van een klik val ik even stil.

‘Hallo? Hoort u mij? Zijn naam is Elliott Rivera. We hebben gereserveerd om zeven uur, en hij wacht op me, maar ik heb zijn telefoonnummer niet –’

Weer die klik. Ik besef dat ik tegen Mr Bang Bangs antwoordapparaat heb zitten praten.

Ik hang op, staar uit het raam en laat mijn hoofd tegen het glas zakken. Om me heen stroomt de bus vol uitgelaten jongeren die een avond gaan stappen in de stad: meiden in glitterjurkjes op hoge hakken, jongens in een walm van goedkope eau de cologne.

Ik trommel met mijn vingers tegen het raam en stel me Elliott voor die alleen aan tafel zit. Zich afvraagt waar ik blijf. Eerst ongeduldig wordt, dan kwaad. Elliott zal mijn nummer toch wel hebben? Zijn assistent kan toch niet ál zijn telefoontjes plegen? Hij zal me zo wel bellen, en dan kan ik alles uitleggen.

Bij Shepherd’s Bush Green komt de luidspreker krakend tot leven. Een opgenomen stem zegt: ‘Beste passagiers, deze bus rijdt niet verder dan de volgende halte.’

Er stijgt collectief gemor op op de bovenverdieping. De chauffeur klinkt over de luidspreker om ons te informeren dat er ‘over een kwartiertje’ een andere bus komt om de rit te vervolgen.

De deuren trillen open. Ik sjok de bus uit en het donker in om te wachten.

Om 18.47 uur is de vervangende bus er nog niet. Ik ben nog steeds op Shepherd’s Bush Green, op een goed uur rijden van het restaurant of, zoals Google me fijntjes informeert: drieënhalf uur lopen. Mijn frustratie is een fysieke gewaarwording, alsof een stoomwals mijn ledematen plet.

Mijn telefoon gaat over, en ik spring bijna een gat in de lucht. Maar het is niet Elliott. Het is Brooke. Ik neem niet op. Ik zit nu echt niet te wachten op haar ‘wijze’ raad – dat ik Elliotts assistent altijd maandag nog kan bellen om het uit te leggen, of bloemen laten bezorgen op zijn kantoor in LA om mijn excuses aan te bieden, of de bespreking alsnog via Zoom proberen te houden. Zij begrijpt het niet. Ik wacht al tien jaar op een tweede kans. Hoeveel jaar zal ik weer moeten wachten op een derde?

Ik geef het op en besluit naar huis te lopen. Onderweg wip ik binnen bij een slijterij en koop twee zilverkleurige blikjes suikervrije G&T. Ik drink ze in mijn eentje in het donker, en haat iedereen: de politieagenten en hun arrogante lachjes; Will en zijn laatdunkende blik; Elliotts onbereikbare assistent. Maar bovenal haat ik mezelf. Om alles.

Ik kom terug in een doodstil huis, afgezien van een nijdige voicemail van Brooke, die was komen opdagen om op te passen en voor een dichte deur had gestaan. Oeps. Er is geen bericht van Elliott. Misschien heeft hij mijn nummer echt niet. Op mijn tenen loop ik de gang door naar Dylans kamer, waar ik de deur centimeter voor centimeter open, zoals ik deed toen hij een baby was en ik naar binnen glipte om mijn wijsvinger onder zijn neus te houden, in afwachting van dat warme ademstootje dat bevestigde dat hij nog leefde.

Ik kruip in zijn lege bed en wikkel me in zijn astronautendekbed. Het beddengoed ruikt naar jongenszweet en muffe sokken. Een ontsnapte hete traan sijpelt over mijn wang. Ik trek het dekbed over mijn hoofd voordat ik mezelf toesta in zijn kussen te snikken.

Ik wil deze dag terugdraaien. Ik wil teruggaan. Ik begrijp niet hoe dit kan, hoe de afgelopen acht uur alles zo gigantisch in de soep is gelopen. Dit zou mijn moment worden. Ik hoor de politie niet te ontlopen en me af te vragen of mijn zoon betrokken was bij iets verdachts. Ik zou nu met Elliott aan de champagne moeten zitten om te proosten op mijn nieuwe, stralende toekomst.

Elliott. De gedachte aan hem alleen in het restaurant, zich afvragend waar ik in godsnaam blijf – het is te veel.

Mijn tranen vermengen zich met mijn mascara tot een vieze vlek op de kussenhoes, een ranzige drab die in mijn ogen prikt. Ik rol uit Dylans bed op de vloer, met dekbed en al. Door Dylans open gordijnen zie ik een volle maan opkomen tegen een zwarte hemel, rond als een meloen. Ik zou moeten opstaan en mijn gezicht wassen, maar me wentelen in zelfmedelijden op de vloer voelt véél beter. Ik lig daar heel lang. Lang genoeg om de stoflaag op de vloer te zien, de verfrommelde sokken. En dan nog iets. Iets wat onder Dylans bed uitsteekt. Een riem of een hengsel of zo. Zonder erbij na te denken geef ik er een ruk aan. Het is zwaar. Ik geef nog een ruk.

Een rugzak.

Er gaat een adrenalinestoot door mijn lijf. *Dylans rugzak.* Hij is hier. Hij heeft hem niet laten liggen in het Wetland Centre. Het is allemaal één groot misverstand. Ik wist dat ik hem uit school mee naar huis had genomen, en ik had gelijk. Misschien was al het andere ook een groot misverstand.

Ik knip de lamp aan om de rugzak te bekijken. Die ruikt naar vochtige aarde, alsof hij in een tuin heeft gelegen. Ik trek de rits open en kieper de inhoud op het bed. Er zijn diverse notitieboekjes die ik nog nooit heb gezien. Een *Bonjour France 2*-werkboek. Een onbekende blauwe waterfles. Een vreemd etui. Een *Emotiedagboek*, vol kinderlijke hanenpoten die ik niet herken.

Een dof geraas klinkt in mijn oren terwijl ik de onbekende spullen registreer die verspreid over mijn zoons bed liggen. Langzaam begint het me te dagen, veel langzamer dan zou moeten: dit is niet Dylans rugzak.

Ik draai het *Emotiedagboek* om in mijn handen. Het voelt warm aan, alsof het zijn eigen hitte uitstraalt.

Eigendom van Alfie Risby.

12

Shepherd's Bush

VRIJDAG, 23.49 UUR

EEN BRANDERIG GEVOEL NESTELT ZICH ACHTER IN MIJN KEEL, ALS een onzichtbare strop die om mijn nek wordt aangehaald. Waarom heeft mijn zoon de rugzak van de vermiste jongen onder zijn bed?

Ik blader door het dagboek. Alfies handschrift is slordig, afwisselend met stomp potlood en lekkende vulpen. De meeste aantekeningen zijn klachten: over een 'bullebak' van een tennisleraar van wie hij rondjes moest rennen, een huishoudster 'van niks' die zijn toast 's ochtends had laten aanbranden, en hoe oneerlijk het was om op zaterdagochtend naar examentraining te moeten.

17 sept.

Rekenhuiswerk is klote!!!

22 okt.

Blub de Blobvis oftewel Mr Dempsey gaf me twee punten aftrek omdat ik lachte tijdens de dagopening.

Ha. Mr Dempsey ís een blobvis. Daar heeft het joch geen ongelijk in. Maar de volgende aantekening doet het bloed in mijn aderen stollen.

9 nov.

Dylan Palmer zei dat hij me gaat vermoorden...

Mijn ogen schieten naar de datum: *vier dagen geleden*. Een afschuwelijke, misselijkmakende golf raast over me heen. Ik sleep mezelf, op handen en knieën, naar de badkamer. Het braaksel komt er meteen uit, de kleur van een fluorescerend oranje markeerstift, en houdt voor mijn gevoel uren aan. Wanneer ik mijn hele maag heb geleegd, ga ik op de koude tegelvloer liggen en staar naar het plafond.

Kan hij...

Ik knijp mijn ogen dicht in een poging me af te sluiten voor mijn eigen hersenkronkels.

Kan hij...

Dylans grijns aan de eettafel spookt door mijn hoofd, maar ik zet de gedachte van me af. Er moet een verklaring voor zijn. Hij is pas tien. Hij doodt niet eens spinnen. Het bestaat niet dat hij een ander kind kwaad zou doen.

Toch?

Ik kruip naar het bad, draai de kraan open en laat gloeiendheet water in het antieke bad op pootjes lopen. Ik had deze woning gekocht van mijn Girls' Night-geld, misschien wel de enige verstandige financiële beslissing die ik ooit heb genomen. Verwaarloosd en vochtig, in een niet-hip deel van Shepherd's Bush, was het toch net iets meer dan ik gemakkelijk kon betalen. Maar het was van mij. Ik was vast van plan de boel te verbouwen, de oude badkuip te vervangen door een inloopregendouche zodra ik het had gemaakt. Maar toen implodeerde alles, en de jaren verstreken, en mijn comeback kwam nooit van de grond. Nu ben ik blij dat ik het bad heb gehouden. Het bad is de enige plek waar ik kan nadenken.

Ik mik een lavendelbruisbal in het water en dompel mezelf onder. Mijn *spray tan* kleurt het schuim onmiddellijk viesbruin. In de stilte dool ik langs de randen van de vraag die ik mezelf niet echt durf te stellen.

Wat heb je gedaan, Dylan?

Tien jaar geleden, tijdens die laatste saaie dagen van mijn zwangerschap, had ik me afgevraagd hoe Dylan eruit zou zien. Zou hij een volle haardos hebben? Wills bruine ogen of mijn grijze? Dopneusje of kokkerd?

Wat ik me werkelijk afvroeg, diep vanbinnen, was: *wordt het een schatje?* Of zo'n vreselijk gerimpelde oudemannetjesbaby? Of nog erger: een vlekkerige, rimpelige schreeuwlelijk? Iedereen verzekerde me dat moeders hun eigen baby altijd mooi vinden. Zelfs als hij lelijk is, zeiden ze, zul je het niet zien.

Moederliefde maakt blind.

Dus niet.

Dylan zat klem in het geboortekanaal; ze moesten hem er met een vacuümpomp uittrekken. Hij kwam slap en grijs ter wereld, en de zuignap liet een kloppende rode pruim achter op zijn kruin, als een tweede, uitwendig brein.

Na een paar uur was de buil helemaal verdwenen, precies zoals de aardige NHS-dokter beloofde, en liet geen litteken achter.

Maar toen ik neerkeek op de blèrende blob in mijn armen, zag ik het wel. Ik kan niet voor alle andere moeders spreken. Maar als je het mij vraagt?

Ik zag dat mijn baby niet schattig was.

Uiteindelijk doet het hete water wat het moet doen: mijn gedachten smoren tot ik aan niets anders kan denken dan mijn smeltende vlees, verschroeiende spieren en vet en pezen tot alleen mijn skelet over is.

Ik fantaseer over het aanhouden van een taxi om naar Wills huis te rijden en mijn zoon bij de schouders te grijpen. *Wat heb je gedaan, Dylan?* Maar ik kan die woorden amper vormen in mijn eigen hoofd, laat staan ze hardop zeggen tegen mijn enige kind. Hij is te kwetsbaar.

Ik pak een stuk zeep en begin de donkere huid rond mijn enkels te schrobben, waar strepen spray tan zijn achtergebleven.

Wat weet de politie? De school zal Dylans strafaantekeningen overhandigen. Dan komen ze achter Schildpadgate. Dat zal er niet goed uitzien.

Ik kan een advocaat in de arm nemen, proberen terug te vechten. Maar Dylan is niet het type kind dat het goed zou doen in het getuigenbankje. En ik kan amper mijn nagelstudio-afspraak betalen, laat staan een topadvocaat. Will heeft geld, maar niet genoeg om op te kunnen tegen het leger juristen van de Risby's.

We zouden het land kunnen verlaten. Ik zou Dylan bij kop en kont kunnen pakken, op de eerstvolgende vlucht vanaf Heathrow springen. Naar Zuid-Amerika gaan, of Frankrijk misschien. Opnieuw beginnen in een slaperig dorpje in de Provence. Ik zit alleen wel met de omgangsregeling. Ik heb schriftelijke toestemming van Will nodig om met hem het land uit te gaan. Bovendien zijn Alfies ouders rijk, en geld heeft lange armen. Ze zouden makkelijk een bende potige maffiatypes kunnen inhuren om ons op te sporen. Als puntje bij paaltje komt, heb ik geloof ik liever dat Dylan hier blijft en zich onderwerpt aan het softe Britse rechtsstelsel, met zijn voorwaardelijke veroordelingen en strafverminderingen, dan dat hij de rest van zijn leven over zijn schouder moet kijken, uit angst voor een dommekracht met een honkbalknuppel.

Mijn gedachten dwalen af naar Alfies rugzak. Waarom ligt die in Dylans kamer? En waar is Dylans rugzak? Ik snap er geen hout van. Dylan zou een ander kind nooit bewust pijn doen, zelfs niet zo'n rotjoch als Alfie. Tenzij hij, natuurlijk, een heel goede reden had. Of er sprake was van zo'n soort misverstand als Schildpadgate. O god. Wat als Alfie, zeg maar, een broedende gans of zo had gejend, en Dylan kwaad werd en hem een duw gaf, en Alfie uitgleed en in het reservoir viel? Ik kan het niet honderd procent uitsluiten.

Ik wil dolgraag iemand bellen om de opties door te nemen, maar wie? Het is na middernacht. Adam slaapt. Brooke zal zeggen dat ik een advocaat moet nemen. Jenny kent me amper. En al de andere moeders haten me. Ik ben echt helemaal alleen.

Mijn hoofd bonst inmiddels, het begin van wat een verschrikkelijke migraineaanval belooft te worden. Ik zak dieper in het bad en laat mijn hoofd onder water glijden; de pot op met die extensions.

Onder water wordt alles stil en donker. Ik sluit mijn ogen, en er doemt een visioen op van een jongen in uniform die spookachtig zwaaiend naar de bodem van een reservoir zinkt, naar beneden getrokken door een St. Angeles-rugzak. Het water is zwart en ijzig, en wanneer de jongen draait besef ik, tot mijn afgrijzen, dat het niet Alfie is maar Dylan. Mijn zoons doodsbange mond vormt een volmaakte O, in een noodkreet. Maar ik ben verlamd en kijk in paniek toe hoe mijn zoon mondenvol water binnenkrijgt, met elke gulp dieper onder de oppervlakte zakt, tot hij uit het zicht verdwijnt. Een sliert trieste belletjes is alles wat er over is.

Met een ruk kom ik omhoog, hoestend en proestend. Ik klauter uit het bad, en zonder een handdoek te pakken ren ik naakt en druipnat naar Dylans kamer.

Terug in de badkamer leg ik Alfies *Emotiedagboek* opengeslagen in de wasbak als een offer op het altaar. In de spiegel vang ik een glimp op van mijn zwarte bodysuit verfomfaaid op de vloer, een reliek uit een ander leven.

Ik steek een lucifer aan. Het dagboek vat snel vlam, verkruimelt tot as in de wasbak. Die nacht verbrand ik alle honderdtwee bladzijden, maar niet voordat ik de belastendste in mijn geheugen heb geprent.

13

Shepherd's Bush

ZATERDAG, 7.38 UUR

IK WORD WAKKER IN MIJN EIGEN BED. DE MAAN IS VERDWENEN, vervangen door een waterig zonnetje dat zich probeert los te maken van de horizon. De rampzalige gebeurtenissen van gisteren komen een voor een boven. Mijn in het water gevallen comeback. De politie. Alfies rugzak. Het *Emotiedagboek*.

Fúck.

Ik ga rechtop tegen een kussen zitten en neem mijn kamer in me op. Alle beschikbare oppervlakken zijn bezaaid met lippenstiften, oogschaduwdoosjes en make-upkwasten. Er hangt een muffe lucht en op de vloer slingeren hoge hakken en corrigerend ondergoed. Het lijkt wel een door Estée Lauder gesponsorde plaats delict.

Dit kan zo niet. Indrukken doen er nu toe. Zeker als de politie terugkomt. Ik adem diep in, rol mijn mouwen op en ga aan de slag: ik stop wasgoed in de mand, klop het dekbed uit, zet de ramen open.

Ik veeg mijn verzameling lege Red Bull-blikjes in een plastic wasmand, die ik meezeul naar de sorteerbak buiten. Aan de overkant bij Mr Foster beweegt een gordijn. Opschieten, anders onderschept hij me zo met een van zijn oersaaie monologen over het onheil van kobaltwinning en de productie van fossiele brandstoffen. Ik dump de blikjes zo snel als ik kan, maar ik ben te langzaam. In zijn onheilspellend ruisende grijze anorak komt Mr Foster op me af stuiteren.

'Florence,' zegt hij, zijn gezicht een en al bezorgdheid. 'Zag gisteravond toevallig de politieauto. Alles in orde?'

Zijn doordringende blik bezorgt me de kriebels. Ik word nijdig. Wat gaat hem dat verdomme aan?

'Ja. Gewoon een misverstand.'

'Is Dylan thuis?' vraagt Mr Foster. Hij heeft een geel blik met plaatjes van insecten erop in zijn hand. 'Ik heb iets voor hem. Ik verwachtte dat hij gisteren na school zou langskomen.'

'Dylan is bij zijn vader.'

Mr Fosters borstelige witte wenkbrauwen schieten omhoog. 'Aha, juist. Moet een bijzondere kerel zijn. Dylan geeft hoog van hem op.'

'Oké, luister.' Ik schraap mijn keel. 'U hebt het nieuws vast wel gehoord. Een van Dylans klasgenoten raakte gisteren vermist. Op schoolreisje.'

Hij verplaatst zijn gewicht. Als hij al verbaasd is, dan is het niet te zien. 'O ja? Wat erg, zeg.'

'Ja. Hoe dan ook, de politie – het was procedure. Ze zitten in dezelfde klas.'

'Juist,' zegt Mr Foster. 'Dat zei je al.'

Het lijkt of hij ergens op wacht. Een uitnodiging misschien. Ik heb hier geen tijd voor. Ik moet door.

Uiteindelijk steekt Mr Foster me het blik toe. 'Juist. Dan geef ik deze maar aan jou.'

ZOO MED, staat op het etiket. KREKELS IN BLIK. Getver. Ik staar hem wezenloos aan, ik volg het even niet.

'Greta,' zegt hij langzaam. 'Dylans schildpad. Je moet haar voeren. Ze gaat eerdaags in winterslaap.' Mr Foster staart terug, een ondoorgrondelijke uitdrukking op zijn grauwe gezicht. 'Ze moet er elke dag een paar hebben, maar niet te veel, anders wordt ze sloom.'

'Oké. Gesnopen.' Met tegenzin steek ik mijn hand uit. Het blik is verrassend zwaar.

Eenmaal weer binnen haal ik mijn laptop tevoorschijn en bestel het grootste boeket gele rozen dat ik kan vinden voor Elliotts kantoor in Santa Monica. In het tekstgedeelte typ ik een verontschuldiging. Het spijt me zo dat ik ons etentje heb gemist, noodgeval thuis. Laten we via Zoom praten. XXX Florence. De prijs bezorgt me een rolberoerte – voor dat geld zou ik mijn hele gezicht kunnen laten botoxen – maar ze zullen op zijn bureau staan als hij maandagochtend binnenkomt. Misschien dat het niet alles goedmaakt, maar het is een begin. Een kans.

Ik mik het blik krekels in Dylans kamer en trek de deur dicht. Ik voer Greta later wel. Of Dylan kan het doen als zijn vader hem heeft teruggebracht.

Momenteel heb ik iets belangrijkers te doen: Alfies rugzak lozen.

Een kwartier later zit ik achter in een taxi, zuidwaarts kruipend door het drukke zaterdagochtendverkeer. Alfies rugzak staat veilig aan mijn voeten, dubbel verpakt in een groene plastic M&S-shopper.

De ingang van het Wetland Centre is in Barnes, een slaperige, welvarende enclave in Zuid-Londen, bevolkt door het soort snobs die graag doen alsof ze in een dorp wonen, maar wel met filterkoffie van acht pond en vierentwintiguursstomerijen in de buurt. Ik ben één keer in het Wetland Centre geweest, op een Raya-date met een gast die beweerde 'helemaal verslingerd aan vogels spotten' te zijn, maar in werkelijkheid helemaal verslingerd was aan seks in de buitenlucht. Op zich was het er best mooi, hoewel een beetje saai; tig hectare wild moerasland en tot aan je middel reikend gras in een bocht van de Theems, met hier en daar een door een verrekijker turende pensionado.

De taxichauffeur luistert naar een praatprogramma. Het onderwerp is Alfie, en een beller oppert dat de Shepherd's Bush Strangler er weleens bij betrokken kan zijn, hoewel, zoals de presentator naar voren brengt, die het nog nooit op een kind heeft gemunt.

Bij Church Road aangekomen rijdt het verkeer stapvoets. Een paar minuten later wordt de reden van de opstopping duidelijk. Op zo'n vijftig meter van de ingang, op wat een rugbyveld lijkt, staan zes gigantische witte mediatenten. Gestrest ogende verslaggevers en cameraploegen snellen heen en weer tussen de tenten en de satellietwagens die langs de straat staan.

De taxichauffeur fluit geïmponeerd. 'Wat een circus,' zegt hij, met zijn vingers op het stuur trommelend.

Mijn handen worden koud, alsof ze in een ijsemmer zijn gedompeld. Toen ik het plan opvatte om Alfies rugzak terug te brengen naar het Wetland Centre, dacht ik hem gewoon over het hek te keilen. Dat lijkt nu tamelijk naïef. Oliedom zelfs.

'Waar moet je precies zijn?' vraagt de chauffeur.

'Dit is prima,' zeg ik. 'Ik stap hier wel uit.'

'Serieus? Hier?'

Voor ik van gedachten kan veranderen open ik het portier, de tas onder mijn arm geklemd. Het miezert inmiddels, een fijne Engelse nevel. Ik trek mijn jack steviger dicht terwijl ik op de politieafzetting afloop.

Zelfvertrouwen, spreek ik mezelf toe. *Mariah Carey. Kin omhoog, schouders omlaag, hals uitgestrekt.*

Twee politieagenten staan voor een rij dranghekken te praten met een tv-verslaggever met blond haar en een felrode regenjas. Zodra ik dichterbij kom heft een van de agenten, een lange gast met rossig haar in een fluorescerend hesje, zijn hand op in een 'Halt'-gebaar.

'Morgen,' zegt de agent. 'Krant of omroep?'

'Huh?'

Hij herhaalt de vraag langzamer, alsof ik zwakbegaafd ben. 'Schrijvende pers of nieuwszender?'

'O. Geen van beide. Ik ben moeder. Een St. Angeles-moeder. Mijn zoon –'

Er trekt een geïrriteerde uitdrukking over zijn gezicht, en hij kapt me af met een handgebaar. 'Dit is het persvak. Alleen voor geaccrediteerde media.'

‘Ik wilde alleen kijken of er –’

Hij zet een hand op zijn heup, en ik vang de zilverachtige flits op van handboeien. ‘Je hebt me wel gehoord. Geen pottenkijkers.’

Mijn gezicht loopt rood aan van schaamte. Ik draai me om en begin aan de drassige tippel terug naar de straat, waarbij de grote tas tegen mijn schenen slaat.

Aan het eind van de straat zit een pub. De Red Lion. Eén drankje kan geen kwaad.

Binnen is het warm en behaaglijk, met een laaiend haardvuur en een schoolbord waar het lunchmenu van de dag op staat. Het is nog vroeg, uitgestorven afgezien van een man van middelbare leeftijd in een West Hamshirt aan de bar.

Ik ga zitten, en hij heft zijn kin in mijn richting. ‘Verslaggever, zeker? Voor de vermiste jongen?’

‘Zie ik eruit als een verslaggever?’ snauw ik.

‘Je ziet eruit als een leuk verzetje,’ zeg hij met een geile blik.

‘Lazer op.’

Ik bestel een wodka-soda, waar ik langzaam van drink. De schaamte brandt nog steeds vanbinnen, de woorden van de agent nagalmend in mijn hoofd. *Geen pottenkijkers.* Waarom ben ik zo’n brokkenpiloot? Als ik een ander, beter mens was, een Serieus Mens, met een universitaire graad en een pensioenregeling en een geldig rijbewijs, zou ik langs die politieafzetting zijn gekomen en zou Alfies rugzak nu niet onder mijn barkruk staan.

‘Zal je vertellen wat ik hoor,’ zegt de man, met een enigszins dikke tong. ‘Door bekenden op touw gezet, schijnt. Familie is steenrijk.’

Ik kan zijn bierkegel ruiken, zelfs vanaf de andere kant van de bar. Ik laat mijn voet over de vloer glijden tot die op het geruststellende gewicht van de tas stuit. Hij staat er nog. Mooi.

‘O ja, joh?’ zeg ik.

De man knikt. ‘Een of andere verzekeringskwestie. Wed dat het joch zo op een privéjet naar de Maagdeneilanden is gestapt. Net als Epstein, hm?’

Mijn blik wordt glazig. Ik staar naar de bar, naar de rijen drankflessen met schenktuitjes, de emmers met citroenschijfjes en gemalen ijs. Misschien kan ik Alfies rugzak gewoon in het toilet van de pub achterlaten? Dat zou alleen wel andere vragen oproepen, zodra hij is gevonden. De pub hangt vast vol camera's. Nee, als ik dit ga doen, ga ik het goed doen. Die stomme rugzak gaat terug naar het Wetland Centre, waar hij hoort.

'Dat is wat ik hoor, in elk geval,' vervolgt de man, die een harde boer laat. 'Maar wat weet ik ervan? Jij bent de verslaggever.'

'Ik ben geen –'

Mijn blik valt op een stapel blocnotes voor bedienend personeel naast de kassa.

Een verslaggever. Dat is het.

Ik leun over de bar en gap een blocnote en twee pennen. Met mijn handpalm veeg ik mijn lippenstift weg, ik doe mijn haar in een lage knot en steek een van de pennen achter mijn oor.

Ik kijk de dronken man aan. 'Helder. En mijn deadline schiet me net te binnen.'

Buiten maakt het gras een zompig geluid onder mijn schoenen. De twee agenten van daarnet zijn verdwenen, vervangen door één verveeld kijkende vrouw met een politiehoedje op. Terwijl ik op het dranghek afloop, haal ik mijn telefoon tevoorschijn en geef mijn beste imitatie van Jenny, door alle verslaggeverstermen te gebruiken die ik ken.

'Dus ik zei tegen hen, we móéten deze deadline halen –'

De agent steekt haar hand op. 'Perskaart?'

'Shit,' zeg ik, zogenaamd gefrustreerd op mijn zakken kloppend. 'Ik moet hem hebben laten liggen...'

Ik leg mijn hand over de microfoon en schenk de agent een hulpeloos lachje. 'Ik was hier eerder. Weet u nog? Sorry, mijn redacteur is...' Ik rol met mijn ogen, op een dit-wil-je-niet-weten-manier.

De agent zucht, alsof ze niet wil weten hoe achterlijk verslaggevers zijn, en wuift me door.

Het enige wat me nu nog scheidt van de ingang van het Wetland Centre is vijftien meter open terrein. Geen boom of gebouwtje om achter te schuilen. Ik zal het erop moeten wagen.

Mariah Carey, spreek ik mezelf toe. *Hoofd omhoog, schouders omlaag.*

Ik schiet tussen de hekken door. Ik kan dit. Twaalf meter naar de bomenrand. Ik moet ver genoeg binnen zien te komen om Alfies rugzak ergens te dumpen. Dan is deze hele achterlijke toestand verleden tijd. En kan ik Elliott bellen en proberen mijn comeback te redden voor het te laat is.

Zes meter. Drie. Niet te geloven dat niemand me heeft gespot. Ik ren het terrein over, de tas bonkend tegen mijn schenen. Als ik nog een eindje verder kan komen...

Een hand pakt mijn schouder beet, harder dan strikt noodzakelijk. De rossige agent van eerder.

'Ik had je toch gezegd hier niet terug te komen?'

14

Politiebureau van Barnes

ZATERDAG, 12.18 UUR

HET POLITIEBUREAU LIJKT WEL EEN AMERIKAANS CBR, MET LOSlatend linoleum en aan de vloer geschroefde plastic stoelen zodat niemand ze kan oppakken om mee te gooien. Achter de balie zit een verveeld kijkende jonge agent met een te strakke staart lusteloos op haar desktop te scrollen en mij, de enige andere persoon in de ruimte, nadrukkelijk te negeren.

Nerveus schraap ik mijn keel, in de ijdele hoop dat agent Melkmuil geen blik heeft geworpen in de plastic tas die ik vasthield toen ze me achter in de patrouilleauto zetten. De tas met Alfies rugzak erin. Die ze me nog niet hebben teruggegeven.

'Zeg, eh... mag ik mijn ene telefoontje plegen?' gooi ik maar eens op.

Ze richt haar blik op mij en stoot een cynisch lachje uit. 'Telefoontje? Zo werkt het niet. Trouwens, zoals ik al zei: je wordt niet vastgezet. Gebruik je eigen telefoon maar.'

Ik kijk naar de telefoon in mijn hand. Bel ik Brooke? Ik kan de neerbuigende preek die ze me zal geven al horen. Adam is waarschijnlijk op zijn werk, en hij zal niet blij zijn met de hele 'wetsovertredingssituatie'. Ik scrol twee keer door mijn contacten voordat ik besluit Jenny te bellen. Zij kent me niet goed genoeg om nee te zeggen. Bovendien is ze een echte advocaat.

Ik krijg meteen haar voicemail. '*Dit is de mailbox van Jenny Choi, partner van Colson and Casey. Spreek uw bericht in na de toon.*'

'Ik, eh... ben dus opgepakt. Betreden van verboden terrein. Zou jij misschien naar het politiebureau van Barnes kunnen komen? O – met Florence. Grimes. Dylans moeder. Van school. Bedankt!'

Ik heb zweethanden wanneer ik ophang en me weer omdraai naar de agent. Haar ogen blijven gefixeerd op het computerscherm. Ik rek mijn hals om te zien waar ze naar zit te kijken. De website van Zara. Zomerjurken.

Ik leun tegen de balie.

'Mijn advocaat is onderweg,' zeg ik, in een poging professioneel over te komen. 'Dus als je mijn persoonlijke bezittingen kunt teruggeven?'

'Hmhm,' zegt ze zonder van het scherm op te kijken. 'Zoals ik al zei: je wordt niet aangeklaagd.' De cursor zweeft boven een goudkleurige paillettenjumpsuit. 'Baas vindt het slechte pr om een van de schoolmoeders aan te klagen. Je mag gaan.'

Ik ontspan mijn schouders. 'Echt? Dat is super.'

Ze kijkt niet op. 'Ja, je mag buiten op je lift of zo wachten.'

Ik speur de ruimte achter de balie af naar de groene tas, in de hoop dat die niet als bewijs is opgeslagen. 'Dus, eh... kan ik dan mijn –'

Eindelijk rukt ze haar blik los van het scherm en kijkt naar me op. 'Wat nou weer?'

En dan zie ik hem. Onder haar bureau geschoven.

'Ik, eh... wil alleen mijn boodschappentas,' zeg ik, wijzend naar de M&S-tas.

Ze kijkt naar beneden en ziet hem nu voor het eerst. 'O. Hm. Geloof dat ik die moest laten registreren.'

Mijn hart slaat een slag over.

'Ogenblikje.' Ze pakt de vaste telefoon op.

Ik werp mezelf bijna over de balie. 'Gave jumpsuit trouwens,' zeg ik enthousiast, wijzend naar het scherm. 'Je moet wel oppassen met Zara. De spullen in je winkelmandje, die zijn niet gereserveerd. Greep vorige week nog naast een supertof mini-jurkje. Iemand was me voor en kaapte de laatste voor mijn neus weg.'

Achter haar dikke brillenglazen worden haar ogen groot als golfballetjes. 'Serieus?'

Ik knik driftig. 'Bestel hem eerst maar. Echt. Ik wacht wel even.'

Ze werpt me een nerveus lachje toe, waarna ze snel terugklikt naar de Zara-homepage om haar bestelling af te ronden.

'Ziezo,' verzucht ze tevreden zodra de bevestiging verschijnt. 'Bedankt.'

Ze graait weer naar de telefoon, maar lijkt zich dan te bedenken. Ze bukt, waarbij ze even verdwijnt, en hijst dan de groene plastic tas op de balie.

'Is dit "m?'

Ik knik. Mijn hart bonst zo hard dat ik ervan overtuigd ben dat ze het kan horen.

Ze schuift een oeroud bruin klembord naar me toe. Er is een goedkope pen aan de bovenkant vastgemaakt met een stukje touw.

'Teken hier om te bevestigen dat we je persoonlijke bezittingen hebben teruggegeven.'

Ik probeer niet te grijnzen terwijl ik mijn naam er zo snel mogelijk op krabbel.

'Oké dan,' zegt ze, haar ogen alweer op het computerscherm gericht. 'Probeer niet meer door politieafzettingen te glippen.'

Een halfuur later stopt Jenny voor het politiebureau in een gloednieuwe Tesla die eruitziet alsof hij net uit het cellofaan komt.

Ik ruk het portier open, waarna Jenny verward naar me opkijkt. 'Wacht – ik dacht dat je werd vastgehouden? Hebben ze je laten gaan?'

'Misverstand.' Ik wuif het weg. 'Laten we maken dat we hier wegkomen.'

Jenny fronst. Voor iemand met een tweeling is het opmerkelijk dat in haar auto geen spoor van kinderen te bekennen is. Geen kruimel of speeltje of vette vingerafdruk te zien. Ik zink weg in de sponzige champignonkleurige leren stoel en voel de spanning uit me wegvloeien.

'Wat is er nou gebeurd?' vraagt ze.

Ik staar uit het raampje naar het parkeerterrein van de politie. De druilerige achtergrond van vanochtend heeft plaatsgemaakt voor een helder winterzonnetje. Had ik mijn zonnebril maar bij me.

'Eigenlijk niks. Gewoon een misverstand.'

Jenny's ogen puilen lichtelijk uit. 'Hoor eens, ik ben geen taxibedrijf. Ik dacht dat je juridische bijstand nodig had. Heb je geen vrienden die je om een lift kunt vragen?'

Ik kijk naar mijn nagels en doe alsof ik Linhs monogrammen bestudeer. 'Eigenlijk niet, nee.'

Jenny stoot een ruwe lach uit. 'Ouch. Oké, als we dan toch eerlijk zijn, ik ook niet. Best wel bevrijdend om het gewoon toe te geven.'

Ze start de auto en we zoeven het parkeerterrein af naar Mortlake High Street.

'Wat voor werk doe je eigenlijk, Florence?'

Ik verstijf. Het is een test. Ze heeft me waarschijnlijk gegoogeld, mijn oude Girls' Night-video's bekeken en gelachen om mijn roze netpanty en onze suffe dansjes.

'Ik zat, eh... een tijdje in een girlband. Doe nu mijn eigen ding.'

Ze zet grote ogen op. 'Wat cool!'

Haar enthousiasme lijkt... oprecht? Misschien heeft ze me niet gegoogeld. 'Ja, eh... het was leuk. Ik stapte eruit voordat ze beroemd werden. En jij?'

Jenny begint haar levensverhaal te verkondigen: Koreaanse immigrantenouders, Bay Area-jeugd, bachelor aan Stanford, rechten aan Harvard, prestigieus advocatenkantoor, nu gespecialiseerd in zakelijke verzekeringsrisico's blablabla. Haar toon is luchtig, alsof ze de plot van een bekende film navertelt.

'Wauw,' zeg ik zodra ze is uitgepraat. 'Dat klinkt zo... serieus.'

Ze haalt haar schouders op. 'Ja. Verzekeringsrecht is niet per se wat ik als mijn toekomstdroom zag. Maar ik blijk er goed in te zijn.'

Door het raampje zie ik de grauwe grijze Theems rechts van me verschijnen. Met samengeknepen ogen probeer ik onder de troebele oppervlakte te turen. Ik denk aan Alfie, en dan aan Alfies opgezwollen lijk dat daar ergens onder de waterspiegel dobbert.

Jenny werpt een blik op de rivier en klakt met haar tong, alsof ze mijn gedachten kan lezen. 'Ik hoor dat de politie het gebied niet eens heeft afgespeurd met honden. Omdat het een natuurreservaat is? Dat gelóóf je toch niet?'

Ik slik moeizaam. 'Nou. Verschrikkelijk.'

Jenny rommelt in het handschoenenvakje en haalt er een vape uit. 'Wat?' vraagt ze op hoge toon.

'Niks. Ik zag je alleen eerder als het groentesapjestype.'

'Tja, nou, afgelopen week was een gekkenhuis.'

'Mij hoor je niet.'

Ze neemt een diepe hijs. 'En, wat heeft Dylan jou verteld?'

Mijn kaken verstrakken. 'Niet veel. Hij was totaal van slag, natuurlijk,' voeg ik er snel aan toe.

'Natuurlijk,' zegt ze, het raampje openend om de rook of damp of wat er ook uit zo'n vape komt naar buiten te blazen.

'En, eh... die van jou?'

'Max en Charlie? Ja, niks. Ze zitten pas, wat, drie weken op die school? Ik weet niet eens of ze het joch wel kennen.' Ze zwijgt even. 'Die arme moeder van hem. Denk je eens in.'

Een beeld van de in elkaar gezakte Cleo voor de schoolpoort flitst in mijn hoofd op, en ik probeer het van me af te zetten. Een ogenblik zitten we in stilte het onuitsprekelijke te overpeinzen.

Jenny schraapt haar keel. 'Wat is het voor jongen? Alfie, bedoel ik.'

Ik pijnig mijn hersenen af naar een gepast antwoord. Het is amper een dag geleden, maar er lijkt nu al een vaag soort halo om Alfie heen te hangen.

'Tja, hij was... een ginger,' zeg ik zo diplomatiek mogelijk.

Jenny fronst lichtjes en neemt nog een haal van haar vape. ‘O, kom op. Je weet wat ik bedoel. Is hij, zeg maar, een probleemkind?’

Ik aarzel een tel. ‘Nou, om eerlijk te zijn... hij was best wel een etter.’

Ze proest het uit, maar trekt haar gezicht snel weer in de plooi. ‘Sjezus. Oké, vertel wat je echt vindt.’

‘Ik bedoel, het joch sloeg een schildpad met een slaghout. Begrijp me niet verkeerd, ik zou hem dit nooit hebben toegewenst. Maar hij is niet bepaald de koorknaap die iedereen nu van hem maakt.’ Ik kijk naar mijn nagels. ‘Maar goed, de politie zal hem vast gauw vinden.’

‘Jaaaa,’ zegt Jenny, het woord rekkend. ‘Daar zou ik niet al te zeker van zijn.’

‘Hoe bedoel je?’

‘O, alsjeblieft zeg. Kijk jij niet naar het nieuws? De Metropolitan Police? Daar werken letterlijk een stel verkrachters! Die gaan dit niet oplossen.’

Voor ik een fatsoenlijke reactie kan bedenken, begint Jenny weer in het handschoenenvakje te rommelen. Ze haalt er een pakje kauwgum uit en biedt mij er een aan alvorens ze er zelf een neemt.

‘Wacht – Big Red? Dit was vroeger mijn favoriet. Weet je dat je deze hier niet eens kunt kopen?’

Ze geeft me een schalkse knipoog. ‘Hou mij te vriend, dame. Ik heb een hele doos meegenomen.’

Ze zet de radio aan op een tokkelende jazzzender en we vervallen in een aangename stilte. De stoelverwarming staat op volle kracht aan, waardoor mijn lijf aanvoelt als een marshmallow boven open vuur, geroosterd en plakkerig.

Bij Chiswick Bridge steken we het Theems-jaagpad over. Ik kijk naar keurig onderhouden huisjes langs de waterkant en pubs met namen als de Ship en de Barge beneden. Het ziet er allemaal zo vredig en schilderachtig uit. De gedachte uit Jenny’s warme auto te moeten stappen en terug te sjokken naar mijn koude, lege woning doet fysiek pijn.

‘Weet je, ik ging er vanochtend dus naartoe. Naar het Wetland Centre.’

Haar ogen worden groot. ‘Wát? Werd je daarom opgepakt?’

Ik knik. 'Heel dom, natuurlijk.' Onwillekeurig schiet mijn blik naar de tas met Alfies rugzak erin. 'Ik wilde het gewoon... met eigen ogen zien of zo?'

Jenny's gezicht licht op. 'O mijn hemel, had het maar gezegd! Dan was ik met je meegegaan.' Haar ernst trekt een diepe groef tussen haar wenkbrauwen. *Ik ken iemand die je daarvan af kan helpen*, denk ik, maar ik besluit het niet te zeggen. We zijn nog geen vriendinnen.

Haar gezicht krijgt een weemoedig trekje. 'Ik wilde altijd rechercheur worden. Ik heb zelfs stagegelopen bij een privédetective in San Francisco. Zomer voor mijn rechtenstudie.'

Ik onderdruk mijn verbazing. 'Wat heb je?'

'Ja, het was geweldig. Posten, verrekijkers, de hele santenkraam. Overspelige echtgenoten, voornamelijk.' Glimlachend trommelt ze op het stuur. 'Maar goed, lang geleden.'

'Wacht, waarom zette je het niet door dan? Rechercheur worden, bedoel ik.'

Ze wuift het idee weg. 'Geld, voornamelijk. Niet bepaald een lucratieve carrière, die van privédetective.'

In mijn borst begint iets te vibreren, een gevoel dat ik later zal herkennen als een káns; een magische poort tevoorschijn getoverd precies op het moment dat ik hem het hardst nodig heb. Want Jenny, met haar gladde haar, haar kreukvrije kleding en haar smetteloze auto, is exact het type Serieus Mens dat zich langs een politieafzetting kan praten. Zo iemand die mij kan helpen uitzoeken wat er echt met Alfie is gebeurd. Als ik haar zover krijg dat ze me helpt, kan ik mijn zoon beschermen en misschien, heel misschien, de situatie met Elliott rechtbreien.

'Luister,' zeg ik, mijn opwinding met moeite onderdrukkend. 'Misschien moeten jij en ik deze hele Alfie-toestand eens onder de loep nemen. Je weet wel, samen?'

Jenny fronst. 'Wat, detectiveje spelen, zeg maar?'

Mijn hart begint te bonzen. Ik denk aan Dylans grijns, agent Glovers laatdunkende blik, Wills geërgerde 'wat heb je nou weer gedaan,

Florence'-gezicht. Ik verbijt me, omdat ik wanhopig graag wil dat ze niet ziet hoe wanhopig ik ben.

'Weet je, mijn bovenbuurman Adam, hij is agent. Ik wed dat hij ons wel aan wat info kan helpen –'

'Ik heb een baan,' onderbreekt Jenny me. 'En een tweeling.' Ze schudt haar hoofd. 'Het is een leuk idee, maar ik kan er geen freelance vermissingsonderzoek bij hebben.'

Ik voel de hoop vervliegen. *Natuurlijk wil ze geen detectiveje spelen met jou, Florence. Idioot die je bent.*

Buiten komt Shepherd's Bush Green in zicht. De twinkelende lichtjes zijn verdwenen, vervangen door politiesirenes en getoeter en de geur van kebab gemengd met uitlaatgassen.

'Laat maar zitten,' zeg ik snel, alsof het een grap was. 'Stom idee.'

Jenny ontspant zichtbaar. 'Ja. In een ander leven misschien.'

Ze kijkt op het zilverkleurige Patek Philippe-horloge om haar pols en geeft het stuur een ruk naar links. 'Trouwens, we zijn al te laat voor de ouderbijeenkomst.'

15

Marlow, Buckinghamshire

ZATERDAG, 13.58 UUR

'OVER TWEE METER RECHTS AFSLAAN,' KWETTERT DE NAVIGATIE-stem.

Met stokkende adem stuurt Jenny de auto met een scherpe bocht van de hoofdweg af, waarbij mijn voorhoofd kort en pijnlijk in aanraking komt met de zijruit. Boven ons verschijnt een bladerdak van zware boomtakken, dat een kunstmatig gevoel van schemering geeft. Ik sla mijn ogen net op tijd op om een kast van een huis aan de horizon te zien oprijzen. Het lijkt wel een plaatje uit een sprookjesboek of het *Sunday Times*-huizenkatern: een gigantisch bakstenen landhuis met twee torentjes, gelegen tegen golvende groene heuvels. Ms Ivy's huis.

Jenny fluit zachtjes. 'Wauw. Leraren worden hier blijkbaar beter betaald?'

Ik slik. Mijn handen zweten weer. Mijn hele lijf zweet, als ik eerlijk ben. Ik was niet van plan geweest naar de ouderbijeenkomst te gaan. En nu sta ik op het punt naar binnen te lopen met de rugzak van de vermiste jongen in een plastic tas. Waarschijnlijk beter om hem in de auto te laten.

We parkeren op een ronde oprijlaan met zoveel poenigere SUV's dat het wel een autodealer lijkt. Er verschijnt een parkeerhulp in een blauw windjack die naar Jenny's sleutels gebaart, in ruil waarvoor ze een groen papiertje krijgt. Het grind knerpt onheilspellend onder onze schoenen wanneer we naar de voordeur lopen. Ik doe een schietgebedje dat Hope niet die hele 'Dylan en Alfie hebben een verleden'-kwestie oprakelt in het bijzijn van de andere moeders.

In het portiek vraag ik Jenny, waarbij ik probeer de angst niet in mijn stem te laten doorklinken: 'Trouwens, heeft de, eh... politie contact met jou opgenomen?'

Ze fronst. 'Nee. Waarom zouden ze?'

'Je weet wel, om met Max en Charlie te praten, of ze iets hebben gezien?'

Ze schudt haar hoofd, net wanneer de imposante voordeur krakend opengaat.

Een potige vrouw met een gezicht als een dragonder kijkt op ons neer. 'Namen?'

Ze blijft staan om onze antwoorden te vergelijken met haar lijst voordat ze ons een schemerige hal binnenlaat. Het huis ruikt naar verse chrysanten en oud hout. Op de vloer ligt een ratjetoe aan Perzische tapijten; aan de muren hangen olieverfschilderijen van fruit en uitdrukkingsloos kijkende kinderen. Jenny onderschept mijn blik en vormt met haar lippen het woord 'afgrijselijk'.

Ik grinnik, ondanks mijn zenuwen. Het klopt. Hier geldt: hoe ouder het geld, hoe suffer het behang, hoe mottiger de kussens en hoe meer optrekkend vocht. Een écht chique Brit heeft geen behoefte aan *House & Garden*; juist in het sjofele schuilt de onopvallende grandeur.

Een gezette man in een afgedragen pak verschijnt en gebaart dat we hem moeten volgen.

Jenny trekt een wenkbrauw op wanneer we achter hem aan lopen door een lange gang. 'Is dat een bútler?' fluistert ze.

Aan het eind van de gang zet de man ons af met een raar buiginkje. 'De salon,' mompelt hij alvorens weg te schuifelen.

De kamer is geverfd in de kleur van opgedroogd bloed, en het is er minstens tien graden kouder dan in de rest van het huis. Er zijn rijen klapstoelen opgesteld voor de ouders. Vooraan staat een plexiglazen spreekgestoelte, waarachter Nicola Ivy zenuwachtig heen en weer drentelt. Naast haar staat een politieagent. Ms Schulz schittert door afwezigheid.

'Deels schoolbestuursoverleg, deels openbare executie,' fluistert Jenny terwijl we langs de ouders schuifelen naar de achterste rij klapstoelen, als twee leerlingen die na de bel binnenkomen.

De andere ouders hebben zich ruwweg naar sociale status geïnstalleerd. In afwezigheid van de Risby's zijn Allegra en Rupert opgerukt naar poleposition en bezetten nu de stoelen op de eerste rij het dichtst bij Ms Ivy's spreekgestoelte. Naast hen zitten Farzanah en haar man Kyle, een luidruchtige Canadese techfiguur. Hope en Karl Theodor zitten aan het eind van de rij. Hope draagt een grote Jackie O.-zonnebril, een zwart cocktailjurkje en kniehoge laarzen, alsof ze een begrafenis bijwoont van een van de Real Housewives. Ik durf te wedden dat ze expres te vroeg was om een stoel vooraan te bemachtigen. Desondanks glimlach ik haar poeslief toe in het voorbijgaan. Ik mag dan een bloedhekel aan haar hebben, ik kijk wel uit om haar te provoceren.

Ms Ivy schraapt haar keel. 'Zullen we dan maar beginnen?'

De blinde paniek die ze gisteren uitstraalde is verdwenen en heeft plaatsgemaakt voor een aangeleerde, professionele kalmte. Haar normaal weerbarstige haar is glad geföhnd en ze draagt een eenvoudig marineblauw broekpak dat zo van het rek lijkt te komen.

Ik geef Jenny een por. 'Ligt het aan mij of heeft ze een make-over gehad?'

Jenny knikt. 'School heeft waarschijnlijk een imago-adviseur ingehuurd. Ik stel me zo voor dat ze de komende dagen een hoop pers te woord moet staan.'

Vooraan heft Ms Ivy haar kin op naar een kaarttafel vol onaangeroerde eiersandwiches en klemborden. Een magere man met een vlassig sikje en een vrouw met een satijnen scrunchie hangen er vlakbij rond. Hun kleren bevatten te veel polyester om van St. Angeles-ouders te zijn.

'Dat is crisis-pr,' fluistert Jenny. 'En waarschijnlijk een jurist.'

Precies dan zegt Ms Ivy: 'Elise en Alan werken bij Banyon, een door de school ingeschakeld bureau om ons te helpen omgaan met dit incident.'

Elise en Alan steken even somber hun hand op en beginnen dan klemborden en pennen uit te delen.

'Geheimhoudingsverklaringen,' fluistert Jenny zonder zelfs maar naar de papieren te kijken.

Ik zet grote ogen op. Van papierwerk krijg ik het Spaans benauwd. 'Moeten we tekenen?'

'Welja,' zegt Jenny, die schouderophalend de dop van de pen haalt. 'Kunnen ze ons toch niet aan houden.'

'Ik begrijp dat dit een moeilijke dag is,' begint Ms Ivy op ingeblikte toon die doet vermoeden dat ze dit deel van haar toespraak heeft ingestudeerd. 'Ik weet dat u met veel vragen zit. Daarom heb ik agent Thompson gevraagd aanwezig te zijn. Hij heeft beloofd zoveel mogelijk informatie te delen.'

De politieagent knikt en beent naar het spreekgestoelte. Hij lijkt op de huismerkversie van Idris Elba, als Idris niet meer naar de sportschool ging en leesbrillen kocht bij Poundland.

'Bedankt, Nicola,' zegt agent Thompson. Hij scant zijn toehoorders, de ouders taxerend. 'Ik ben al vijftien jaar wijkagent bij de Metropolitan Police en ik zeg u, dit soort dagen, ze worden nooit makkelijker.'

Er stijgt bevestigend gemompel op.

'Ik weet dat er nu grote bezorgdheid is. Frustratie zelfs. Dat is begrijpelijk. Maar ik ben hier om u een belofte te doen: u, de St. Angeles-gemeenschap, bent mijn absolute prioriteit. Mijn collega, agent Davis hier, geeft u mijn privénummer.'

Achterin staat een tweede agent op, een jonge vrouw die me eerder niet was opgevallen, en begint kaartjes uit te delen. De ouders ontspannen zichtbaar. Een speciale behandeling doet het altijd goed bij deze lui.

'In ruil daarvoor moet ik u allen wel één ding vragen,' zegt agent Thompson, die een stilte laat vallen uit effectbejag. 'Geen media. Hebt u een vraag, een tip, een zorg midden in de nacht? Dan belt u mij, agent Thompson. Niet de *Daily Post*, oké? Is dat afgesproken?'

De ouders maken instemmende geluiden.

'O, hij is goed,' fluistert Jenny. 'Alsof je zit te kijken naar een van die gasten uit *The Hurt Locker* die een bom onschadelijk maakt.'

'Goed,' zegt Thompson. 'Nu we dat hebben afgehandeld, zal ik met u doornemen waar we hier mee te maken hebben. Na afloop zal ik uw vragen beantwoorden.'

Hij neemt een slok water, waarna hij aan het feitenrelaas begint.

'Zoals u ongetwijfeld weet, verdween een leerling afgelopen vrijdag tijdens een schoolreisje naar het Londen Wetland Centre. Helaas werd zijn verdwijning pas opgemerkt toen de bus terugkwam bij school, rond veertien uur.'

Ik krimp ineen op mijn stoel; ik hoop maar dat niemand begint over het opnoemen van de namen in de bus of het feit dat Dylan en Alfie een tweetal vormden. Ik werp een schuine blik op Hope, waarmee ik haar probeer te dwingen haar grote waffel te houden.

Thompson gaat verder. 'Uit bewakingsbeelden van het parkeerterrein blijkt dat de bus rond elf uur aankwam. Het onderzoek richt zich op het tijdsbestek tussen elf uur vijfenveertig, toen de jongens op pad gingen voor hun vogelspotopdracht, en ongeveer twee uur veertig, toen de ingang van het Wetland Centre werd afgesloten door de politie.'

Thompson kijkt op naar de achterkant van de kamer. 'Agent Davis, de plattegrond graag?'

De jongere agent begint een ezel met luchtfoto's van het Wetland Centre onhandig over het tapijt naar voren te sleuren. Thompson haalt een laserpen uit zijn zak, waarmee hij over een groot gedeelte van de plattegrond cirkelt.

'Het zoekgebied is bijna veertig hectare. Het grootste gedeelte bestaat uit water. Je hebt vier hoofdreservoirs, plus de Theems, die de oostgrens van het gebied vormt. We hebben al diverse duikteams ter plaatse. Als de vermiste persoon te water is geraakt, zullen we hem vinden.'

Er valt een bedrukte stilte over de ouders wanneer de strekking van deze zin tot hen doordringt.

Thompson stopt de laserpen weer in zijn zak. 'U zult begrijpen dat ik geen details van een lopend onderzoek kan bespreken. Maar onderdeel van mijn baan is om u, de gemeenschap, gerust te stellen. Dus als u vragen hebt, zal ik mijn best doen om die nu te beantwoorden.'

Twintig handen schieten de lucht in, waaronder die van Jenny. Thompson lijkt overdonderd, alsof hij deze mate van ouderparticipatie niet echt had verwacht.

'Juist,' zegt hij. 'Fijn om het enthousiasme te zien. Eens even kijken...'

Jenny stoot me aan. 'Steek je hand op.'

'Ik?' Ik word liever levend gekookt dan dat ik een vraag stel en de andere moeders nog meer munitie tegen mij bezorg. 'Neuh, doe jij dat maar. Ik ben niet goed in spreken in het openbaar.'

Jenny rolt met haar ogen. 'Dan geef je het woord maar aan mij. Steek je hand nou op –'

Thompson laat zijn blik over de toehoorders gaan. 'Goed, oké. Laten we vooraan beginnen. Eh, ja, meneer in het tweedjasje.'

Allegra's man Rupert staat op, opgelaten schuifelend op zijn bruine loafers. Zelfs wanneer hij staat, heeft hij de licht gebogen houding van een professor.

'Rupert Amstrong-Johnson. Ik heb, eh... Wolfie. Maar goed, ik ben benieuwd naar de bewakingsbeelden. Of de camera's nog, eh... interessante aanknopingspunten hebben opgeleverd, zeg maar?'

Thompson knikt. 'Bedankt voor uw vraag. Helaas, heel weinig camera's in het park zelf. Vrijwel geen, eigenlijk, afgezien van de camera op de zilverreiger. Maar we vragen beeldmateriaal op van het parkeerterrein, en de cafetaria.'

Jenny prikt een vinger in mijn ribben. 'Bewakingsbeelden? Wat is dat nou voor vraag?' sist ze. 'Wat ik wil weten is hoe de school überhaupt een kind kon kwijtraken!'

Farzanahs man Kyle neemt als volgende het woord zonder zijn hand op te steken. Kyle was een doorsnee softwareverkoper die van de ene op de andere dag multimiljonair werd toen het onlinegokbedrijf waarvoor hij werkte naar de beurs ging. Nu besteedt hij zijn vrije tijd aan het geven van onbetaalde TEDx-talks en pogingen als gast te worden geboekt bij Bloomberg TV. Deze middag is hij in wit tennistenue, zo'n ongepaste outfit dat het uitsloverig aandoet.

'Hoe zit het met drones?' blaft Kyle.

'Sorry, ik volg het niet,' zegt Thompson.

Kyle legt het maar wat graag uit. 'Een van mijn start-ups – ik ben wat we een *business angel* noemen – is bezig met van die infrarooddrones. Blaast die Chinese troep van de kaart. Ze zijn nog niet officieel op de markt, vanwege wat regelgevingskwesties, maar ik kan misschien wel wat regelen.'

Thompson fronst. 'Eh, interessant. Dank u, sir. Misschien kunnen we na afloop verder praten.'

Kyle geeft hem een zelfverzekerd, bemoedigend knikje. 'Alles wat we kunnen doen om te helpen, man.'

Naast me zit Jenny te stomen. 'Gebeurt dit echt? De school is een kínd kwijtgeraakt! Waarom zijn ze allemaal zo... behulpzaam?'

Ik schraap mijn keel. 'Toelatingsexamen, gok ik?'

'Wat?'

Ik bedek mijn mond met mijn hand en begin heel zacht te praten. 'Ik bedoel, het examen is belangrijk, maar Ms Ivy's advies telt zwaar. Niemand wil de eerste schoolkeuze van zijn kind op het spel zetten.'

Vol weerzin rolt Jenny met haar ogen en steekt haar hand nóg hoger op, maar ze is te laat. Hopes man Karl Theodor komt krakend overeind. Karl Theodor is een van de Oude Vaders, een groepje verlept ogende mannen aan de tweede of derde leg, die zich zelden vertonen op schoolevenementen en als ze dat wel doen, er lichtelijk verward bij staan en boterbabbelaars beginnen uit te delen. Je kunt zijn artritis zowat horen wanneer hij zich overeind hijst.

'Hoe zit het met die conciërge?' flapt Karl Theodor eruit. 'Roemeense kerel. Mr Papa-sozy, is het niet? Kerel geeft me altijd een, nou ja – je weet dat het een andere cultuur is. Ze hebben andere normen en waarden.'

Hope krijgt de kleur van mijn favoriete Mac-lippenstift en mept haar man op zijn arm met haar Fendi-baguette.

'Ga zitten,' sist ze. 'Nu!'

Onbeholpen haalt Karl Theodor zijn schouders op. 'Wat? Mag ik dat niet zeggen?'

Vooraan praat Thompson er soepeltjes overheen. 'Dank u, sir,' zeg hij, zijn handen tegen elkaar zettend. 'Ik verzeker u dat alle personeelsleden te zijner tijd worden gehoord. Zullen we nu eens een paar moeders aan het woord laten?'

Op de eerste rij steekt Farzanah twee vingers omhoog, alsof ze de ober om de rekening vraagt. Ze staat op en stelt zich voor als 'dokter Khan'.

Hope kreunt hoorbaar.

'Eén vraagje maar,' zegt Farzanah. Haar huid straalt zo dat het lijkt alsof ze rondloopt met haar eigen ringlamp. 'Klopt het dat jullie zijn kaplaarzen hebben gevonden?'

Thompsons houding verandert. Als hij dacht dat de moeders zich makkelijker zouden laten afschepen, heeft hij zich schromelijk vergist.

'Sorry, waar hebt u dat gehoord?' vraagt hij, zijn gewicht verplaatsend.

Farzanah strijkt een lok onwaarschijnlijk glanzend haar achter haar oor, waarmee ze een diamant van het formaat kauwgumbal onthult.

'Een oud-klasgenoot van mij is adjunct-hoofdredacteur van de *Times*. Klopt het?'

Thompson kijkt ontzet. 'Nou, ik, eh...' Hij schuift zijn bril omhoog. 'Ik kan bevestigen dat we een aantal spullen hebben gevonden die van de jongen kúnnen zijn geweest. Op dit moment kan ik er echter geen uitsluitsel over geven.'

Er daalt weer een sombere stilte over de ouders neer. Farzanah gaat zitten – die weet er op de een of andere manier nog elegant uit te zien op een klapstoel – en begint er meteen een bericht uit te hameren op haar telefoon.

Jenny steekt haar hand weer op, net wanneer Hope opspringt op de voorste rij, er duidelijk op gebrand Karl Theodors opmerkingen goed te maken.

'Goeiedag,' zegt ze met dat plat Australische accent dat ze nooit helemaal is kwijtgeraakt. 'Hope Grüber, van de oudercommissie. Ik heb drie jongens op St. Angeles, dus je kunt wel zeggen dat deze school voelt als familie.' Ze werpt een schuine blik op Ms Ivy. 'En ik vraag me alleen af: wat kunnen we in deze zware tijd doen om te hélpen?'

De opluchting druipt van agent Thompsons gezicht af. Dit lijkt er meer op.

'Dank u zeer, Mrs Grüber. Dat waardeer ik. Vanwege de aard van het zoekgebied ben ik bang dat we geen vrijwilligers kunnen toelaten. We houden vanavond echter een zonsondergangswake bij de schoolpoort. Het zou fijn zijn als u uw steun daar betuigde.'

Hope straalt en Thompson kijkt op zijn horloge, iets mompelend over tijd tekortkomen. Ik slaak een zucht van verlichting. De bijeenkomst zit er bijna op en Dylans naam is niet één keer gevallen.

Jenny is er echter nog niet klaar mee. Ze zwaait haar hand wild heen en weer. Wanneer Thompson haar ijskoud negeert staat ze toch op.

'Jenny Choi,' zegt ze, met een stem die knettert van de spanning. Iedereen draait zich om, nieuwsgierig waar het geluid vandaan komt. 'Mijn vraag is voor Ms Ivy. Ik vraag me af hoe de bus kon terugrijden naar school zonder Alfie? Logistiek gezien. Had u de kinderen niet geteld?'

Ms Ivy trekt een zuur gezicht, en er gaat een geruis door de groep als een haaienvin die door de oppervlakte van de oceaan snijdt.

Thompson fronst. 'Ik neem deze wel, Nicola. Hoe zei u dat u heette?'

'Jenny. Jenny Choi.'

'Juist. Ms Choi. U begrijpt dat het doel van deze bijeenkomst niet is om een schuldige aan te wijzen, nietwaar?'

Jenny schraapt haar keel, niet onder de indruk. 'Laat ik het anders verwoorden. Is de veiligheid van onze kinderen momenteel in gevaar?'

Thompson werpt een nerveuze blik op Ms Ivy alvorens te reageren. 'Nou, Ms Choi, wij zijn ervan overtuigd dat dit een op zichzelf staand, eh... incident was. Meer kan ik er niet over zeggen.'

Daar neemt Jenny geen genoegen mee. 'Nou, ik wil graag weten welke stappen u onderneemt –'

Thompson schraapt zijn keel. 'Goed. Ik ben bang dat de tijd erop zit. Ik hoop zoveel mogelijk van u te zien bij de wake vanavond. Wees voorzichtig. Wees alert. En denk erom: geen media.'

Jenny schudt haar hoofd, met vuurspuwende ogen. Ze geeft een por tegen mijn schouder. 'Kom, wegwezen hier,' zegt ze, met een hoofdgebaar naar de deur. 'Wat een schertsvertoning.'

Buiten grist Jenny haar sleutel uit de hand van de parkeerhulp, en als we ingestapt zijn knalt ze het portier dicht.

Ze klikt haar riem vast en draait zich dan om naar mij, haar gezicht rood van woede. 'Ze verbergen iets. Ik bedoel, het is toch overduidelijk? Dat crisismanagementbureau? Een contactpersoon bij de politie voor de gemééénschap? Er klopt iets niet.'

Ik zeg niks en staar uit het raam. Het regent inmiddels. De andere ouders stromen naar buiten en rennen naar hun auto's om niet nat te worden.

'Waarom laten ze ons hierheen komen om ons vervolgens niks te vertellen? En waarom heeft een schooldirecteur een butler!' Ze haalt haar vape uit het handschoenenvakje. 'Ik zeg je: als er één ding is wat ik absoluut niet kan uitstaan, is het voorgelogen worden.'

Dit is het. Mijn kans. Ik richt mijn blik op Jenny's serieuze gezicht en doe een laatste poging om mijn zoon te redden.

'Weet je, misschien moeten we het hele Alfie-gebeuren eens onderzoeken,' begin ik voorzichtig, zonder te laten merken hoeveel belang ik erbij heb. 'Want je hebt gelijk. Er zit een luchtje aan. En zoals je al zei: deze agenten zijn hopeloos. Verdient Alfie geen echt grondig onderzoek?'

Wanneer ze niet reageert voeg ik eraan toe: 'Het had een van onze zonen kunnen zijn.'

In gedachten verzonken staart Jenny door de voorruit.

'Weet wel,' zegt ze zonder mij aan te kijken, 'dat als ik iets doe, ik er vol voor ga. Ik bijt me erin vast. En ik win.'

Ik knik verwoed. 'O, honderd procent, idem dito. Ben gek op winnen.'

Ze lijkt niet overtuigd. 'Weet je zeker dat je dit aankunt? Een vermissingsonderzoek is een hoop werk. We zouden bij het begin moeten beginnen.'

Mijn hart begint te bonzen. 'Is dat een ja? Zeg je ja?'

Dan kijkt ze me aan, haar donkere ogen boren zich in de mijne. 'Hoe zit het met je baan? Kun je vrij nemen?'

'Mijn baan? O, ik heb niet echt...' begin ik, maar ik hou me in. 'Ja hoor. Tuurlijk. Ik heb vrije dagen.'

'Een week,' zegt Jenny uiteindelijk. 'En laat in godsnaam niemand gearresteerd worden.'

16

Marlow, Buckinghamshire

ZATERDAG, 15.28 UUR

WE ZOEVEN OVER DE SNELWEG TERUG NAAR LONDEN.

Het regent niet meer. Een fletse halve regenboog heeft zichzelf vastgezet tussen twee wolken. Ik wil het dolgraag als een voorteken zien, maar ik durf nergens meer op te hopen na de verpletterende teleurstelling van de afgelopen vierentwintig uur.

'We beginnen met ondervragingen,' zegt Jenny terwijl ze een blik werpt in de achteruitkijkspiegel. 'De mensen die het dichtst bij hem staan. Vriendjes. Leraren. Heb jij een klassenlijst? Die heb ik nooit gekregen.'

Ik slik. De tas met Alfies rugzak leunt tegen mijn been, en het ding lijkt te branden van afkeuring.

'Dat, eh... moet ik nakijken.'

Jenny knikt. 'O, en we moeten met Ms Schulz praten. Raar dat ze niet op de bijeenkomst was, toch?'

'Ja. Ik vraag me af waarom niet?'

Al pratend verandert Jenny van baan. 'De regenlaarzenkwestie is wel interessant, niet?'

'Hoe bedoel je?'

'Nou, het lijkt me stug dat hij zijn schoenen uittrok. Dat doen weglopers meestal niet. En zei jij niet dat zijn familie rijk was?'

'Absoluut. Risby's Roasts? Zij zijn zeg maar de Kennedy's van de diepvriesmaaltijden.'

Jenny trekt haar wenkbrauwen op en knikt, alsof ik net haar diepste angsten heb bevestigd. 'Weleens van een tigerkidnapping gehoord?'

'Een wat?'

Ze dempt haar stem, hoewel we alleen in de auto zijn. 'Feitelijk de ergste nachtmerrie van een verzekeringsmaatschappij. Eerst kidnappen ze iemand van wie je houdt, gijzelen hem of haar. Dan dwingen ze je een misdaad te plegen, door je naaste als drukmiddel te gebruiken.'

'Ik snap het niet. Waarom pleeg je de misdaad niet gewoon zelf?'

'Sommige dingen zijn lastig uit te voeren van buitenaf.'

'Zoals?'

Ze haalt haar schouders op. 'Weet ik veel. Nucleaire codes stelen?'

'Denk je dat Alfie werd gekidnapt voor nucleaire codes?'

Ze fronst. 'Nee. Natuurlijk niet. Ik zit gewoon te brainstormen. Maar na dat showtje ben ik er honderd procent zeker van dat de school, dat Ms Ivy iets verbergt. Ik weet alleen niet –'

Haar telefoon begint te zoemen. Ze kijkt naar beneden, waarbij ze haar blik van de weg haalt. We zwalken iets naar links.

'Nee, hè!' Jenny leest het bericht en slaat met haar handen op het stuur. 'Belinda moet weg. Dus ik moet langs huis om de jongens op te pikken.'

'Belinda? Is dat je, eh... partner?'

'Belinda is de nanny,' verzucht ze. 'Kan de jongens moeilijk alleen thuis laten, hè?'

Ik forceer een lachje. 'Natuurlijk niet. Ik dacht alleen dat je misschien... iemand had.'

Ze schudt haar hoofd. 'Nee. Ik vlieg solo. Jongens waren een verjaardagscadeau voor mezelf, op mijn zesendertigste. Vlak nadat ik partner werd van de firma.'

‘O, wauw, dus je bent een stuk ouder dan...’ Ik slik mijn woorden in. ‘Ik bedoel, dus jij bent, zeg maar, ook een alleenstaande moeder.’

Ze zet haar richtingaanwijzer aan en knikt. ‘Ja. Het is wel pittig, hè? Soms vraag ik me af of...’ Haar gedachtegang wordt onderbroken door haar telefoon, die weer zoemt. Geïrriteerd kijkt ze ernaar. ‘Sorry, maar ik zal een beetje gas moeten geven.’

Het huis, legt Jenny uit, is een door het bedrijf gesubsidieerde huurwoning. Ze woont er net, dus ze waarschult alvast voor de ‘rommel’. We stoppen voor een georgiaans herenhuis met drie bovenverdiepingen vlak bij St. Angeles. Ze drukt op een knop op het stuur, waarop het hek naar de oprit automatisch openzwaait.

‘Sodeju, meid. Wat voor advocaat ben je eigenlijk?’

Ze fronst. ‘Dat heb ik je verteld, ik werk voor de zakelijke –’

‘Hou je mond en aanvaard een compliment!’

‘O,’ zegt ze verward. ‘Juist. Bedankt.’

Ze neemt een laatste hijs van haar vape, waarna ze die in het handschoenenvakje mikt en me een strenge blik toewerpt. ‘De jongens weten het niet, oké? Het is mijn enige slechte gewoonte. Ik doe het nooit in hun bijzijn.’

Ik mime dat ik mijn lippen dichtrits. ‘Je geheim is veilig bij mij.’

Verderop in de straat staan tientallen persbusjes met satellietschotels in afwachting van de wake.

‘Wil je in de auto wachten?’ vraagt Jenny. ‘Ik ben zo terug.’

Geen denken aan. Jenny is pas een paar weken in dit land; ze heeft vast nog allerlei fijne Amerikaanse middelen in haar kastjes. Ik zou momenteel een moord doen voor een Xanax.

‘Eigenlijk moet ik heel nodig plassen,’ zeg ik, mijn benen van elkaar halend. ‘Dus als ik even binnen mag komen?’

Binnen is het huis nog smettelozer dan ik verwachtte. Er staan zichtbare stofzuigerstrepen in het lichte tapijt en er is geen verhuisdoos te bekennen.

‘Let niet op al het beige,’ zegt ze met een grimas. ‘Bedrijfsinrichting, je weet wel. Gastenbadkamer is verderop in de gang. Ik ben zo terug.’

Ik kan mijn geluk niet op: ik ben alleen in Jenny’s huis.

De eerste deur die ik open blijkt een soort kleedkamer te zijn. Ik snuif de geur van cederhout en wol diep op. Rondom me zijn rekken vol Celine-kledinghoezen, strak gesneden Joseph-broeken en wollen Row-jassen. Androgyn, zakelijk-chic en alles van absolute topkwaliteit.

Ik vang een glimp van mezelf op in de driedelige passpiegel: mijn oranje pufferjas, glitternaveltruitje en behalange honingblonde extensions. Toen ik deze outfit vanochtend aantrok vond ik het leuk, speels, maar plotseling voel ik me een sletterige trollenpop.

Ik word overvallen door een knagende treurigheid, om redenen die ik niet goed kan uitleggen. Het is niet zozeer jaloezie als wel het besef dat er een heel ander speelveld is, eentje waar ik geen deel van uitmaak.

Vlug trek ik de deur dicht en ik snel naar de badkamer, maar tot mijn teleurstelling is Jenny’s medicijnkastje leeg. Alleen een oranje flesje Lexapro, een tube apothekerszonnebrandcrème en een waterflosser. Balen.

Ik was mijn handen twee keer met haar dure Aesop-zeep en ga dan op de badrand zitten om de *Daily Post* te verversen op mijn telefoon.

IN WETLAND CENTRE GEVONDEN LAARZEN
VERMOEDELIJK VAN VERMISTE JONGEN

25 UUR VERSTREKEN! schreeuwt de rood knipperende klok onderaan.

Het weeë gevoel in mijn maag keert terug.

Wanneer ik de woonkamer binnenkom staat Jenny ongeduldig met haar voet te tikken. Naast haar staan twee donkerharige jongetjes in marineblauwe duffels.

‘Max, Charlie, wat zeggen jullie dan?’ spoort Jenny hen aan.

‘Aangenaam,’ dreunen ze braaf op.

Ik zal eerlijk zijn: ik heb het niet op tweelingen, zeker niet op eeneiige. Daar flip ik van.

'Eh... hé jongens,' hakkel ik. 'Klaar voor de wake?'

Klaar voor de wake? Zei ik dat echt?

Jenny fronst en slingert haar handtas over haar schouder. 'Zullen we dan maar?'

We arriveren bij de schoolpoort op het moment dat de winterzon achter de horizon dreigt te duiken. De tweeling sjokt achter ons aan, mokkend omdat ze van Jenny hun iPads niet mochten meenemen ('Nee, jullie mogen geen *Minecraft* spelen tijdens de wake voor jullie vermiste klasgenoot!')

Het voelt vreemd om erbij te zijn zonder Dylan, en heel even vraag ik me af of het verdacht overkomt, alsof we iets verbergen. Maar het is beter zo. Tenslotte sleep ik de groene tas met Alfies rugzak nog steeds mee. Niet ideaal. Plus, wat als Hope Dylan probeerde te ondervragen waar iedereen bij was? Wat als hij een onhandige, slecht getimede grap maakte en de andere moeders erbovenop sprongen? Nee, hij zit veiliger bij Will. *Uit het oog, uit het hart.*

Voor de schoolpoort darren tientallen mensen rond met zelfgemaakte posters met Alfies gezicht erop. Ms Dobbins is er, ingepakt in een zwangerschapsjas zo groot als een slaapzak en gezeten op een kampeerstoel.

Jenny fluit zachtjes. 'Behoorlijke opkomst,' zegt ze. Achter haar speelt de tweeling een spelletje waarbij ze elkaar keihard op de rug meppen en het dan uitgieren.

'Jongens!' zegt ze op scherpe toon.

De media zijn naar de zijkant gedirigeerd, gescheiden van de wakegangers door een lullig metalen hek dat elk moment lijkt te kunnen wegwaaien. De camera's zijn verwachtingsvol gericht op een houten lessenaar met aan weerszijden grote posters van Alfies recentste schoolfoto. Boven zijn hoofd is het onheilspellende woord VERMIST in rood gedrukt. Bij de aanblik gaan de haartjes op mijn armen rechtovereind staan.

Ik neem de menigte in me op. Het is nu bijna donker en steenkoud. Ik wou dat ik warmere kleren had aangetrokken.

Jenny stoot me aan. 'Kijk,' zegt ze, naar de schoolpoort wijzend.

Ik volg haar blik. Achter de poort staan twee vrouwenfiguren bij de fietsenrekken, zo te zien verwikkeld in een verhit gesprek. Een van hen is onmiskenbaar Ms Schulz. Die praktische bruine schoenen herken ik uit duizenden. De ander staat met haar rug naar ons toe verwoed met haar handen te gebaren.

Mijn ogen verwijden zich. 'Kom op, laten we proberen dichterbij te komen.'

'Jongens!' blaft Jenny, gebarend naar de tweeling dat ze haar moeten volgen.

Gevieren wurmen we ons door de meute tot we op een kluitje tegen de schoolmuur staan, op de plek waar het metselwerk overgaat in de ijzeren poort.

De figuur draait zich om. Het is Nicola Ivy. Ze is witheet en priemt een lange, in leren handschoen gestoken vinger in Ms Schulz' gezicht.

'Ik kan nog steeds niks horen,' fluister ik, mijn oren gespitst om een flard van hun gesprek op te vangen. Voor we dichterbij kunnen komen voel ik iets op mijn schouder. Wanneer ik me omdraai staat daar Hope Grüber, grijnzend.

'Daar ben je!' kraait ze, alsof ze me na uren verstoppertje spelen eindelijk heeft gevonden. 'Maar waar is Dylan?' vervolgt ze zogenaamd bezorgd.

Ik slik en probeer relaxed over te komen. 'Bij zijn vader. In Hertfordshire.'

'Nou, in dat geval.' Hope kijkt Jenny aan. 'Ik zou er niet over piekeren om een andere moeder van een meerling te vragen – ik weet dat je je handen vol hebt vanavond – maar ik hoopte dat Florence ons een handje zou kunnen helpen bij de kaarsentafel. Is dat goed?'

Jenny fronst. 'Waarom vraag je het haar zelf niet?'

Hope dendert door, nog steeds tegen Jenny. 'Helaas komen we vanavond een moeder tekort. Farzanah, of "dokter Khan", moet ik zeggen, werd namelijk opgeroepen. Een of ander dermatologisch spoedgeval, als je het mag geloven.' Ze slaat haar armen over elkaar om eindelijk mij aan te spreken. 'Het punt is dat de andere moeders echt bij hun kinderen moeten zijn vanavond. Dat begrijp je toch wel?'

Voor ik iets kan zeggen klemt ze een perfect gemanicuurde hand om mijn schouder en begint me voort te duwen naar een houten klaptafel, waarbij mijn plastic tas tegen mijn kuiten slaat. Allegra Armstrong-Johnson zit achter de tafel plastic ledkaarsen in keurige rijtjes neer te zetten. Haar bruine haar zit in een strakke knot en haar voorhoofd is gerimpeld in concentratie terwijl ze zachtjes telt.

'O, hallo, Florence,' zegt ze, stomverbaasd. 'Ik geloof dat ik alle batterijen er nu wel in heb.' Ze leunt achterover op haar stoel. 'Geen Dylan vanavond?'

'Bij zijn vader.'

Ik zet de tas onder de tafel en plof op de klapstoel naast haar. Fucking Hope. Ze verpest alles. 'Hoor jij niet op je paardenfokkerij te zijn?'

Allegra fronst. 'Paardenfokkerij? O, je bedoelt de Norfolk-stallen.' Ze schudt haar hoofd. 'Geen denken aan! Niet wanneer Cleo... Je weet dat we al vanaf ons elfde vriendinnen zijn? Je denkt nooit...' Haar stem sterft weg, in haar ogen wellen tranen op. 'Deze hele situatie, het is gewoon verschrikkelijk.'

Ik hum instemmend terwijl ik de menigte afspeur naar Ms Ivy, of Jenny en de tweeling, maar iedereen is samengedromd tot één massa onherkenbare lichamen, allemaal ingepakt in dikke jassen en mutsen en sjaals.

Allegra schraapt haar keel. 'Ik zei eerder tegen Ms Ivy, misschien vinden sommige jongens het fijn om naar Norfolk te komen voor wat paardentherapie? Het is ongelooflijk wat een paar uur met een paard kan doen. Zou het iets voor Dylan zijn?'

Ik krimp ineen. Het is een strikvraag, zeker weten. 'Ik, eh –'

Voordat ik een smoes kan bedenken verschijnt Hope weer. 'Het is tijd! Staan de kaarsen klaar?' blaft ze. 'We gaan zo beginnen.'

Bij de tafel vormt zich een rij ouders, en Allegra is druk bezig de waar uit te delen. Achterovergeleund op mijn stoel knip ik een plastic kaars aan en uit tot de batterij leeg is.

Eindelijk, na wat een eeuwigheid lijkt, begint de wake. Hope loopt naar de microfoon, en er daalt een afwachtende stilte over de menigte neer.

'Goedenavond,' zegt Hope met licht trillende stem. 'Ik ben hier vanavond niet alleen als jullie oudercommissievoorzitter, maar ook als hartsvriendin van Cleo Risby.'

'Mocht ze willen,' prevel ik, en vanuit mijn ooghoeken zie ik Allegra haar lachen inhouden. Hm. Misschien heb ik haar verkeerd ingeschat. Misschien heeft ze toch gevoel voor humor.

Vooraan wauwelt Hope verder. 'Alfie Risby is een geliefd lid van de St. Angeles-gemeenschap. Iedereen die hem kent, zal zeggen: Alfie heeft iets bijzonders.' Ze laat een stilte vallen zodat wij kunnen applaudisseren voor haar diepgevoelde medeleven. 'Blauw is Alfies lievelingskleur. Sluit je aan bij de St. Angeles-familie door blauw te dragen totdat Alfie veilig en wel thuis is.'

De zon is nu helemaal verdwenen. In het donker dwalen mijn gedachten af naar Dylan. Wat is hij nu aan het doen bij Will en Rose? Mist hij me? Is hij bang?

Hope is eindelijk uitgesproken. Een koor van St. Angeles' zusterschool, Lady Margaret's, schuifelt naar voren en begint aan een a capellaversie van 'Amazing Grace', hun sopraanstemmetjes ijl in de koude avondlucht.

'I once was lost but now am found.'

Ik moet toegeven: de tekst komt anders binnen als er een kind vermist wordt. Het effect is spookachtig en merkwaardig ontroerend. Ik bijt op mijn lip, vastbesloten niet in het openbaar te huilen.

Het tweede couplet wordt ruw verstoord door het geluid van piepende banden. Een geblindeerde luxesedan komt de straat in scheuren, alsof het GEEN DOORGAAND VERKEER-bord niet bestaat. Het portier zwaait open en de menigte wijkt uiteen als de Rode Zee. Er stappen vier mensen uit: eerst een lijfwacht, dan een veertiger, type advocaat, en ten slotte Alfies ouders.

Zodra Rollo en Cleo zich een weg banen naar het podium begint de menigte te applaudisseren. Eerst zachtjes, dan luider, een daverende steunbetuiging. Aan de andere kant van de persafzetting beginnen honderden cameralenzen te snorren, inzoomend voor het gouden shot: de radeloze ouders van de vermiste jongen, die een dringend beroep doen op het publiek.

De advocaat tikt tegen de microfoon. 'De familie wil graag wat zeggen.'

Rollo Risby betreedt het podium als eerste. Mijn maag maakt een achterwaartse salto.

Hij lijkt totaal niet op de man die ik een dreun gaf op het kerstfeest; zijn gezicht staat strak en levenloos, verteerd door verdriet.

Cleo ziet er nog slechter uit. Haar blonde haar is in één nacht wit geworden, een pluizige, etherische halo rond haar gekwelde gezicht. Rollo slaat de advocaat op zijn schouder om hem te bedanken. Dan draait hij zich om naar de menigte, de lessenaar met beide handen vastgrijpend.

'Wat er gisteren is gebeurd, is de ergste nachtmerrie van elke ouder. Mijn enige zoon, verdwenen.' Hij stopt en haalt een vel aantekeningen uit zijn zak. 'Als u informatie hebt, hoe onbeduidend ook, meld u dan alstublieft. We hebben een tiplijn opgezet die de klok rond wordt bemand door vrijwilligers. U kunt erop vertrouwen dat uw telefoontje volledig anoniem kan blijven.' Rollo zwijgt even om zijn emoties de baas te worden. 'Alfie, maatje. We zullen niet rusten totdat we je hebben gevonden.'

Er barst een donderend applaus los. De camera's klikken. Rollo veegt een traan uit zijn oog.

Dan schuifelt Cleo naar de microfoon. Ze was altijd al dun, maar vanavond lijkt ze echt vel over been, met die jas die van haar bonkige schouders hangt, alsof elk onsje reserve tegelijk met haar zoon is verdwenen.

'Goedenavond,' piept ze. Met een onderzoekende blik kijkt ze naar de zee van gezichten, alsof haar zoon schuil kan gaan in de menigte.

'Alfie,' begint ze, en haar stem breekt. De advocaat stapt naar voren om een hand op haar arm te leggen.

'Het is oké,' zegt hij. 'Dit is zwaar.'

'Nee,' brengt Cleo uit. 'Ik moet het zeggen.'

Ze schraapt haar keel. 'Als je hem hebt,' zegt ze, haar gezicht verwrongen van angst, 'breng hem dan terug. Ik ben tot alles bereid. Alles.' Ze richt zich tot de camera's. 'Hebben jullie dat op beeld? Alles. Als dit om geld gaat, noem je prijs.'

Rollo zet een snelle stap naar haar toe in een poging in te grijpen, maar ze schudt ook hem af.

'Breng hem terug.' Het geluid dat erop volgt is het ergste wat ik ooit heb gehoord: een lage, gepijnigde jammerkreet, als een stervend dier. Cleo stort in op de lessenaar, die onder haar kantelt en tegen de grond klapt. Rollo schiet haar te hulp en de camera's klikken erop los, terend op haar rauwe verdriet.

Ik ben geen groot Cleo Risby-sympathisant, maar het is te veel. Te echt. Hete tranen prikken in mijn ogen. Ik schuif mijn stoel naar achteren en spring overeind, waarbij ik bijna de tas vergeet.

'Waar ga je heen?' roept Allegra uit. 'We moeten de kaarsen na afloop verzamelen.'

Ik grijp de tas en storm langs haar zonder te antwoorden, weg van de school en het gezoem van satellietwagens. Cleo's wanhopige smeekbede galmt na in mijn hoofd: *Ik ben tot alles bereid. Alles.* Ik weet precies hoe ze zich voelt.

Ik ga rechtsaf, dan linksaf, dan weer rechtsaf. Dode bladeren knisperen onder mijn schoenen wanneer ik de hoek om ga. Het is ongewoon stil op straat. Elk huis waar ik langs kom heeft de luiken dicht. Linhs stem echoot door mijn hoofd. *De Strangler wordt brutaler.* In de verte knalt een uitlaat, en ik schrik me wild.

Wanneer ik eindelijk opkijk ben ik in een soort plantsoen, verlicht door de flauwe gloed van straatlantaarns. Ik hoor nog steeds het geluid van Cleo's gesnik. En het wordt luider. *Ben ik aan het hallucineren?* Nu hoor ik het gehuil overal om me heen. Wat ís dit?

Ik draai in de rondte om de bron te achterhalen. Mijn blik blijft hangen op een in elkaar gedoken figuur op een bankje. Haar gezicht gaat schuil achter een grote witte zakdoek, maar de grijze krulletjes komen me bekend voor.

'Ms Schulz?'

Ze schrikt van mijn stem.

Ik doe een stap dichterbij. 'Ik ben het, Florence. Dylans moeder.'

Ms Schulz tuurt in mijn richting en fronst. 'Ach, ja. Juist. De schildpadjong–' Ze slikt de rest in. 'Ja, ik weet wie je bent.'

'Gaat het?' vraag ik vriendelijk.

'Ik moet terug,' zegt ze, maar ze verroert zich niet. In de verte loeit een sirene, die het geluid van een overvliegende helikopter even overstemt.

Ik ga naast haar zitten. Het bankje is hard en vochtig. Een rare plek om te gaan zitten snotteren.

'Waarom huilt u?'

Ms Schulz kijkt naar me op. 'Ik ken de familie Risby al vijftig jaar. Een halve eeuw. Dat geloof je toch niet?' Ze tuurt over haar uilenbril naar me, alsof ze me nu pas ziet. 'Wat doe jij hier? Waarom ben je niet bij de wake, met de andere moeders?'

Ik aarzel. Ik kan het net zo goed eerlijk zeggen. 'Cleo's toespraak. Het was gewoon... te veel.'

Ms Schulz' ogen verwijden zich. Ik kan de radertjes in haar hoofd zien draaien. 'Wacht eens even. Ben jij niet degene die het aanlegde met Rollo op het HFG een paar jaar terug?' Haar ogen schieten taxerend over me heen. 'Je bent absoluut zijn type, niet dan? Ja, dat levert een vrij pijnlijke situatie op, stel ik me zo voor.'

Ik loop rood aan. 'Zo was het helemaal niet. Wie heeft u dat verteld?'

'O, je zou ervan opkijken hoeveel een oud besje als ik opvangt.' Ze kijkt over haar schouder. 'Ik moet nu echt terug. Nicola zal me wel zoeken.' Ze staat op en strijkt haar jas glad. 'Ze heeft wellicht iemand nodig om haar handtas te dragen.'

Het sarcasme verrast me. Wie had gedacht dat ze het in zich had?

'Ik zag haar tegen u schreeuwen.'

'Tja, nou, het is een zware tijd. Zeker voor een ambitieuze nieuwe directeur die net de voornaamste leerling van de school is kwijtgeraakt.'

'Weet u, Jenny en ik, we proberen uit te zoeken wat er is gebeurd. Met Alfie.'

Ms Schulz rimpelt haar neus. 'Wat, als detéctives? O, jullie Amerikanen. Jullie denken altijd alles op te kunnen lossen.'

'Misschien kunt u ons helpen. U weet meer dan wie dan ook van deze school,' voeg ik er haastig aan toe. 'Ik weet niet eens zeker of Ms Ivy alle kinderen bij naam kent.'

Ms Schulz propt haar zakdoek in haar jaszak en zucht. 'Nou, daar heb je geen ongelijk in.'

'Zal ik met u teruglopen naar de wake? Dan kunt u me vertellen wat u over de Risby's weet.'

Ms Schulz maakt een afkeurend geluid. 'Beter van niet, lieverd.'

Mijn schouders zakken. Natuurlijk gaat het niet zo gemakkelijk. Ik pieker me suf over iets waarmee ik haar kan verleiden. Waar houden Britse bejaarden van?

'Thee dan?' Het is eruit voor ik er erg in heb.

Ms Schulz weifelt. Weer kan ik de radertjes in haar hoofd bijna horen draaien. 'Thee?'

'Ja. *Afternoon tea. High tea.* Hoe jullie het ook noemen. Waar u maar wilt.'

'Welnu,' zegt ze, haar lippen tuitend alsof ze de scones al kan proeven. 'Ik ben inderdaad dol op een goede *cream tea*. En The Ritz serveert een waar feestmaal.'

'Afgesproken,' zeg ik snel, voor ze zich kan bedenken. 'Morgen om één uur?'

'Eén uur? Voor afternoon tea?' Ze lacht, een scherp, krassend geluid als krijt op een schoolbord. 'O lieve hemel, nee. Een echte afternoon tea wordt geserveerd om vier uur.'

'Goed. Vier uur. Dan zien we u daar.'

'Wel reserveren, hoor, schat,' roept ze over haar schouder. 'The Ritz zit altijd vol in het weekend.'

Ik kom terug in een stil huis. Adam moet de deur uit zijn, zijn afgeragde witte VW Polo staat niet in de straat. Hij heeft een briefje op mijn deur geplakt: *Leidingen zouden ontstopt moeten zijn, maar spoel niets anders door de gootsteen dan water.*

Ik prop de plastic tas met Alfies rugzak onder de gootsteen. Het is niet ideaal, maar ik bedenk morgen wel iets beters, als ik heb geslapen. Ik plof op de bank en app Jenny het goede nieuws over Ms Schulz. Ik verwacht dat ze me complimenteert, of op zijn minst enthousiast is, maar in plaats daarvan lijkt ze achterdochtig.

Ms Schulz? De adjunct-directeur? Waarom zou zij met ons praten?

Haar reactie irriteert me. Ik schiet meteen in de verdediging. *Waarom is niets wat ik doe ooit goed genoeg voor een ander?*

Weet ik het. Misschien zit ze in haar maag met de hele toestand? Hoe dan ook, het is een begin.

Ik zet de tv aan, hunkerend naar wat afleiding. Het huis voelt leeg zonder Dylan. Ik vraag me af of het te laat is om te bellen. Rose is streng wat bedtijd betreft. Maar wat zou dat? Ik ben zijn moeder.

Dylan neemt na twee keer overgaan op. 'Hé, mam.'

Het geluid van zijn stem vertedert me. Wat ik me ook heb ingebeeld, wat ik me ook in het hoofd heb gehaald, dit is het niet.

'Hé, schat. Hoe gaat het?'

'Wel oké.'

Niet de grootste prater, mijn zoon. Ik zie hem voor me, zijn rossige haar om zijn wijsvinger draaiend en voor zich uit starend.

'Hoe gaat het? Kun je een beetje opschieten met Dee en Andi?'

'Hmhm.'

'Ik was vanavond bij een wake voor Alfie.'

Hij kreunt.

'Schat, even over Alfie, ik –'

Dylan zucht hartgrondig. 'Ik heb je al verteld dat ik niet weet wat er met hem is gebeurd.'

'Weet ik, schat. Ik dacht alleen –'

'Je gelooft me niet, hè?'

'Dylan! Natuurlijk geloof ik je. En ik zal alles doen om je te helpen. Alles. Je moet me alleen vertellen –'

'Heb je Greta gevoerd?'

Fúck. Het blik krekels flitst in mijn hoofd op, ongeopend in Dylans kamer.

'Ja,' lieg ik. 'Tuurlijk. Het gaat prima met haar. Ze mist je. Net als ik.' Ik kan hem horen ademen, afwegend of hij me moet geloven.

'Ké. Vergeet haar alleen niet te voeren. Ze gaat binnenkort in winterslaap.'

'Dat heb ik gehoord, ja.'

'Huh?'

'Van Mr Foster.'

'Je hebt Mr Foster gesproken?'

'Ja, hij gaf me –'

Wills stem komt tussenbeide. 'Bedtijd, maatje.'

Dit is het. Het is nu of nooit. Ik heb de woorden de afgelopen vierentwintig uur keer op keer in mezelf herhaald. *Wat deed Alfies rugzak onder jouw bed?* Maar nu ik de kans heb, ben ik te bang voor het antwoord. Dylan ermee confronteren zal alles zo definitief maken. Zo onherroepelijk. Als ik het hem niet vraag is er nog hoop. Dan kan er nog steeds een volstrekt redelijke, onschuldige verklaring voor zijn.

Dus vraag ik het niet. In plaats daarvan zeg ik: 'Ik mis je, schat.'

'Ik jou ook, mam. Moet nu naar bed. En serieus, vergeet Greta niet te voeren.'

'Komt voor elkaar.'

Dylan hangt als eerste op.

17

Shepherd's Bush

ZONDAG, 9.00 UUR

HET GERINKEL BEGINT KLOKSLAG 9.00 UUR. IK LIG NOG MET mijn gezicht op mijn zijden kussen, zo een die kreukels en vouwen in je gezicht hoort te voorkomen. Gedurende een kort, zalig moment ben ik bij bewustzijn maar nog niet volledig bij kennis, onbewust van het horrorlandschap van de afgelopen achtenveertig uur. Maar bij het aanhoudende gerinkel van mijn telefoon komt het allemaal keihard terug. Dylan. Alfie. De rugzak.

Ik druk het koude scherm tegen mijn hoofd. 'Ik slaap nog,' lieg ik, maar daar maalt Jenny niet om.

'In de kleren,' blaft ze. Op de achtergrond klinkt gedempt geschreeuw. Het geluid van een rap ontsporend familieontbijt. 'Nee, Max! Er wordt niet geslagen.'

Ik trek mijn groensatijnen oogmasker af en wrijf in mijn ogen. Er zit nog zoveel aangekoekte mascara op mijn wimpers dat het aanvoelt als het masseren van een tarantula. Ik heb heel slecht geslapen. Elke keer dat ik wegdommelde schrok ik wakker van een beeld van Dylan in een oranje overalletje.

Ik schraap mijn keel. 'Ik voel me niet zo –'

'Sta op. Ik ben al onderweg,' zegt Jenny, mijn protesten afkappend.

Twintig minuten later staat Jenny voor de deur gekleed in een sportoutfit, met een hoge staart en een oranje hardloopshort fel genoeg om zowel tegemoetkomend verkeer als potentiële nafluiters af te schrikken. Ontdaan van haar professionele pantser oogt ze kleiner, kwetsbaarder. Ik zie haar zo voor me twintig jaar geleden, een bloedfanatieke rechtenstudent met opgestoken hand die het groepsproject leidt met een neongele markeerstift.

'Ben je wezen rennen of zo?'

'Een snel rondje. Vijfentwintig komma twee kilometer.'

'Ieuw.' Ik heb dat hele hardlopen nooit begrepen; het lijkt zo geestdodend saai. 'Heb je een midlifecrisis? Moet ik me zorgen maken?'

Jenny grijnst. 'Je zou het eens moeten proberen. Endorfine is goed voor je.'

'Misschien zou jij eens een wip moeten proberen.'

'Een wip? Wat ben je, een corpsbal?' Ze gaat aan mijn keukentafel zitten en kijkt me afwachtend aan.

'O, sorry, eh... wil je water?' Het is jaren geleden dat ik bezoek had, afgezien van Brooke en Adam; ik ben al die kleine beleefdheden vergeten. Ik haast me naar het aanrecht, in de hoop dat de kraan het weer doet.

'Oké,' zegt Jenny, voorovergebogen op haar stoel als een kind met een geheimpje. 'Ik heb goed nieuws en beter nieuws. Wat wil je eerst?'

'Het goede nieuws dan maar.'

Ze staat op en houdt een zware canvas tas van Daunt Books in mijn richting. 'Het goede nieuws is dat ik iets voor je heb.'

Ik tuur in de tas. *Surveillancetechnieken voor dummies. MI6 spionagetechniek voor burgers. Praktische gids voor undercoverwerk.*

'Geef je me huiswerk?'

'Wat? Nee. Ik verwacht niet dat je alles leest. Ik heb de belangrijkste gedeelten gemarkeerd. Er geldt een kleurencode, dus groen is "essentieel"...'

Mijn gezicht begint te gloeien van gêne. Ik ben niet iemand die voor haar plezier leest – niet wanneer je YouTube hebt en Hayu en honderdtachtig kanalen met inspirerende interieurprogramma's.

'Wauw. Maak je van álles wat je doet een onderzoeksrapport?'

Ze slaat haar armen over elkaar. 'Ik vind het leuk om dingen grondig aan te pakken.'

'We hebben geen tijd voor deze... boekenwurmflauwekul.' Ik duw de tas terug naar haar. 'Dit is de echte wereld, oké? We hebben niks aan theorieen en casestudy's. Intuïtie, mensenkennis, sociale vaardigheden – daar gaat het om.'

Jenny fronst. 'Van een beetje kennis is nooit iemand slechter geworden.' Ze zet de tas op een lege stoel. 'Ik laat hem hier, voor het geval je je bedenkt. Wil je nog weten wat het betere nieuws is?'

Ik zucht. 'Je hebt een bibliotheekpas voor me?'

'Mis. Een adres. Van Mr Papasizi.'

'Wie?'

'De conciërge. Weet je nog? Degene die Hopes racistische oude man verdacht probeerde te maken op de bijeenkomst gisteren? Waarschijnlijk is het niks, maar we moeten ergens beginnen. Hij woont in Camden, dus we kunnen langsgaan vóór onze afspraak met Ms Schulz in The Ritz vanmiddag.'

'Langsgaan om wat te doen?'

'Hem spreken, suffie. Zijn kant van het verhaal horen.' Ze stopt en tuurt naar mijn satijnen pyjama. 'Waarom ben je nog niet aangekleed?'

Camden op zondagochtend lijkt op een hedonistisch oorlogsgebied. De stoep is bezaaid met kapotte flessen, kwakken kots en pissporen.

Mr Papasizi woont op de eerste verdieping van een grauwe flat, in een deel van de wijk waar overjarige punkers en Oost-Europese bouwvakkers een stroef vredesbestand hebben gesloten met biologische producten kopende zillennials.

Jenny heeft haar hardloopoutfit verruild voor een losjes vallende zwarte jurk en een marineblauwe blazer, alsof ze zo een ingelaste directievergadering moet voorzitten.

Tijdens de rit erheen dreunt ze Mariu Papasizi's cv op. Hij is achter in de veertig. Geëmigreerd uit Roemenië. Geen strafblad. Werkte in de bouw, kreeg rugklachten, werd vrachtwagenchaffeur en daarna conciërge. Het is goede info, maar ik vind het maar eng, het gemak waarmee ze elk detail van 's mans leven wist te achterhalen.

'Ho even, mogen advocaten dat zomaar doen? Is er een centrale database of zo?'

Jenny haalt haar schouders op. 'Er is een researchafdeling. Maar de assistenten handelen dat soort dingen af. Ik weet niet precies hoe het tegenwoordig in zijn werk gaat. Als iemand ernaar vraagt, hebben we het gewoon via Google gevonden, oké?'

Ik knik. Het klinkt als een andere wereld. Assistenten. Researchafdelingen. Mensen van wie hun hele baan draait om jouw leven makkelijk maken.

Jenny slaat haar ogen op, door de voorruit wijzend naar een smerig betonnen gebouw. 'Maar goed, we zijn er. Ziet eruit als de plek waar de hoop zich terugtrekt om te sterven.'

Ik schokschouder. Ik vind het wel meevallen. De architectuur doet me denken aan een goedkoop motel in Florida, met galerijen die de woningen verbinden en deuren die uitkijken op een groot parkeerterrein in het midden. In feite verschilt het niet zoveel van het appartementengebouw waar ik ben opgegroeid.

Jenny schraapt haar keel. Ze lijkt echt zin te hebben in deze klus. 'Dus, denk aan het plan, ja? We moeten erachter komen of hij vrijdag iets verdachts of ongewoons zag. Maar eerst proberen we een goede verstandhouding met hem op te bouwen. Dan, zodra hij zich op zijn gemak voelt, vragen we naar Alfie.'

Ik klik mijn gordel los. 'Heb een beetje vertrouwen in me. Als er één ding is waar ik goed in ben, is het praten met oude kerels.'

Ze fronst. 'Hou het wel professioneel, oké?'

Ik gooi het portier open. 'Kom op. Laten we Alfie Risby gaan opsporen.'

Mr Papasizi opent zijn voordeur van top tot teen in Tottenham-tenue gehuld. Hij heeft steil donker haar dat in zijn ogen hangt en een gezicht dat nooit is gescrubd.

'Ja?' zegt hij op zijn hoede. Op de achtergrond schettert vanuit een tv iets sportgerelateerds.

Jenny glimlacht. 'Hallo. Ik ben Jenny. Dit is Florence.'

Hij geeft ons een vermoeide blik. 'Ja?'

'We willen u graag spreken. Over Alfie Risby.' Jenny verplaatst haar gewicht. Dit is duidelijk niet de ontvangst waar ze op rekende.

Zijn rode gezicht trekt wit weg. 'Ik heb al met de politie gesproken –'

'We zijn geen agenten,' kom ik tussenbeide, knipperend met mijn wimpers en hem mijn beste podiumlach gevend. 'We zijn. St. Angeles-moeders.'

Hij staart ons even aan, alsof hij probeert te bepalen of het gevaarlijker is om ons binnen te laten of nee te verkopen.

Eindelijk knikt hij. 'Oké. Kom binnen.'

De woning is klein maar netjes. We gaan in de woonkamer zitten. Mr Papasizi in een bruine leunstoel, Jenny en ik op een kleine leren bank. De tv staat aan. Mannen in korte broeken smijten elkaar door een worstelring.

'Het is bijna afgelopen,' zegt hij, bijna verontschuldigend. Hij spreekt met een licht accent en de korte, afgemeten dictie van iemand die zijn best doet om geen fouten te maken.

'Natuurlijk,' kir ik. 'Laat maar aanstaan, hoor. Wij wachten wel.'

'Iets fris?'

'Voor ons niet,' antwoordt Jenny, net wanneer ik zeg: 'Een colaatje zou lekker zijn. Of een Red Bull als u dat heeft.'

Jenny en ik zitten er wat opgelaten bij terwijl het gevecht doorgaat. Zodra de wedstrijd wordt onderbroken voor reclame, zet Mr Papasizi het geluid uit en verdwijnt naar de keuken. Hij komt terug met een blikje huismerk energiedrank. Ik trek het open en neem een slok. Niet gek.

'En?' zegt hij, ons afwachtend aankijkend.

Ik schraap mijn keel. 'We vroegen ons af of u vrijdag misschien iets... verdachts is opgevallen? Iets ongewoons?'

Mr Papasizi staat meteen op scherp. 'Altijd de buitenlander, hm?'

Mijn gezicht loopt rood aan. 'Wat? O nee, dat is niet wat ik... nee. Wij zijn trouwens ook buitenlanders. Amerikanen. Maar goed, we willen alleen de waarheid achterhalen. Omwille van Alfie.'

'Ik heb al met de politie gesproken. Vier uur lang. Zonder iets te drinken, zonder pauze.' Hij haalt zijn schouders op. 'Ik heb niets te verbergen.'

Ik werp een blik op Jenny, in de hoop dat zij tussenbeide komt en dit rechtbreit.

'Sir,' zegt ze, haar stem ferm en beheerst. 'U zit niet in de problemen, oké? We beschuldigen u nergens van. We proberen alleen meer informatie te krijgen over wat er is gebeurd.'

Hij snuift. 'Niet in de problemen? Hoe kunt u dit zeggen? Bent u de politie? Bent u mijn advocaat?'

Jenny schraapt haar keel. 'Toevallig ben ik zelf advocaat.'

Ik werp haar een blik toe. *Niet handig!*

Mr Papasizi zet grote ogen op. 'U zei dat u moeder was!'

Jenny begint terug te krabbelen. 'Sir, ik ben hier niet in een officiële hoedanigheid. Alstublieft. We proberen alleen wat informatie te verzamelen.'

Mr Papasizi negeert haar en kijkt mij aan. 'En u? Ook advocaat?'

Ik trek mijn neus op. 'Absoluut niet. Ik heb net aan de middelbare school afgemaakt. Vertrouw advocaten niet. Behalve Jenny. Zij is oké.'

Hij leunt achterover in zijn stoel en lijkt hierover na te denken.

Jenny staat op en begint te ijsberen. 'Alstublieft. U moet toch iets gezien hebben?'

Mr Papasizi maakt zijn blik los van de tv en schudt zijn hoofd. 'Wat ik heb gezien? Ik heb gezien hoe ze leraren behandelen op die school. En ik? Ik ben de onderhoudsman maar. Nog zeven jaar tot mijn pensioen. Begrijpt u?'

Jenny haakt erop in. 'Hoe bedoelt u: "hoe ze leraren behandelen"?' Haar toon is scherp, alsof ze een onwillige getuige aan een kruisverhoor onderwerpt. Ik werp haar een smekende blik toe, maar dat lijkt ze niet te merken.

Ik glimlach meelevend naar Mr Papasizi. 'Misschien kunt u ons uitleggen wat u bedoelt?' vraag ik zo vriendelijk mogelijk.

Maar Mr Papasizi klapt dicht. De wedstrijd gaat verder en hij zet het geluid weer aan.

Bij het volgende reclameblok staat hij op en haalt een ingelijste foto van de boekenplank, die hij naar ons ophoudt. Het is een jong meisje, begin twintig, met donker haar en een baret op.

'Mijn dochter,' zegt hij trots. 'Elena. Net afgestudeerd. In Sheffield.'

'Gefeliciteerd,' zeg ik.

Hij straalt. 'Zij hoeft niet de rommel op te dweilen achter die verwende snotapen –' Hij onderbreekt zichzelf zodra hij zich realiseert dat de verwende snotapen dus wel onze kinderen zijn. 'Eh, sorry.'

'Ik snap het,' zeg ik luchtig. 'Mijn moeder was serveerster. Mensen kunnen hufterig zijn.'

Jenny kijkt me verbluft aan, maar mijn blik blijft strak gericht op Mr Papasizi. 'We willen allemaal dat onze kinderen het beter krijgen,' voeg ik eraan toe.

Met een knikje zet Mr Papasizi het geluid weer aan. Gedrieën kijken we naar mannen in strakke broekjes die elkaar tegen het canvas smijten tot een van hen drie keer op de vloer tikt. Bij het volgende reclameblok zeg ik tegen Jenny: 'Weet je, volgens mij heb ik mijn telefoon in de auto laten liggen. Wil jij hem even halen?'

'Waarom doe je dat zelf –'

Ik trek mijn wenkbrauwen op. 'Het lijkt me beter als jij het doet,' mompel ik, naar de deur kijkend.

'Goed. Maar bespreek in de tussentijd niets belangrijks.'

Zodra de deur dichtgaat wend ik me tot Mr Papasizi. 'Hoor eens, we laten u zo met rust, zodat u de rest van het gevecht kunt kijken. Maar nog één ding voor we gaan. Wat vindt u van Helen Schulz?'

'Helen?'

'Ja. Adjunct-directeur. Grijs haar, gebogen schouders, werkt er al duizend jaar. Hoe zit het met haar?'

Het blijft zo stil dat ik denk dat hij de vraag niet heeft begrepen. Dan, eindelijk, kijkt hij op.

'Kent u Mr Sexton?'

Ik ga rechtop zitten. 'Ja. Die werd ontslagen omdat hij aan een kind had gezeten, paar jaar terug. Daar heeft iedereen van gehoord.'

'Vraag het Helen,' zegt hij zonder zijn blik los te maken van de tv. 'Zij weet het.'

'Wat?'

Hij pakt de afstandsbediening om het geluid uit te zetten, waarna hij zich naar me omdraait. Op het scherm danst een bebloede man door de ring, pompend met zijn vuist. Zijn tegenstander is voor gaas gegaan op de mat. Het publiek wordt gek.

'Wat bedoelt u met "zij weet het"? Wat weet ze?'

Net wanneer hij zijn mond opent, knalt de voordeur open.

Jenny komt binnen, triomfantelijk zwaaiend met mijn telefoon. 'Gevonden!' jubelt ze, en ze blijft pal voor de tv staan.

Fronsend zet Mr Papasizi het geluid weer aan. De wedstrijd komt brullend weer tot leven. Hij heft zijn kin op naar Jenny. 'Laat de advocaat het maar uitzoeken.'

Terug in de auto kijkt Jenny me verwachtingsvol aan. 'En? Wat ben je te weten gekomen?'

'O, eh...' Ik had verwacht dat ze nijdig zou zijn omdat ik haar uitsloot van het gesprek, maar het lijkt haar totaal niet te storen. 'Hij zei dat we met Helen moesten praten. Iets over die leraar die een paar jaar terug werd ontslagen omdat hij aan een kind had gezeten.'

Jenny knikt. 'Oké. Dat komt goed uit, aangezien we over een paar uur met Ms Schulz hebben afgesproken.' Ze graait in het handschoenenvakje, haalt er een pakje Big Red uit en biedt mij er een aan. 'Goed gedaan, trouwens. Tegen mij ging hij duidelijk niks loslaten.'

'O. Eh, dank je.'

Ze kijkt op haar horloge. 'We hebben nog een paar uur te doden. Zin in een brunch?'

'Brunch?' Ik kan me niet heugen wanneer ik voor het laatst heb gebruncht. Brunchen is voor andere mensen. Mensen die babyshowers geven en samen vakantie vieren in een villa en in chatgroepen zitten met hun twintig beste vriendinnen.

'Ja hoor,' zeg ik, mijn twijfels inslikkend. 'Klinkt goed.'

Jenny glimlacht. 'Mooi zo. Ik had voor de zekerheid al een tafel gereserveerd. Er is een Libanees tentje waar ik graag eens heen wilde. De jongens moeten niets hebben van dat soort dingen, en het is geen doen om een reservering voor één persoon te krijgen, weet je.'

Drie uur later, nadat Jenny veel te veel schalen shakshuka en gekruide labneh en omelet met baba ganoush voor ons heeft besteld, begeven we ons naar The Ritz voor thee met Ms Schulz.

Een schare portiers met hoge hoed staat opgesteld bij de ingang van het pand om auto's met chauffeur te verwelkomen en hun bejaarde passagiers erin of eruit te helpen.

Chique hotels hebben me altijd geïntimideerd. Eén keer, nadat Girls' Night haar tweede platencontract had getekend, hadden Rose, Lacey, Imani en ik geprobeerd het te vieren met een drankje in de Mandarin Bar. We kwamen niet verder dan de lobby. De portier had één blik op ons geworpen – we waren gekleed in onze mooiste netpanty's en vinyl minirokken – en ons laten weten dat de bar 'gesloten was voor een privé-evenement'.

Zo niet vandaag. Vandaag haast een portier met hoge hoed zich om de rijk bewerkte houten deur voor Jenny en mij te openen. De geuren van oranjebloesem en jasmijn slaan me in het gezicht.

'Welkom in The Ritz,' zegt hij met een buiginkje.

The Ritz' theesalon is een vergulde symfonie van brokaatbehang en Wedgwood-porselein. In de hoek zit nota bene iemand harp te spelen.

Jenny rolt met haar ogen. 'God, wat een oubollige tent. Het lijkt wel ontworpen door Liberace om toeristen uit de Midwest en oude mensen te imponeren.'

Een gastheer in een wit smokingjasje zoekt met een hoop poeha onze reservering op in een in leer gebonden boek.

'Volgt u mij maar,' zegt hij. 'Ik geloof dat uw gezelschap er al is.'

De ruimte zit vol paarsharige oude dames met knoeperds van diamanten ringen en draagtassen van dure merken, maar ik spot Ms Schulz meteen. Ze heeft zich opgedoft voor de gelegenheid: ze draagt een perzikkleurig mantelpak en koraalrode lippenstift die in de lijntjes rond haar mond is uitgelopen.

'Hallo, Ms Schulz,' roep ik, en ze schrikt zo dat ze haar stoel achteruitschuift, waardoor een zwik Liberty-draagtassen van de naburige tafel over het hoogpolige tapijt vliegt.

Ze herstelt zich snel, dat moet ik haar nageven. 'Jij moet Jenny zijn,' zegt ze, haar hand uitstekend. 'Helen Schulz. Leuk je te ontmoeten. Ik zei tegen Florence, ik vind het geweldig dat jullie meiden vragen stellen. Zo ondernemend.'

Het valt moeilijk uit te maken of dit een oprecht compliment is of zo'n als compliment verpakte steek onder water die Britten voortdurend uitdelen, maar Jenny laat zich hoe dan ook niet uit het veld slaan.

'Dank u,' zegt Jenny met een strak lachje. 'We stellen het op prijs dat u met ons wilt praten.'

We nestelen ons op meringuekleurige stoelen met hoge rugleuningen. Als bij toverslag verschijnt een ober met nog twee grote, in leer gebonden menukaarten.

Jenny schraapt haar keel. 'Misschien kunnen we beginnen met vrijdag –'

'Zullen we eerst bestellen, lieverd?' onderbreekt Ms Schulz haar.

Onze overgedienstige ober verschijnt om alle achttien verschillende Darjeeling-variëteiten op de kaart uit te leggen, compleet met smaakbeleving. Ms Schulz neemt alle tijd om vragen te stellen, te hummen. Jenny begint haar nagels in haar palm te drukken, haar vuist te ballen en te ontspannen, als een kloppend hart. Ze mag dan de slimste persoon zijn die ik ken, ze is ook de ongeduldigste.

'Voor mij de orange pekoe,' zegt Ms Schulz. 'Nee, de formosa assam. Nee, munt bergamot. Nee, ik neem toch maar de orange pekoe.' Eindelijk slaat ze het menu dicht.

De ober knikt. 'Uitstekende keuze, mevrouw.'

'Huismelange,' zegt Jenny, het menu dichtklappend.

Afwachtend kijkt hij mij aan. Ik haat thee, echt. Ik snap niet waarom je willens en wetens bruin blaadjeswater zou drinken.

'Mag ik een warme chocomel?' vraag ik.

De ober fronst. 'Een warme chocomel?'

'Of doe maar gewoon iets wat geen thee is.'

'Dat moet ik even navragen,' zegt hij. 'Ik geloof dat we wel sap hebben op het kindermenu.'

'Helemaal goed,' snauwt Jenny. 'Sap voor haar.'

Zodra de ober is verdwenen leunt Jenny voorover, met haar ellebogen op tafel.

'En,' zegt ze benieuwd, 'wat kunt u ons vertellen over Alfie Risby?'

Ms Schulz pakt haar servet en spreidt die over haar schoot. 'Wisten jullie dat ik ben opgegroeid in Schotland?'

'O,' zegt Jenny, duidelijk van de wijs. 'Dat is, eh... interessant. Sorry, maar wat heeft dat met Alfie te maken?'

Ms Schulz fronst, net wanneer de ober terugkomt met een groot zilveren dienblad met twee potten thee en een glaasje jus d'orange. Met veel omhaal stalt hij alles op tafel uit en vertelt ons hoelang elke variëteit moet trekken.

'Sorry,' zegt Jenny vlug. 'Gaat u verder.'

Op haar dooie gemak doet Ms Schulz drie, vier, vijf scheppen suiker in haar thee en roert dan langzaam. 'Het was vrij idyllisch. Mijn vader werkte op een Schotse kostschool. Ons gezin woonde in een cottage op het terrein. Mijn jongere zus Mary en ik hadden zo'n fijne jeugd. Door beekjes rennen, in het bos spelen. Heel anders dan kinderen nu, met hun iPads en fidget spinners en kalmeringspillen.'

'Klinkt geweldig,' zeg ik, popelend tot ze ter zake komt.

Ms Schulz stopt met roeren en legt het lepeltje op de schotel.

'Je gelooft het niet, maar Rollo Risby was een leerling op de school. Destijds was hij heel knap. Mary en ik, we hadden allebei een oogje op hem.'

Ik spuug mijn sap bijna uit. 'Wacht, Rollo en u zijn even oud?'

Jenny werpt me een vernietigende blik toe, maar voor Ms Schulz kan antwoorden komt de ober weer terug met een etagère vol korstloze sandwiches en een ellenlange uitleg: ham met grove mosterd op brioche, gerookte zalm met citroenboter op zuurdesem en scones met aardbeienjam en geslagen room van een zuivelbedrijf uit Cornwall.

Jenny schraapt haar keel. 'Gaat u verder,' zegt ze.

Ms Schulz neemt nog een slok thee, die nu de consistentie van siroop moet hebben. 'Goed, ik werd achttien, vertrok naar de lerarenopleiding en toen ik terugkwam – wat denk je...'

'Wat?' gil ik bijna van de spanning.

'Rolly,' zegt Ms Schulz, alweer pauzerend om haar mond te deppen met een linnen servet, 'had de dochter van de stalmeester zwanger gemaakt. Stel je voor. Het was een groot schandaal. Hij was zeventien. Zij was pas zestien. Hoe dan ook, ze hield het kind. Vrouwen hadden minder te kiezen in die tijd. Het was een jongetje.'

Jenny buigt voorover. 'Zegt u nou dat Rollo Risby een onwettig kind heeft? Dat Alfie een broer heeft?'

Ms Schulz tuit haar lippen. 'Halfbroer. Ja. Hij moet nu tegen de veertig zijn.'

Ik schraap mijn keel. 'Waarom huilde u gisteravond? Bij de wake?'

Ms Schulz slaat haar ogen neer naar haar servet. 'Toen ik Rolly daar al die 'mijn enige zoon'-flauwekul hoorde uitslaan... vond ik dat nogal schokkend. Van Nicola mag ik het eigenlijk niet zeggen, maar...'

'Wat?' dringt Jenny aan.

Ms Schulz werpt een blik over haar schouder en buigt dan naar ons toe, haar stem amper een fluistertoon. 'Ik geloof dat ik hem zag.'

'Wie? Alfie?'

Ms Schulz fronst. ‘Nee. Beslist niet. Die andere. De geheime zoon. Hij was bij de wake.’

Ik bijt op mijn lip. ‘Dat slaat nergens op. Hoe weet u überhaupt hoe hij eruitziet?’

Ms Schulz begint met haar theelepeltje te friemelen. ‘Eerst was ik er niet zeker van. Hij had zo’n grote koptelefoon op waar alle jongeren nu mee lopen. Maar zijn gezicht. Het was sprekend Rolly. En datzelfde lichte haar. Het was een hele schok.’

Jenny staart Ms Schulz aan. ‘Ik snap het niet. Waarom vertelt u ons dit? Waarom gaat u niet naar de politie?’

‘Om wat te zeggen, lieverd? “Ik heb een oudbakken roddel voor u”? Het is niet verboden om een geheim onwettig kind te hebben. Bovendien zouden ze een oud besje zoals ik straal negeren.’

Jenny kijkt naar mij en dan weer naar Ms Schulz. ‘Denkt u dat hij erbij betrokken is?’

Ms Schulz haalt haar schouders op. ‘Dat betwijfel ik. Maar misschien weet hij iets wat kan helpen.’ Ze steekt haar handen op. ‘Maar goed, ik heb jullie verteld wat ik weet.’ Ze kijkt naar de volgeladen tafel. ‘Weet je, ik zou wel zin hebben in een scone.’

Ik geef haar het mandje aan, en ze neemt er een in haar magere hand.

‘O, trouwens, er is nog één ding.’ Ze laat de spanning oplopen terwijl ze haar scone doormidden snijdt en er een dikke laag room op smeert, gevolgd door een even dikke laag jam. ‘De Risby’s zijn niet zomaar een familie. Ze kénnen mensen. Begrijpen jullie wel?’

Jenny schiet rechtop, als een marionet waarvan de touwtjes net zijn strakgetrokken. ‘Hoe bedoelt u?’

Ms Schulz legt de scone op haar bord, waarna haar ogen tussen ons heen en weer schieten. ‘Ik bedóél dat jullie tweeën niet aan Jan en alleman kunnen rondbazuinen dat jullie onderzoek doen.’ Ze schudt haar hoofd. ‘Dat is vragen om moeilijkheden, is het niet, meiden?’

Mijn hart gaat tekeer wanneer Jenny en ik het hotel uit lopen naar metrostation Green Park. De frisse novemberlucht voelt als een klap in het gezicht na de warme gloed van The Ritz. Mijn vingers tintelen van opwinding.

'Sodeju,' gil ik tegen Jenny. 'Onze eerst aanwijzing!' Ik wrijf in mijn handen en grijp haar bij de schouders. 'Hoorde je me? We hebben onze eerste aanwijzing!'

Ze wurmt zich uit mijn greep en werpt een nerveuze blik over haar schouder. 'Niet hier, oké?'

'O, schei uit. Alsof Ms Schulz ons schaduwt. Die ouwe taart kon amper van haar stoel komen.'

We duiken Green Park in, dat verlaten is op een zwerm duiven en een paar joggers na. In de verte schemeren de vergulde smeedijzeren panelen van de Canada Gate door de kale bomen.

'Leeg genoeg voor je?'

'We moeten voorzichtig zijn,' sist Jenny. 'Je hoorde wat ze zei. Over de Risby's.'

Ik luister niet. Er is een heerlijk soort zweverigheid in me gevaren. Rollo Risby heeft een onwettig kind. Een *uiterst verdacht* geheim onwettig kind. En Dylan heeft een uitweg.

Jenny laat haar knokkels knakken, een zenuwtrekje waar ik niet goed van word. 'Als Rollo nog een kind heeft,' begint ze, 'wist Cleo daar dan van? Misschien kwam ze erachter? Misschien is dat de reden dat ze gaan scheiden?'

'Zat redenen om van Rollo Risby te scheiden,' sneer ik, maar Jenny fronst haar voorhoofd, in gedachten verzonken.

Vlakbij op het gras heeft een duif een hamburgerbroodje uit een kartonnen doosje weten te krijgen. Triomfantelijk vliegt hij weg, en andere duiven zetten de achtervolging in om te proberen zijn buit te stelen.

'Wat nu?' zegt Jenny. 'Gaan we naar de politie?'

'Wat?' snauw ik. Dit wordt niks als Jenny elke keer dat we een aanwijzing hebben naar de politie wil rennen.

Vriendelijker vervolg ik: 'Je zei zelf dat de politie dom bezig is. Trouwens, zoals Ms Schulz al zei is het geen misdaad om een onwettig kind te hebben.'

Jenny reageert niet. Ze stopt haar handen in haar zakken. Ik zie dat ze het gesprek keer op keer afspeelt, het vanuit verschillende standpunten analyseert.

'Is het raar dat Ms Schulz ons dit allemaal vertelde?' peinst ze hardop. 'Ze kent ons amper.'

'Ze is een oud dametje dat zich belangrijk wil voelen! We hebben een aanwijzing. Dit is top! Nu moeten we hem alleen nog vinden.'

Met een ruk kijkt ze op. 'Tóp? We hebben het over een vermist kind, Florence. Hier is niets top aan.'

'Tuurlijk niet,' zeg ik vlug. 'Tuurlijk niet.' Ik haal diep adem en probeer een ernstig gezicht op te zetten. 'Ik bedoel alleen, jij kunt dit, toch? Jouw collega-onderzoekers of wat ze ook zijn, die kunnen dit geheime onwettige kind opsporen?'

Kauwend op haar lip staart Jenny naar de duiven. Die zijn van de hamburger overgestapt op een half opgegeten saucijzenbroodje. 'Ik moet hierover nadenken, Florence. Dit is... heftig.'

18

Shepherd's Bush

ZONDAG, 19.20 UUR

ALLE LICHTEN BIJ MIJ THUIS ZIJN AAN, WAT RAAR IS, WANT IK HEB ze zeker weten uitgedaan toen ik vanochtend wegging. Vanaf de stoep probeer ik door mijn raam naar binnen te gluren, maar de jaloezieën zijn dicht. Mijn hart begint te bonzen. De politie. Zouden ze zijn teruggekomen om mijn woning te doorzoeken?

Ik stop de sleutel in het slot en gooi de deur open. Ik hoor stemmen en iets wat als muziek klinkt.

'Hallo?' roep ik.

Een vrouwenstem mompelt iets wat ik niet goed kan verstaan. Is rechercheur Glover in mijn woning?

'Hallo?' roep ik nogmaals. Ik zet twee aarzelende stappen tot ik midden in mijn woonkamer sta.

Brooke zit op mijn bank, met haar telefoon tegen haar oor. Er gaat een golf van opluchting door me heen.

'Brooke! Wat doe jij hier?'

'Ik bel je terug, ja?' Brooke hangt op en kijkt me gepikeerd aan. 'Ik had gezegd dat ik vanavond hier moest logeren. Julian heeft zijn vrijgezellenavond en ik heb de bouwvakkers over de vloer, weet je nog? Om de keuken opnieuw te betegelen. Het stof is een nachtmerrie.'

Ik knik. Er staat me niets van bij, maar ik ben zo opgelucht dat het me niet uitmaakt.

Brookes ogen boren zich in de mijne. 'Gaat het wel? Je doet nogal vreemd.'

'Prima. Helemaal prima.'

Ze pakt de afstandsbediening om het geluid uit te zetten. 'Nog nieuws?'

'Waarover?'

Ze fronst. 'Over de vermiste jongen? Florence, ik vind echt dat je Julians vader moet bellen. Hij is advocaat. Hij kan helpen.'

Fuck. Ik had haar nooit moeten vertellen over het bezoekje van de politie. Het was een moment van zwakte, maar nu ze het weet, gaat ze het tegen me gebruiken.

'Niks aan de hand,' zeg ik, naast haar op de bank ploffend. 'Dat bezoekje vrijdag was routine. Procedure. Maar goed, Jenny en ik zijn ermee bezig.'

'Jenny?'

'Nieuwe vriendin van me – ze is trouwens advocaat. Superslim. Je zou haar wel mogen. Maar goed, we doen dus onderzoek naar die hele toestand.'

Brooke fronst. 'Je hebt een vriendin?'

'Doe niet zo val –'

Brooke grijpt mijn armen voordat ik uitgesproken ben. 'Florence,' fluister-schreeuwt ze tussen opeengeklemde kaken. 'Je hebt een echte advocaat nodig. En je hoort nergens "onderzoek" naar te doen. Het klinkt alsof Dylan een verdachte is.'

Ik wurm me uit haar klamme handen. 'Geen sprake van! Hoe durf je!'

Ze staat op. 'Je steekt je kop in het zand, Florence. Net als de vorige keer, toen Dylan de tafel leeg veegde in de schoot van dat joch. Of die jongen sloeg met een cricketbat! Hoeveel hechtingen had hij nodig?'

De vlammen slaan me uit. 'Zo ging het niet! Hij nam het op voor een weerloos dier!'

'Jij moet met een advocaat praten. Een echte advocaat, niet een of andere bevriende moeder. Bel Julians vader. Dat zou een verantwoordelijk persoon, een verantwoordelijke ouder, doen.'

'Dat zou een verantwoordelijke ouder doen,' bauw ik die hoge stem van haar na.

Ze kijkt me doordringend aan. 'Prima. Wat jij wilt. Zoals gewoonlijk. Maar vertel eens: waarom is Dylan nog steeds bij Will?'

Mijn mond vult zich met de droge smaak van stof en as. 'Will is zijn vader. Het is goed voor hem.'

Ze schudt haar hoofd. 'Kop in het zand. Alweer.'

Dat hele 'verstandige grote zus'-nummertje van haar begint me danig de keel uit te hangen. Ik ben verdomme de grote zus.

'Ik hoef je hulp niet, oké? Dit is niet als de vorige keer –' begin ik, maar ze kapt me af.

'Geloof het of niet, ik hoopte dat we vanavond over de bruiloft konden praten. Maar ik begrijp dat mijn plannen in het niet vallen bij de jouwe, zoals gewoonlijk.' Ze stormt naar mijn slaapkamer.

'Waar ga je heen?' roep ik haar na.

'Ik neem het bed,' briest ze. 'Want in tegenstelling tot jou moet ik morgen vroeg op. Voor werk!'

Zuchtend zak ik onderuit op de bank en ik staar naar mijn telefoon. Belde Dylan nou maar om uit zichzelf een redelijke verklaring voor alles te geven. Om het uit de wereld te helpen. Hij zou op zijn minst de rugzak onder zijn bed kunnen uitleggen.

Ik fantaseer over een taxi aanhouden en naar Wills huis rijden, om mijn zoon bij de schouders te grijpen en er wat antwoorden uit te krijgen.

In plaats daarvan blijf ik op de bank zitten en ga van de stress mijn wenkbrauwen epileren in een tien keer vergrotende spiegel, waarbij ik mezelf dwing belachelijke gedachtenspelletjes te doen zoals: *als ik naar mijn pincet kijk en een even aantal haartjes zie, heeft Dylan het niet gedaan.*

Wanneer het keer op keer de mist in gaat, maak ik mezelf wijs dat ik verkeerd moet hebben geteld. Het is sowieso een stom spelletje.

Ik word wakker van het geluid van verbrijzelend glas en een door merg en been gaande gil.

Brooke, gehuld in mijn roze wafelbadjas, staat te schreeuwen en te zwaaien met een krultang als wapen.

Ik open de deur van mijn woning en loop de hal in. Het gebrandschilderde glas rondom mijn en Adams gezamenlijke voordeur ligt in glinsterende scherven in het portiek. Het voorwerp dat het aan diggelen heeft geslagen ligt onschuldig op de grond. Het lijkt op een groot uitgevallen honkbal. (*Een cricketbal!* zal Adam later geërgerd uitleggen.)

'Het is oké, niks aan de hand,' zeg ik werktuiglijk, tegen niemand in het bijzonder, hoewel ik geen idee heb of dat zo is. Ergens in de afgelopen twee dagen is de hele wereld op zijn kop gezet.

Brooke sluipt naar de deur, de krultang boven haar hoofd geheven als 's werelds minst bedreigende Ghostbuster.

Ik raap de bal op. Er is iets omheen gewikkeld. Een vel printpapier op zijn plek gehouden door een rood elastiek. Voorzichtig trek ik het papier onder het elastiek vandaan.

BEMOEI JE MET JE EIGEN ZAKEN OF ANDERS!!!

Dat dus, met drie uitroeptekens.

Brooke krijgt ogen als schoteltjes. 'Zie je nou?' snauwt ze. 'Advocaat. Nu!' Voordat ze haar telefoon kan pakken kondigen zware voetstappen Adams komst aan. Hij is gekleed in een marineblauwe joggingbroek en houdt een sterke zaklamp vast.

'Florence?' roept hij, de hal in stappend. 'Ben je oké?'

'Pas op waar je gaat staan,' zeg ik. De ruimte is te klein voor ons drieën. Ik kan Adams aftershave ruiken, de vage geur van whisky in zijn adem.

Adam neemt de schade in zich op en fluit lang en laag. 'Dat raam gaat ons geld kosten.'

'Moet je dit zien,' zeg ik, het papier openvouwend. Adam pakt het briefje aan, en mijn schouders beginnen naar mijn oren op te trekken, mijn spieren verstrakkend van schaamte.

'"Bemoei je met je eigen zaken",' leest hij, naar mij opkijkend. 'Wat betekent dat?'

'Geen idee.' Dit is een leugen. Ik weet precies wat het betekent, en plotseling lijkt elke vezel in mijn lichaam in brand gestoken te zijn. Ik voel een spanning in mijn nek, die met de seconde verder over mijn rug trekt.

Brooke doet een beroep op Adam. 'Jij zit toch bij de politie? Kun jij niet iets doen?'

Zuchtend kijkt Adam naar het gebroken glas. 'Helaas, ik denk niet dat ze agenten sturen voor een kapotte ruit.'

'Een kapotte ruit én een dreigement!' reageert Brooke verontwaardigd. 'Het kan verband houden met...' Ze dempt haar stem. '...de vermiste jongen.'

'Ik wil er best een telefoontje aan wagen, hoor,' zegt Adam, zijn handen in de zakken van zijn joggingbroek stekend. 'Maar voor opstalschade? Ze gaan gewoon zeggen dat je het onlineformulier moet invullen en je verzekeraar bellen.'

Brooke fronst en duwt de deur van mijn woning open.

'Ik ga water opzetten,' zegt ze, haar angst verdringend door in regelmodus te schieten. 'Kom. Het is hier ijskoud.'

Adam en ik volgen haar. Mijn handen trillen nog steeds. Ik krijg een haast onbedwingbare neiging om Jenny te bellen, om haar kalme, nuchtere stem deze puinhoop op een rijtje te horen zetten. Maar het is twee uur 's nachts. Jenny ligt tussen haar gesteven lakens te slapen als een blok, en ik kan niet het risico nemen haar de stuipen op het lijf te jagen.

'Red je je wel? Zal ik op de bank slapen?' Adams stem brengt me terug in de woonkamer.

'Huh? O nee, dat hoeft niet. Brooke is er.'

Adam kijkt me langdurig aan, alsof hij probeert te bepalen wat hij ervan moet denken. 'Florence, is er iets wat je me wilt vertellen?'

'Zoals wat?' snauw ik. 'Ik heb het gedaan? Ik heb Alfie vermoord?'

'Juist. Het is laat. We zijn allemaal moe.' Hij steekt een hand uit naar de cricketbal. 'Ik kan deze morgen meenemen naar het bureau.'

‘Oké, oké,’ zeg ik, te moe om te protesteren.

Adam stopt de bal in zijn zak, waarna hij opstapt.

‘Zorg dat je de deur achter me op slot doet.’

19

Shepherd's Bush

MAANDAG, 8.55 UUR

JENNY STAAT IN MIJN PORTIEK NAAR HET GEBROKEN GLAS TE KIJKEN. Brooke heeft het julinummer van *Vogue* gebruikt om het gat af te dekken waar de cricketbal door het raam is gegaan. Een hoofdartikel over duurzame eilandvakanties flappert in het briesje, op de plek waar voorheen gebrandschilderd glas zat.

'Jemig!' zegt Jenny, de scherven in zich opnemend. 'Wat is hier gebeurd?'

Shit. 'Let daar maar niet op.' Ik trek haar over de drempel. Hoe graag ik al mijn zorgen ook zou spuien tegen haar, het is te riskant. Als Jenny erachter komt dat ik dreigbriefjes door het raam krijg, kan ze weleens afzien van het onderzoek. 'De buurtkinderen, je weet wel,' voeg ik eraan toe met een naar ik hoop nonchalant schouderophalen. 'Een belangrijkere vraag is: vanwaar die outfit?'

Jenny heeft haar anders zo chique kleding verruild voor een halflange bloemetjesjurk en van die witte sneakers die Kate Middleton draagt wanneer ze in het openbaar iets sportiefs moet doen. Het voelt verkeerd, schokkend zelfs, om haar in pasteltinten te zien. In haar linkerhand heeft ze twee grote papieren draagtassen, als een buitenwijkmoeder die net terugkomt uit het winkelcentrum.

Ze trekt haar wenkbrauwen op. 'O, dat zie je zo wel,' zegt ze met een grijns. 'Maar kijk eerst hier eens naar.'

Ze gaat aan de keukentafel zitten en schuift me een vel papier toe. Het is een officieel overheidsdocument. Ik tuur naar de data en probeer me te herinneren of de Britten de maand of de dag vooraan zetten, maar de cijfers dansen over de pagina in steeds andere opstellingen, om mij in de maling te nemen.

'Ik weet niet precies waar ik naar kijk,' geef ik toe.

'Het is een geboorteakte,' zegt ze. 'Van Ian Risby. Rollo's zoon.'

Jenny's grijns wordt breder en ze leunt achterover op de stoel, haar armen over elkaar geslagen.

Ik kan er niet over uit. 'Hij bestaat echt?' Ik had zo half en half verwacht dat het hele 'geheime onwettige kind'-verhaal een misverstand was, een dementerende Ms Schulz die het had verward met de plot van een soap.

'Het wordt nog beter,' zegt Jenny. 'Ik denk te weten waar hij woont. Het is enkel een postcode, geen exact adres. Maar we kunnen een kijkje nemen, hier en daar aanbellen.'

Ik weet me geen raad. Onwillekeurig schiet mijn blik naar het raam, het gebroken glas.

'Is dat niet, ik weet niet, een beetje link? En hoor jij niet op je werk te zijn?'

Jenny's ogen vernauwen zich. 'Ik heb de hele week vrij genomen. En hoe bedoel je "een beetje link"? Gisteren smeekte je me zowat –'

Haar antwoord wordt onderbroken door een harde, zelfverzekerde roffel op de deur.

'Hij is open,' roep ik terwijl ik iets rechter ga zitten. 'Mijn buurman,' zeg ik tegen Jenny

Adam komt binnen, zijn gezicht vochtig van het zweet. Hij draagt een verbleekt CROSSFIT HAMMERSMITH-T-shirt en heeft een plastic tas van Argos bij zich. Er trekt een verbaasde uitdrukking over zijn gezicht.

'Kijk niet zo geschokt,' snauw ik. 'Ik heb vrienden, hoor.'

'Natuurlijk,' zegt Adam, die de tas op de vloer zet en een hand uitsteekt naar Jenny. 'Adam,' zegt hij, haar krachtig de hand schuddend. 'Bovenbuurman.'

'Aangenaam.' Jenny's stem stijgt een octaaf. 'Jenny. Een van de schoolmoeders.'

Adam draait zich om naar mij. 'Ik heb iets voor je.'

Hij graait in de tas en haalt er een doos uit waarop staat DEURBEL-BEVEILIGINGSSYSTEEM.

'Dat had je niet hoeven doen,' zeg ik, en ik meen het. Het is geen geheim dat Adam blut is. Hij rijdt nota bene in een VW Polo. Hij hoort zijn geld niet te verspillen aan mij, want ik ga never nooit met hem naar bed.

'Geen probleem,' zegt hij. 'Kan niet voorzichtig genoeg zijn, met wat er allemaal aan de hand is.'

Snel vul ik de stilte op, voordat Adam over de kapotte ruit of het briefje kan beginnen. 'Bedankt, Adam. Echt. Heel aardig van je.'

Hij grijnst als een golden retriever die eindelijk een aai over zijn kop krijgt.

Ik vervolg: 'Maar kunnen we hem morgen installeren? We, eh... zijn namelijk nogal druk bezig nu.'

'O, juist.' Adam pakt de tas op. 'Tuurlijk. Ik wilde niet storen –'

Jenny werpt me een blik toe die zegt: *stel je niet aan*, waarna ze opspringt. 'Nee, blijf! We waren net een beetje aan het brainstormen. Misschien kun jij ons helpen. Florence zei dat je agent bent?'

'Ja,' bromt hij terwijl hij de tas weer neerzet. 'Maar ik werk niet aan deze zaak.'

Ik moet me inhouden. Dat is het understatement van de eeuw. Adam is een veredelde verkeersagent. Er was een of ander incident, jaren geleden. Hij was nooit in details getreden. Maar mijn indruk was dat hij alleen in dienst werd gehouden bij wijze van gunst aan zijn vader, een politielegende.

Jenny buigt voorover op haar stoel. 'Oké, dus je weet dat als een vrouw vermist raakt –'

'Het altijd de echtgenoot is. Of vriend, noem maar op,' maakt Adam haar zin af. Intussen begint hij het deurbelsysteem weer uit te pakken.

'Precies!' Jenny slaat op tafel. 'Dus wat is het vermiste-kind-equivalent daarvan?'

Adam ademt luidruchtig uit. 'Tsja, hangt van de leeftijd af. Oudere kinderen, pubers, da's vaak een wegloopsituatie. Ruzie met hun ouders, dat soort dingen.' Hij kijkt naar de vloer. 'Maar een tienjarige...' Zijn stem sterft weg. 'Misschien een ontvoering door een ouder zonder ouderlijk gezag. Een ongeluk. Of, je weet wel...'

Hij hoeft de zin niet af te maken. We weten allemaal wat er na 'of' komt.

Hij blijft rommelen met de deurbelonderdelen. Jenny zit aandachtig naar hem te kijken, een lok glanzend zwart haar om haar vinger draaiend. Ik ben niet op die manier geïnteresseerd in Adam, echt niet, maar ik voel een vertrouwde vleug rivaliteit opborrelen. Jenny is veel te oud voor hem. Ze zet zichzelf voor schut.

'Maar goed, ik neem aan dat ze deze snel zullen oplossen,' zegt Adam. 'Hoop druk. Miljardairskind en zo. Waarschijnlijk hebben ze tegen het eind van de week iemand gearresteerd.'

Het voelt alsof mijn maag loskomt, alsof mijn lichaam van de hoge duikplank is gesprongen zonder mijn maag. Ik denk aan Alfies rugzak, onder in een M&S-tas, diep weggestopt in mijn kast.

'Zo snel?' piep ik.

'Ga ik wel van uit,' zegt Adam, die opstaat en zijn handen afveegt aan zijn joggingbroek. 'Maar goed, deurbel is klaar. Je moet alleen de app nog downloaden, dan kunnen we de voorkant van het huis overal vandaan in de gaten houden.'

Hij kijkt op zijn Apple Watch en fronst. 'Het is al laat. Ik moet ervandoor.'

Jenny springt overeind en geeft hem een stevige knuffel, alsof ze oude vrienden zijn. 'Zó leuk je te ontmoeten.'

'Van hetzelfde,' zegt Adam terwijl een flauwe blos zich over zijn gezicht verspreidt.

Nadat Adam is vertrokken schraapt Jenny haar keel.

'Oké,' zegt ze. 'En dóór. Ben je er klaar voor?'

Zonder op een antwoord te wachten kiepert ze een van de tassen leeg op tafel. Een berg slobbervesten en plastic haarklemmen rolt eruit. Ik pak een crème-marineblauw Bretons gestreepte trui tussen mijn vingers.

'Wat is dit?'

Ze leunt achterover. 'Weet je nog, toen de jongens klein waren, als je achter de wandelwagen liep, dat je min of meer onzichtbaar leek?'

Ik knik. Reken maar dat ik Dylans Bugaboo had gebruikt om dure kaas bij Waitrose te stelen, door die onderin te mikken tussen zandigere schepjes en modderige kaplaarzen.

'Ja, en?'

Jenny grijnst. 'We gaan undercover. Vermomd als moeder.' Ze graait in de tweede tas en schuift me een plasticachtige Winnie-de-Poeh-luiertas toe. 'Je nieuwe handtas.'

Met open mond staar ik haar aan. 'Wauw. Dit is, zeg maar, next level.'

'Kom mee,' zegt ze al halverwege de voordeur. 'Het mooiste moet je nog zien.'

Buiten drukt ze op een knopje aan haar sleutelhanger. In plaats van haar Tesla knippert een rode Kia Picanto twee keer. Van dichtbij zie ik dat er een grote roze sticker op de zijkant van de auto zit. Daar staat op:

J&S PEUTERTUSSENDOORTJES

MAKKELIJK. BIOLOGISCH. GEZOND

WWW.MUM-SNACKS.CO.UK

Ik frons. 'Ik volg het niet.'

'Voor onze onderneming,' jubelt ze, haar jurk gladstrijkend. 'Snap je het niet? We zijn niet zomaar moeders. We zijn *mamapreneurs*. Als we bij mensen gaan aanbellen, wat kan er dan minder bedreigend zijn dan twee vrouwen die in een piramidespel getuind zijn?'

Ik moet toegeven: haar inzet is indrukwekkend. Jenny heeft meer denkwerk en moeite gestoken in deze vermommingen dan ik in mijn echte werk.

'Waar heb je dit allemaal vandáán?'

'De sticker? O, die heb ik online laten printen. Slechts 39,99 pond, inclusief bezorging de volgende dag!'

Ik tuur in de auto. Op de achterbank is een verbluffend levensechte babypop vastgegespt in een kinderzitje.

Een trage grijns verspreidt zich over mijn gezicht. 'Jij,' zeg ik, haar op de schouder slaand, 'bent geniaal. Weet je dat?'

Ze bloost. 'Het zijn gewoon wat Primark-spullen en een huurauto. Maar goed, ik had je gewaarschuwd: als ik iets doe, ga ik er vol voor. Bovendien,' zegt ze, waarbij haar lach verbleekt, 'is het voor een goed doel.'

Ze doet wat spuug op de zuignap van een geel BABY AAN BOORD-plaatje en knalt het tegen de achterruit.

'Et voilà,' zegt ze. 'Onze onzichtbaarheidsmantel.'

20

Barbican

MAANDAG, 12.18 UUR

EEN UUR LATER, NA EEN STUK OF TWINTIG FRUITHAPJES TE HEBBEN overgeheveld in vetvrije papieren zakjes ('We hebben handelswaar nodig, anders is het niet geloofwaardig!'), staan Jenny en ik voor het lelijkste gebouw dat ik ooit heb gezien. In plaats van een wooncomplex heeft het meer weg van een compleet brutalistisch dorp, een onderling verbonden doolhof van beton en loopbruggen, weggerukt uit Sovjet-Russisch Siberistan en neergeplempt in hartje Londen.

'Dus Rollo's geheime zoon woont... in een gemeentewoning?'

Jenny snuift. 'Dit is de Barbican. Het is beroemd om zijn architectuur.'

Ik staar naar het aangelegde meer in het midden van het complex, dat een onnatuurlijk groene kleur heeft. 'Doet een beetje aan als de plek waar George Jetson zou wonen als zijn futuristische hemelstad tegelijk een goelag was.'

'Het is fascinerend, hoor,' zegt Jenny, die in volledige nerdmodus schiet. 'Dat meer is onderdeel van het koelsysteem van het gebouw. Ze moeten het water kleuren zodat...'

Ik haak af, de betonnen torenflats afspeurend naar sporen van Rollo's geheime onwettige kind. Een zonnestraal breekt door het wolkendek, en in mijn borst welt een vleugje hoop op. We hebben een verdachte. Een verdachte die niet Dylan is. En we zijn hier. Samen. Als speurneuzen. Afgezien van het maffe briefje en de cricketbal door het raam van vannacht, zie ik het weer zitten.

'Hier, neem jij haar.' Jenny geeft mij de wandelwagen. Onze plastic babypop ligt lekker te slapen onder een roze mousselinen dekentje. 'Dan zoek ik het adressenbestand op.'

Ik volg haar, de wandelwagen zachtjes wiegend. 'Wat als we hem vinden? Alfie, bedoel ik. Wat als hij, zeg maar, nu in een van die woningen tekenfilms zit te kijken,' denk ik hardop. 'Kidnappen we hem dan terug?'

Jenny draait zich om, haar gezicht een en al ongeloof. 'Ben je nou serieus? Weet je wat, als we hem vanmiddag vinden, mag je de hele outfit houden – inclusief de luiertas.'

Ze richt haar blik weer op het adressenbestand en ik steek mijn tong naar haar uit. Ik ga mijn goede humeur niet laten vergallen door haar cynisme.

Ik kijk omhoog naar de drie brutalistische torenflats die de wolken kietelen. 'In welke woont Ian?'

Jenny's ogen schieten heen en weer tussen haar telefoon en de plattegrond aan de muur, haar wenkbrauwen geconcentreerd gefronst.

'Weet ik niet,' zegt ze uiteindelijk.

'Hoe bedoel je?'

'Ik bedoel dat ik zijn postcode heb, geen volledig adres. En blijkbaar gaat alle post via een centraal distributiepunt.'

Ik staar haar aan, ik vat het nog steeds niet helemaal. 'Dus... we hebben geen idee in welk deel van dit doolhof hij woont?'

Ze schudt haar hoofd.

Ik heb het gevoel dat ik een stoot op mijn nieren heb gekregen. Ik zie Dylan voor me, die gebogen zit over een kom gevangenispap – vast niet vega – en gedwongen wordt om zijn leefgeld af te staan voor bescherming.

'Maar er zijn hier wel duizend woningen! We kunnen niet overal aankloppen.'

'Duizend?' zegt ze luchtig. 'Nee joh, eerder tweeduizend.' Ze neemt de wandelwagen over en loopt langs me, naar de opgang die het binnenterrein verbindt met het eerste flatgebouw. Daar aangekomen roept ze over haar schouder: 'Daarom kunnen we maar beter meteen beginnen.'

We beginnen boven in de oosttoren. De eerste deur is van bruin metaal, exact dezelfde kleur als de drol-emoji. De deurbel is harder dan ik verwachtte, een onheilspellend holle galm die door de gang echoot.

Er wordt niet opengedaan.

'Nou ja, het zat er ook niet in dat het de eerste was, hè?' zegt Jenny, al op weg naar de volgende deur.

Maar ook daar wordt niet opengedaan. Of bij de volgende. We bellen aan bij zevenenveertig deuren en werkelijk niemand doet open. Óf ze zijn allemaal op hun werk óf ze hebben allemaal deurbelcamera's. Ik krijg de kriebels, bang dat deze hele onderneming gigantische tijdverspilling is, maar ik weet ook niet goed wat we anders moeten doen.

'Dit is nog erger dan Dylan zover krijgen dat hij zijn huiswerk doet,' verzucht ik.

Jenny knikt. 'Vertel mij wat. Ik geloof niet dat Max dit jaar één rekenopgave heeft afgemaakt.' Ze dempt haar stem. 'Ik heb dit nooit aan iemand verteld, maar soms doe ik het voor hem, na bedtijd.'

'Ho even, wát doe je?'

Schouderophalend heft ze haar hand op om aan te bellen bij nummer 48. 'Na een lange werkdag heb ik geen zin meer om een eindeloze strijd aan te gaan. Ik zorg er wel voor dat ik er een paar fout heb.'

Ik stel me Jenny voor in haar powersuit, gebogen over de rekensommen van een tienjarige, en probeer niet te lachen. 'Wacht, weet Max dat jij ze maakt? Of denkt hij dat er een huiswerktoverfee bestaat die 's nachts –'

Voor ik uitgesproken ben zwaait de deur open en staat er een bejaarde vrouw met opgestoken lila haar.

'Dat werd tijd!' briest de oude dame, tegen de deurpost geleund. 'Ik wacht de hele ochtend al!'

Ik heb moeite me te herinneren wat we ook alweer verkopen.

'Kom binnen,' zegt ze ongeduldig. 'Die tv gaat zichzelf niet repareren.'

'Sorry?'

'Jullie zijn toch van Currys? Om de tv te repareren?' zegt de vrouw.

Ik kijk naar Jenny, die gebaart naar de papieren zakjes onder in de wandelwagen. 'Wij verkopen peutertussendoortjes, *ma'am*.'

'Peutertussendoortjes?' De oude dame kucht. 'Zijn ze van kinderen gemaakt?' Ze loert naar mij. 'Wacht eens even. Jij komt me bekend voor. Waar ken ik jou van?'

Ik bijt op mijn lip. 'O, ik zat in een meidenband. Lang geleden.'

'Een band, hm? Ben je bevriend met die dj?' Ze fronst haar voorhoofd. 'Ian Huppeldepup?'

'Nee,' zegt Jenny vlug. 'We wonen hier niet.'

Ik verstijf. 'Ian? Zei u Ian?'

Ze knikt zuur. 'Zo heet-ie toch? Blonde kerel hierboven? Degene die de godganse dag keihard die helse muziek draait? Zeg hem maar dat als hij er niet mee kapt, ik de politie bel.'

'Welke woning zei u –' begin ik, maar het geluid van kordate voetstappen onderbreekt me.

'Middag, dames!' galmt een zware stem over de galerij. Een bewaker in een fluorescerend jack komt op ons afbenen.

'Laat dit maar aan mij over,' fluister ik tegen Jenny.

Ik zet mijn breedste popsterrenglimlach op en knipper met mijn wimperextensies. 'Hallo. Kan ik u warm laten lopen voor een tussendoortje?'

Hij verplaatst zijn gewicht en neemt ons in zich op. 'Geen huis-aan-huisverkoop in het gebouw. Jullie zullen het gebouw moeten verlaten met jullie, eh... tussendoortjes.'

Ik zwaai een zakje voor zijn neus en scheur mijn mondhoeken bijna uit. 'Een gratis proefexemplaar dan?'

'Toe nou,' zegt hij vermoeid. 'Maak het niet moeilijker.'

'Zeker weten? Ze zijn biológisch.'

Jenny is de boel al aan het inpakken, een gespannen, vastberaden trek op haar gezicht.

'Zo kan-ie wel weer, Florence,' zegt ze zachtjes. 'Laten we gaan.'

Terug bij de mamamobiel gooi ik het portier open en keil de pop op de achterbank. Natuurlijk werkte het niet. Bij mij werkt nooit iets.

'Het zit er nog niet op, oké?' zegt Jenny, alsof ze mijn gedachten kan lezen. 'We weten nu waar hij woont. We gaan later terug.'

Ik weet niet wat ik moet zeggen. Mijn teleurstelling is zo fysiek dat ze als een derde persoon bij ons in de auto lijkt te zitten.

Ze probeert het nogmaals. 'Hé. Dit was een goede dag, oké? We hebben nieuwe informatie.'

Ik zucht en zak dieper weg in mijn stoel. Te horen krijgen dat iemand *een dj zou kunnen zijn* is niet het soort ontwikkeling dat mijn zoon buiten schot houdt. Niet dat ik dat aan Jenny kan uitleggen. Ik voel haar ogen in de zijkant van mijn hoofd branden.

'Mag ik je iets vragen?' zegt ze.

'Hm,' grom ik zonder haar aan te kijken.

'Geef je het altijd zo gauw op?'

Ongemakkelijk verschuif ik.

'Nee, serieus.'

Ik wend me af zodat ik uit het raampje kan staren. Het is lunchtijd; kantoorpersoneel haast zich over de stoep, Pret-lunchtasjes in de hand, terug naar hun bureau. Een toeristengezin loopt langs met een jongen van Dylans leeftijd.

Jenny gaat door. 'Dacht je echt dat Alfie achter de eerste deur waar we aanbelden zou zitten?' Ze zet een kinderstemmetje op: 'O, hier ben ik, pal achter deur nummer één. Bedankt dat je me hebt gevonden, Florence!'

'Nee,' snauw ik. 'Dat dacht ik niet.'

Ze stoot een spottend lachje uit. 'O mijn hemel. Dus wel! Je dacht echt dat we bij de eerste de beste poging naar binnen zouden walsen en hélden zouden worden!'

Ik staar naar mijn nagelriemen en zeg niks.

Met een slakkengangetje rijden we door de straten van Clerkenwell, langs gelikt verbouwde pakhuizen, designermeubelwinkels en eetcafés afgeladen met lunchgasten.

'Ik zal je eens iets vertellen,' zegt Jenny, het stuur steviger beetgrijpend. 'Ik moest twee keer examen doen om in Californië als advocaat toegelaten te worden. Rijexamen: drie keer. Het kostte me...' Ze slikt moeizaam. '...zés ivf-pogingen om de tweeling te krijgen.

'Ik weet niet hoe jouw leven is geweest. Maar ik ben nooit ergens doorheen gerold door met mijn wimpers te knipperen en "o, dank u wel, agent" te kwelen. Voor alles wat ik heb, heb ik me het apelazarus moeten werken.'

Bewegingloos laat ik haar woorden over me heen komen. Zo heeft nog nooit iemand tegen me gesproken.

Jenny schudt haar haar over haar schouders. 'Je kunt veel van me zeggen, Florence, maar ik ben geen opgever.'

Door de manier waarop ze het woord 'opgever' uitspreekt, klinkt het als het laagste van het laagste. *Kindermishandelaar. Puppyschopper. Opgever.*

De rest van de rit zeggen we niets meer.

Rationeel weet ik wel dat het niet Jenny's schuld is. Maar met elke dag dat we Alfie Risby niet vinden, neemt de kans toe dat de spullen in Dylans kamer iets betekenen. Dat de politie weer voor de deur zal staan, om vragen te stellen die ik niet wil beantwoorden.

Wanneer we voor mijn deur stoppen, doet Jenny het kinderslot eraf en maakt het portier een lusteloos mekkerend geluid.

'Wentel je gerust even in zelfmedelijden,' zegt Jenny met een knikje naar mijn voordeur. 'Maar zet het dan van je af en stroop de mouwen op. We hebben nog een hoop werk te verzetten.'

Ik heb de deur nog niet dichtgedaan of ze rijdt al weg.

21

King's Road

MAANDAG, 14.20 UUR

JENNY'S PREEK GALMT NOG NA IN MIJN HOOFD WANNEER IK ME naar de bruidswinkel haast. Het thema van de winkel is wit: vloerplanken, jurken, clientèle. Rustiek genoeg om een aanstaande bruid te laten vergeten dat ze iemands jaarsalaris uitgeeft aan een jurk; chic genoeg om te garanderen dat ze er niemand tegenkomt die haar erom zou veroordelen.

Brooke had vriendelijk aangeboden de laatste doorpas uit te stellen gezien 'recente gebeurtenissen', maar ik had gezegd dat het niet hoefde. Ze gaat nog steeds trouwen op zaterdag; ik moet nog steeds een jurk aan. Maar nu ik op het punt sta me te begeven in de slangenkuil met Pandora en Tilly, ben ik overal liever dan hier.

Ik verman me en duw de deur open. De geur van freesia's vult mijn neus. Een medewerker, die eruitziet als een negentienjarig catwalkmodel, is met een zilveren schaal met linten in de weer.

'Jij moet Florence zijn,' kirt ze. 'Je zus zei al dat je later kwam.' Ze overhandigt me een zijden kamerjas en een wegwerpmake-upbeschermer. 'De andere meiden zijn al in de bruidssalon. Ik kom je jurk zo brengen.'

De enige reden dat Brooke me als bruidsmeisje vroeg, is omdat ze weet dat het anders raar zou overkomen op Julians ouders. Ze had het 'verzoek' gedaan met strikte instructies om akkoord te gaan met alles wat Pandora en Tilly wilden. Ik mocht onder geen beding 'moeilijk doen' of 'mezelf centraal stellen'.

In de bruidssalon staat Brooke op de verlichte, krap drie meter lange catwalk te draaien in haar receptiejurk. Ze ziet er met recht stralend uit. Pandora en Tilly zitten haar als een stel slijmjurken vanuit leunstoelen te bewonderen.

'Florence, je bent er,' gilt Pandora. 'Ik werd al ongerust.'

Pandora is Julians zus. De trekken die haar broer middelmatig knap maken – de ferme kaaklijn, het donkere haar, de opgejaagde-uilenogen – geven Pandora's gezicht iets verontrustends, als een kubistisch schilderij, of een van de verre nichten van de koninklijke familie. Aanstootgevender dan haar uiterlijk is haar volledige gebrek aan zelfhaat. Pandora heeft het zorgeloze, blinde zelfvertrouwen dat je alleen krijgt als je rijk geboren bent.

Brooke schenkt me een geforceerd lachje. 'Fijn dat je er bent!' En dan: 'Is dat mijn trui?'

'Hallo, lieverd,' koert Tilly. Tilly is de beste vriendin van mijn zus, een theaterdier met vlammend rood haar dat trouwde met een Argentijnse danser genaamd Ramon toen ze begin twintig was. Er gingen geruchten rond dat het een schijnhuwelijk was, maar tegen alle verwachtingen in zijn Tilly en Ramon getrouwd gebleven. Tilly met een schare roodharige kinderen in hun grote huis in Harpenden, Ramon de meeste nachten in de West End-loft die hij aanhoudt 'voor werk'.

'Zat je vast in het verkeer?' vraagt Tilly.

'Nee, in een gesprek.'

'O, voor een baan? Wat goed van je!' zegt Tilly, enthousiast knikkend. 'Ik heb er ook over gedacht er een te zoeken.'

Krijg wat, Tilly, denk ik.

Brooke werpt me een waarschuwende blik toe.

Ze heeft te hard gewerkt om in de gunst te komen bij deze lui om het door mij te laten verpesten. Brooke ontmoette Pandora en Tilly negen jaar geleden in de rij voor de toiletten in een groezelige studentenclub naast de Primark aan Tottenham Court Road. Pandora stond te huilen, en Tilly troostte haar. Brooke, altijd op alles voorbereid, had Pandora een gezichtsreinigingsdoekje gegeven om haar uitgelopen mascara weg te vegen. Later ontdekte het trio dat ze allemaal een marketingstudie deden aan UCL. Dat voorjaar had Pandora Brooke uitgenodigd voor een lang weekend op haar ouders' 'boerenhoeve' in de Cotswolds, wat een statig, op de monumentenlijst geplaatst landhuis bleek. Daar leerde ze Pandora's broer Julian kennen, die net was afgestudeerd in geografie aan Durham en bezig was met 'wat ideetjes voor een start-up' terwijl hij woonde in een appartement in Islington dat eigendom was van zijn ouders.

De daaropvolgende achtenhalf jaar wachtte Brooke geduldig tot Julian een aanzoek deed. Ik zei tegen haar dat het niet ging gebeuren; Julians familie was er zo een met hun naam op de gevel van het National Theatre, en Brooke was Florida-uitschot, zij het uitschot met een keurig aangeleerd accent. Maar Brooke bleek een stuk beter in marketing dan ik achter haar had gezocht. Op haar verlovingsfeest hoorde ik haar tegen een van Julians oudtantes vertellen dat onze vader 'in de transportsector' had gewerkt en onze moeder 'een pleitbezorger van de Zuidelijke cuisine' was geweest. Ik stikte zowat in mijn canapé. Het is natuurlijk ook makkelijk om de doden op te hemelen; ze komen niet terug om je lastig te vallen met ongemakkelijke waarheden. Ik daarentegen was een tikkende tijdbom die haar opgepoetste versie van ons verleden elk moment kon opblazen.

Ik richt mijn blik weer op Tilly, die me afwachtend aankijkt. 'O nee, geen sollicitatiegesprek. Het ging over de vermiste jongen. Ik doe er soort van, eh, onderzoek naar.'

Tilly trekt een rossige wenkbrauw op. 'De politie heeft je om hulp gevraagd?'

'Nee, het is meer een onafhankelijk iets.'

Pandora fronst. 'Dus je... bemoeit je er ongevraagd mee?'

Brooke zucht geërgerd. 'Jongens! Dit hoort een leuke dag te zijn, oké? Geen vermiste-kinderenpraatjes meer, alsjeblieft!'

Alsof ze een teken heeft gekregen, verschijnt de medewerker met een zilveren dienblad met glazen champagne. 'Kijk eens aan,' zegt ze met een knipoog. 'Voor degenen met zenuwen voor de grote dag.'

Ik pak een glas en sla het achterover. 'Nog eentje, graag.'

Brooke kijkt nijdig naar me.

Pandora, het moet gezegd, probeert de stemming erin te houden. 'Zes dagen, B!' jubelt ze. 'Waar gaan Julian en jij ook alweer naartoe op huwelijksreis?'

'Een week naar Madagascar en dan een week naar Mauritius,' zegt Brooke.

'O, hebben jullie daar zo'n bungalowtje op palen?' tettert Tilly. 'Weet je, Ramon en ik...'

Ik haak af en slenter naar de hokjes met gordijnen langs de rand van de ruimte. Mijn jurk is als bij toverslag verschenen aan een met zijde beklede hanger, en ik glip de paskamer in en trek het gordijn dicht.

Jenny's woorden zijn me bijgebleven. *Opgever. Opgever. Opgever.* Ze heeft een punt. Nadat de band uit elkaar viel en Will vertrok, gaf ik het eigenlijk helemaal op. Er waren best kansen geweest om er nog een enigszins succesvolle girlbandcarrière uit te slepen. Ik had kunnen proberen te worden gecast voor een realitysoap, of een voetballer te daten, of een zelfbruinerslijn te lanceren. Maar Dylan was zo klein, zo afhankelijk, en het bestaan als alleenstaande moeder slokte me helemaal op. Het was een zich eindeloos herhalende cyclus van voeden, verschonen, slapen. Tot ik op een dag opkeek en Dylan tien was, en ik nog steeds ballonnen sleet aan rijke moeders op Instagram.

Achter het gordijn is het gekakel overgegaan op de pluspunten van Toscane ten opzichte van de Provence.

Ik pak mijn telefoon. Er zijn nieuwe berichten in de St. Angelesmoeders-WhatsAppgroep.

Allegra heeft het telefoonnummer gepost van de 'Alfie Risby Tiplijn'. Volstrekt anoniem uiteraard! Ik deel het voor het geval iemand iets weet.

Vergeet het tipgeld niet! doet Hope een duit in het zakje, niet van plan zich te laten overtroeven door Allegra.

Ik verstijf. Suggereren ze dat ik over informatie beschik – of dat Dylan over informatie beschikt? Nee. Natuurlijk niet. Het is een groepschat, geen geheim bericht aan mij persoonlijk. Ze proberen gewoon te helpen. Ik doe paranoïde.

Ik zak dieper weg in de comfortabele paskamerstoel en open Instagram. Er zijn diverse hysterische berichten waarin 'met bloedspoed' om lastminuteballonnenbogen wordt verzocht, die ik meteen verwijder, hoewel ik, als ik niet snel een paar opdrachten aanneem, de minimumafbetaling op mijn AmEx aan het eind van de maand niet ga redden. Maar dat is een probleem voor de toekomstige Florence.

Ik heb nog een paar vrienden in de muziekindustrie. Nou ja, niet echt vrienden. Mensen die ik ken. Of kende. Ik gooi er een berichtje uit naar een handjevol bekenden: Kennen jullie een dj die Ian Risby heet? En in Londen woont?

Brooke steekt haar hoofd door het gordijn. 'Ga je hem nog aantrekken of hoe zit het?'

Hè, jakkes. De jurk. Ik tover een lach op mijn gezicht. 'Tuurlijk, kom er zo aan.'

Het is onze derde doorpas. De bruiloft is zaterdag. In deze fase is de winkel gewoon op zoek naar dingen om aan te passen zodat ze haar die in rekening kunnen brengen.

Ik laat de koele, soepele stof over mijn hoofd glijden. De jurk was Tilly's keuze en hij is spuuglelijk. Een modern edwardiaans geval met een lijfje vol ruches om je 'minpunten' te camoufleren. De kleur is een gedekt grijsgroen, een tint waarin iedereen die geen rood haar heeft eruitziet alsof ze aan vergiftigingsverschijnselen lijdt.

Ik stap mijn veilige hokje uit en geef een pirouette ten beste.

'Niet eerlijk!' zegt Pandora met vooruitgestoken kin. 'Jou staat alles!'

Omdat ik sport en cosmetische ingrepen laat doen als elk normaal mens. Met jouw poen zou ik eruit kunnen zien als Giselle.

Brooke fronst. 'Maar je gaat toch wel een beha aantrekken?'

Ik knik. In de paskamer tingelt mijn telefoon zachtjes. Mijn hartslag schiet omhoog. 'Ja, hoor. Een beha.' *Je zegt het maar.*

Píng.

'Ik kan hem beter uittrekken. Wil hem niet vies maken.'

Voordat ik me kan terugtrekken, verschijnt er een naaister die fronsend aan de stof begint te plukken.

Ik begin te protesteren. 'Het is prima, echt –'

Brooke werpt me een waarschuwende blik toe. En dus blijf ik als een standbeeld staan en laat de vrouw met spelden in haar mond trekken en porren en prikken totdat ze glimlacht en zegt: 'Veel beter. Trek hem voorzichtig uit, meis, zodat je je niet bezeert.'

Ik knik en vlieg terug naar de paskamer. Mijn telefoon ligt op de stoel.

Eén nieuw bericht. Van Hope. Hallo lieve schat, wil alleen even navragen of je van plan was bij te dragen aan het bloemstuk voor de Risby's? Zag dat ik jouw bijdrage nog niet had ontvangen.'

Wel verdomme. Ik smijt mijn telefoon tegen het gordijn. Hij valt met een gedempte plof op de vloer.

Vanuit de bruidswinkel ga ik op eigen gelegenheid naar huis, waar ik me op de bank installeer met een beker ijs en de afstandsbediening. Ik wentel me niet in zelfmedelijden. Ik relax gewoon even. *Zou je ook eens moeten proberen, Jenny.*

Ik heb deze aflevering van *Property Shark* al eens gezien. Een veertigplusstel uit Shropshire is een schuur aan het verbouwen tot een paleis met twee verdiepingen voor hun geadopteerde beagles.

Mijn gedachten dwalen af naar Elliott. Het is maandag. Zijn die bloemen die ik bestelde al bezorgd? Hoe laat is het in Californië? Ik check mijn telefoon voor het geval ik een oproep heb gemist. Nope.

Ik zak dieper onderuit op de bank en wrik nog een brok mint-chocolatechipijs los met mijn vork. Ik probeer mijn aandacht bij het scherm te houden, maar het programma heeft niet het slaapmiddeleffect dat het anders heeft.

Ik ben nerveus, rusteloos en heb sterk het gevoel dat ik bekeken word. Ik sta op en loop naar het keukenraam, dat uitkijkt op de achtertuin. Ik tuur in het donker. Twee ronde gele ogen staren terug. Ik gil, en de ogen verdwijnen op slag, een pluizige staart die in het duister oplost. Een vos. Het was maar een vos. Een van de duizenden vossen die dag en nacht door Londen zwerven. Het is geen teken.

Doe verdomme normaal, Florence.

Ik plof weer op de bank en begin door willekeurige dj-profielen op Instagram te scrollen. Het zijn allemaal dezelfde foto's: fixiefietsen, Oost-Londense streetart, kurkumalattes met zweverige onderschriften over een nieuw begin.

Op de tv is het stel bezig met de grote onthulling. Het beaglepaleis heeft houten antislipvloeren en een natuurlijke waterbron.

Mijn telefoon zoemt, en ik schrik me wezenloos.

Op zoek naar gastenlijst vanavond?

Het is van Rory, een evenementenpromotor met wie ik in een grijs verleden één keer heb gerotzooid op Glastonbury. Rory is een gladjanus; zo'n gast die 's zomers op Ibiza zit, tientallen beroemde Instagramvolgers heeft en de eigenaars van elke hippe club en elk trendy restaurant tussen Los Angeles en Tel Aviv bij hun voornaam noemt. Hij probeert mensen altijd een plezier te doen, zodat ze bij hem in het krijt staan.

Er verschijnen drie puntjes. Rory is aan het typen.

Zag je Insta-bericht. IanSquared staat vanavond in Warehouse. Kan je op gastenlijst zetten.

Ik snor IanSquareds profiel op. Het zijn de standaard dj-kiekjes: hij van achteren, gebogen over draaitafels voor een extatisch publiek in Amnesia. Een Coachella-polsbandje, gedragen naast een magnetische armband en een rood koordje. Een latte met een perfect gevormd blaadje in het schuim.

Ik beweeg mijn vingers uit elkaar over het scherm om de foto's te vergroten. Het is onmogelijk uit te maken of de man op deze foto's Rollo Risby's geheime onwettige kind is. Op elke foto is zijn gezicht verborgen, alsof hij de reïncarnatie van Avicii is en incognito moet blijven, uit vrees dat de massa's hem herkennen.

Mijn telefoon zoemt weer.

We kunnen daar afspreken? schrijft Rory, met een kleine paarse duivel-emoji erachter.

Ieuw. Waarom zijn mannen zo voorspelbaar? Ik geef nog een laatste, lusteloze veeg door IanSquareds foto's. En dan zie ik het. Op een van de draaitafelfoto's. Daar, om zijn rechterpink, zit een gouden zegelring. Precies die van Rollo.

Mijn maag verstrakt.

Ik app Jenny: We gaan vanavond naar de club.

22

Ergens buiten Hackney

DINSDAG, 0.22 UUR

DE BAS BEUKT TEGEN DE MUREN VAN HET PAKHUIS. JONGEREN MET glittergel en tie-dyeshirts en denim tuinbroeken stoten van alle kanten tegen ons aan. Het gebouw waar we in staan was vroeger een soort vleesverwerkingsfabriek. Nu is het afgeladen met honderden Gen Z'ers die op afgrijselijke, tekstloze elektronische muziek staan te hossen.

Jenny hijst de bandeautop op die ik haar heb geleend.

'Ik begrijp het niet,' zegt ze, geleund tegen de ruw betonnen muur. 'Waar is hij?'

Ik begrijp het ook niet. De laatste keer dat ik in een club was, draaiden ze Rihanna en was er een vipruimte met bediening. Ik voel me stokoud. Wanneer raakte glittergel weer in?

De muziek staat snoeihard. We wijken uit naar de rand van de dansvloer, waar we in elkaars oor staan te schreeuwen.

'Dit is bespottelijk,' schreeuwt Jenny. 'Kunnen we niet gewoon –' Ze wordt onderbroken door iemand met een lampenkap op zijn hoofd die tegen haar opbotst, dan verontschuldigend buigt en verder danst.

Jenny kijkt me met grote ogen aan. 'Kunnen we niet gewoon naar zijn kleedkamer gaan?'

'Zijn kléédkamer? Kijk om je heen. Het is niet de Royal Albert Hall!'

Jenny's blik schiet door de duistere ruimte, haar groeiende ergernis zichtbaar. 'Waar zijn de volwassenen? Wie organiseert dit?'

'Het is een pakhuisfeest. Niemand organiséért het.'

Ze snuift. 'Ja, hoor. Jij denkt dat deze jongeren toevállig in een leegstaand pand belandden dat op wonderbaarlijke wijze voldoet aan brandveiligheidseisen voor openbare evenementen? Met duidelijk aangegeven vluchtroutes en nooduitgangen? Dacht het niet.'

Ik kijk om me heen. Een groen uitgangsbordje gloeit ergens in de verte. Verdomme. Ze heeft gelijk.

'Goed,' zeg ik, haar bij de hand nemend. 'Laten we het een uitsmijter vragen. Die weten alles.'

We wurmen ons door de meute verhitte lichamen over de dansvloer. Op de drempel tussen dansvloer en garderobe dringt een groepje van vier gasten in sweatshirt en schakelkettingen langs ons, waarbij mijn energiedrankje over me heen klotst.

'Hé,' roep ik in een wolk Tom Ford-eau de toilette. 'Neem je niet kwalijk hoor!'

De leider draait zich met een ruk om. Hij is lang en blond, en heeft een Buddy Holly-bril op en een gigantische koptelefoon om zijn nek.

'Sorry daarvoor,' zegt hij met een licht Schots accent.

Wanneer ik opkijk valt me nog iets anders op: Rollo Risby's zegelring om zijn rechterpink. Happend naar lucht geef ik Jenny een por.

'We weten wie je bent!' schreeuwt ze boven de beukende muziek uit.

'Wat?' schreeuwt hij terug.

'Ik zei dat we weten wie je bent!' brult ze in zijn gezicht.

Hij geeft ons een knipoog. 'Cool. Dan zie ik jullie dames straks op de dansvloer.' Hij gebaart naar zijn entourage om door te lopen.

Jenny gaat op haar tenen staan en klemt een hand om zijn schouder. 'We zijn geen fans!' krijst ze, vooroverbuigend tot haar gezicht vlak bij het zijne is. 'We zijn hier vanwege je broer. Alfie. Waar kunnen we praten?'

Onder de stroboscooplampen wordt Ians bleke gezicht nog bleker. Hij draait zich om naar zijn vrienden, die hij wegstuurt met een paar boksen en tot-zo's. Hij gebaart dat we hem moeten volgen en loodst ons via een onopvallende deur een lange betonnen gang door. Ian heeft lange benen; Jenny en ik moeten joggen om hem bij te houden. Hij loopt een beetje mank met zijn linkerbeen. Ik stoot Jenny aan, maar ze heeft het al gezien.

Aan het eind van de gang knikt hij naar een potige beveiliger. De beveiliger gromt, waarop Ian een stalen deur openduwt met het opschrift UITSLUITEND VOOR TALENTEN.

Jenny werpt me een blik toe die zegt: *Ik zei het toch.*

Ians kleedkamer is niet veel groter dan mijn slaapkamer. Er staan een aftandse leren bank, twee klapstoelen en een houten salontafel bezaaid met vloeitjes en twee zakken garnalencocktailchips. Er hangt één tl-lamp aan een zwart snoer, als in een verhoorkamer.

In het felle licht lijkt Ian minder op zijn vader dan Ms Schulz had beweerd. Hij heeft hetzelfde lichte haar, maar zijn ogen zijn anders. Aardiger. Zonder de ring zou het waarschijnlijk niet eens in me zijn opgekomen dat ze familie zijn.

'Zo,' zegt Ian, zijn lange lijf op de leren bank vouwend en gebarend dat we moeten gaan zitten. 'Wie zijn jullie precies?'

'We zijn moeders. St. Angeles-moeders,' antwoordt Jenny.

Hij fronst. 'Heeft Cleo jullie gestuurd? Hoor eens, als dit over de brief gaat, die werd gestuurd op aanraden van mijn advocaat. Een advocaat met wie ik geen zaken meer doe.'

'Welke brie–' begint Jenny, maar ik onderbreek haar.

'Dit gaat om je broer. Halfbroer. Alfie.'

'Aha.' Ian staat op en opent een joekel van een koelkast, waarna hij ons elk een flesje yerba-matéthee aanbiedt. 'Een onwettig kind valt ook niet geheim te houden, hè. Niet in het tijdperk van dat goeie ouwe 23andMe.' Hij vist een aansteker uit zijn zak om de doppen van onze drankjes te wippen. 'Oké, wat willen jullie weten?'

Jenny buigt voorover. 'Iemand zag je bij de wake afgelopen zaterdag. Waarom was je daar?'

Hij neemt een trage slok. 'Waarom was ik bij de wake voor mijn vermiste halfbroertje? Nou, eh... uit medeleven. Solidariteit. Niet dat die ouwe het op prijs stelde of zo. Maar inmiddels verwacht ik niet veel, weet je wel?'

Hij ziet er zo intens verdrietig uit dat ik me moet bedwingen om hem geen knuffel te geven.

'O nee, het is prima,' zegt hij zodra hij mijn gezicht ziet. 'Ik ben achtendertig. Ik heb een shitload aan therapie gehad. En ja, een paar ayahuascaceremonies. Geloof me, het vreet niet meer aan me. Ik heb er vrede mee.'

'Dus je hebt je geheime halfbroer niet gekidnapt?' Het hardop zeggen voelt ineens belachelijk. Krankzinnig.

Jenny klakt met haar tong. 'Florence, alsjeblieft –'

Ian stoot een lage, bulderende lach uit. 'Is dat wat jullie denken? Nou, nee dus.' Hij gebaart om zich heen. 'Heb niet bepaald de lifestyle voor een gegijzeld kind.'

In de deuropening verschijnt een jonge blonde vrouw met een klembord. 'Tien minuten, Ian.'

Hij knipoogt naar haar. 'Bedankt, Chels.'

'Dus, eh... waar was je afgelopen vrijdag?' vraag ik.

Hij kijkt op alsof hij me voor het eerst ziet. 'Wacht eens even... ken ik jou ergens van?'

Ik krijg een rood hoofd. 'Ik, eh... denk het niet.'

Hij springt op, niet van plan het erbij te laten. 'Ik zweer dat je me bekend voorkomt. En je stem! Dit klinkt vast idioot, maar ik hoor vroege Mariah –'

'Het zal het Amerikaanse accent zijn,' onderbreekt Jenny hem. 'Kunnen we bij het onderwerp blijven? Waar was je vrijdag?'

Ik kijk naar mijn schoenen. 'Ik ben weg van Mariah! En ik, eh... heb ook een muzikale achtergrond,' stamel ik.

Ian knikt en negeert Jenny straal. 'Zie je wel? Ik voelde het aan.' Hij klopt op de plaats naast hem. 'Kom eens, dan laat ik je zien waar ik vrijdag was.'

Ik ga naast hem zitten op de leren bank, onze knieën slechts centimeters van elkaar verwijderd. Hij geeft me zijn telefoon aan, en wanneer zijn vingers de mijne raken voel ik een elektrische vonk tussen ons overslaan.

'Zie je dat?' zegt hij, naar het scherm wijzend. Het is een video van een rave: blacklights, bezwete mensen, meer afgrijselijke elektronische muziek.

Hij buigt dichter naar me toe. 'Fire Factory in Brixton,' zegt hij zachtjes.

Plotseling ben ik me bewust van zijn koortsachtig hete lichaam, zijn warme adem. De haartjes op mijn armen gaan rechtovereind staan. Ian is niet mijn type, totaal niet. Ik val meestal op emotioneel onbeschikbare Credit Suisse-bankiers. Maar ik merk dat ik nog dichterbij wil schuiven.

'Daar was je vrijdag? De hele dag?' snijdt Jenny's stem als een beulszwaard door mijn gedachten.

Ian knikt, maar Jenny is nog niet klaar. 'En hoe zit het met het manke been?'

Er speelt een verbaasd lachje om zijn lippen. Hij stopt zijn telefoon weer in zijn zak en kijkt Jenny aan. 'Zo zichtbaar, hm? Snowboardongeluk. Pikte vorige week de eerste poedersneeuw mee in Zermatt, ging onderuit.'

Jenny schuift naar het puntje van haar klapstoel. 'Kun je iemand bedenken die je vader kwaad zou willen doen? Of je broer?'

'Zou ik moeilijk kunnen zeggen, hè? Die ouwe en ik zien elkaar niet vaak, afgezien van de jaarlijkse kerstlunch. Ik hoor een geheim te zijn, weet je nog?' Hij knipoogt.

Jenny fronst. 'Hij gaf je wel zijn ring.'

Hij kijkt naar de gouden zegelring om zijn pink. 'Wat? Nee. Mijn moeder gaf me deze ring.' Hij fronst. 'Twee weken voor haar dood.'

Jenny heeft moeite om haar teleurstelling te verbergen. 'Dus je kunt níémand bedenken die je vader kwaad zou willen doen? Of Alfie?'

Zijn uitdrukking wordt bedachtzaam. 'Nou, misschien...' Zijn stem sterft weg.

'Wat?' dringt Jenny aan.

'Jullie zijn van St. Angeles, toch? Hoe zit het met die rekenleraar een paar jaar geleden, degene die werd ontslagen omdat hij wat probeerde met een leerling?'

Ik ga rechtop zitten bij de herinnering aan mijn gesprek met Mr Papasizi. 'Mr Sexton?'

'Ja, ik geloof dat hij zo heette. Zieke toestand, hoor.'

Jenny stuitert op haar stoel. 'Was Alfie daarbij betrokken? Ik bedoel, was hij de leerling?'

Hij kauwt op zijn lip. 'Ik hoor hier eigenlijk niet over te praten. Niet mijn zaken, weet je.'

'Dat heb je min of meer al gedaan,' breng ik naar voren.

'Tja, waarom denk je dat de kerel zo snel werd ontslagen?'

Jenny komt tussenbeide. 'Hoe weet je hier überhaupt van? Je zei net dat je vader niet veel aandacht aan je besteedde.'

Ian kijkt alsof hij een klap in zijn gezicht heeft gekregen.

Ik werp haar een blik toe. 'Kom op, Jenny, doe eens aardig.'

'Wat? Het is een redelijke vraag.'

Behoedzaam neemt hij haar in zich op. 'Waarschijnlijk van Helen.'

Jenny duikt erbovenop. 'Helen Schulz, de adjunct-directeur?' vraagt ze met grote ogen.

De deur kraakt open. De blonde vrouw weer. 'Ze zijn klaar voor je, Ian.'

Hij vouwt zijn lange benen uit en staat op. 'Ik moet gaan.' Hij lijkt bepaald niet rouwig om te kunnen ontsnappen.

'Sorry, kun je nog –' Jenny springt van haar stoel om hem de weg te versperren, maar hij is al halverwege de kamer.

Op de drempel blijft hij staan, zijn blik op mij gefixeerd alsof Jenny er niet is.

'Leuk jullie te ontmoeten, dames,' zegt hij met een knipoog. 'Blijf voor de set als jullie willen.'

Drie Ubers laten me stikken voordat ik eindelijk een rit voor ons heb geregeld. Tegen de tijd dat onze zilverkleurige Prius voor het pakhuis stopt, beginnen jongeren met een pilletje in hun mik de club uit te druppelen, rondhangend in groepjes alvorens in tweetallen in de nacht te verdwijnen.

Jenny rukt het achterportier open en schuift over de bank.

'Ben je... kwaad op me?' vraag ik voorzichtig.

'Hoe kom je erbij, detéctive?' bijt ze me toe, haar gordel nogal agressief vastklikkend.

De chauffeur bekijkt ons in de achteruitkijkspiegel, inschattend of we een hoofdpijnrit gaan worden.

'Waarom? Omdat hij me leuk vond?'

Jenny draait zich naar mij om. 'Hoorde je niet wat hij zei? Hij noemde haar Helen. Wat betekent dat Ms Schulz tegen ons loog. Ze deed alsof ze Ian helemaal niet kende. En we hadden meer te weten kunnen komen als jij niet zo druk bezig was geweest je aan hem op te dringen.'

Mijn wangen branden. 'Ik drong me niet op! Ik zocht de menselijke verbínding. Waarom denk je dat hij ons überhaupt in zijn kleedkamer liet? We zijn geen politie, hoor! Hij moet met ons wíllen praten.'

Jenny negeert me, in haar handtas rommelend naar haar vape. Voorin fronst de chauffeur.

'Je mag niet roken in de auto,' zegt hij.

Jenny neemt een trage hijs van haar vape. Woede stijgt in vochtige wolken uit haar op.

'Het is geen misdaad om charmant te doen, weet je,' zeg ik. 'Moet je ook eens proberen. Hoe dan ook, Ian heeft een alibi. Tweeduizend man bij zijn set op vrijdag. Je kunt niet serieus geloven dat zo'n man –'

'Zó'n mán?' snauwt ze. 'Wat wil je daar nou weer mee zeggen? Denk je dat aantrekkelijke mensen geen misdaden plegen? Hij liep mank, Florence! Hij heeft een motief. Denk even na. Als Cleo en Rollo gaan scheiden en Alfie van het toneel verdwenen is, is Ian Rollo's enige erfgenaam. Dan erft hij miljoenen.'

'Serieus, dame, je mag hier niet roken,' komt de chauffeur tussenbeide.

‘Ik rook niet. Het is een vape!’ Ze neemt nog een laatste hijs voordat ze hem terug in haar handtas propt.

De chauffeur schudt zijn hoofd en doet het raampje bij Jenny open. Koele lucht stroomt over mijn gezicht. In de verte flitsen de lichtjes van Canary Wharf voorbij; straks krioelen de blinkende torens van de werkbijen.

Jenny trekt aan haar bandeautop. ‘Weet je, Colson and Casey rekent voor mij 1.250 pond per uur. In eenheden van 7 minuten.’ Ze kijkt op haar horloge. ‘Dit babbeltje zou je… 450 pond hebben gekost.’

Paniek vult mijn keel. Wat er ook gebeurt, ik kan me niet veroorloven Jenny kwijt te raken. Zonder haar is er geen onderzoek.

‘Heb je überhaupt een van de boeken gelezen die ik je gaf?’ vraagt ze.

Ik kijk naar mijn nagels, de restanten van Linhs manicure. ‘Nee. Nog niet, bedoel ik.’

Uitdrukkingsloos staart ze uit het open raam. Wat ik nu zeg kan de hele boel ruïneren.

‘Het spijt me,’ zeg ik zachtjes. ‘Van vanavond. Ik dacht oprecht dat ik goed bezig was.’

Dit is mijn knieval voor haar, ik smeek haar met mijn ogen. *Geef het niet op met mij.*

Jenny blijft heel lang uit het raam staren. Canary Wharf ligt inmiddels achter ons. Voor ons, aan de horizon, komt de Tower of London in zicht, de eeuwenoude stenen verlicht door felle schijnwerpers.

Ze doet het raampje dicht en draait zich naar me om. ‘Mag ik je iets vragen? Wat ga je doen wanneer je niet meer knap bent? Heb je een back-upplan? Want dit nummertje heeft een uiterste houdbaarheidsdatum.’

Haar woorden branden in mijn oren. Ik bijt op mijn lip, ik vertik het om te huilen.

London Bridge verschijnt links van me. Toeristen halen London Bridge en Tower Bridge altijd door elkaar. Tower Bridge is de fraaie brug op alle ansichtkaarten en in de James Bond-films. London Bridge is een vrij lompe overspanning van beton en staal, gebouwd in de jaren zeventig voor forenzen. Ze doen geen moeite die 's nachts te verlichten.

Ik adem diep in. 'Luister, ik doe mijn best, oké?'

'We moeten Ms Schulz nog een keer spreken,' zegt Jenny uiteindelijk. 'Ze loog dat ze Ian niet kende. Het is verdacht.'

Mijn hart veert op. 'Ja. En Mr Sexton opsporen. Meteen morgenvroeg.'

Jenny kijkt op haar horloge en zucht. 'Zorg dat je de dingen op een rijtje krijgt, Florence. Ik heb een week vrij genomen hiervoor. Voor mij is het geen spielerei.'

23

Shepherd's Bush

DINSDAG, 3.18 UUR

IK KOM TERUG IN EEN STIL HUIS. ADAM MOET ZIJN UITGEGAAN; zijn afgeragde VW staat niet in de straat. Mijn sleutel blijft in het slot steken. Ik wrik hem los, denkend aan de Strangler, en prent in mijn geheugen dat ik Linh moet vragen of ze hem al hebben opgepakt.

Binnen plof ik op de bank. Mijn blik valt op de stapel speurdersboeken van Jenny. Ze heeft gelijk: ik had haar suffe boeken moeten lezen. Of ze op zijn minst moeten doorbladeren.

Ik buk en kies de dunste uit de stapel: *Surveillancetechnieken voor Dummies*. Op de cover staat een veertigplussukkel in kaki legershorts door een telelens te turen, vermoedelijk om zijn aankomende ex-vrouw te bespioneren. Ik blader de hoofdstukken door over posten en afluisteren. Het doet volkomen zinloos aan. Dit zijn niet de technieken die mijn zoon uit de problemen gaan helpen.

Ik verruil het boek voor de *Daily Post* en zie dat Alfies verdwijning nog steeds het belangrijkste verhaal is. De krant heeft de hand weten te leggen op bewakingsbeelden van het parkeerterrein van het Wetland Centre. Een korrelig zwart-witbeeld uit een video is breed uitgemeten over de voorpagina en toont een tiental jongens vlak nadat ze die ochtend uit de bus zijn gestapt. De *Daily Post* heeft heel attent een rode cirkel getrokken om een afzijdig staand figuurtje dat een andere jongen lijkt te duwen. De kop schreeuwt:

ONBEKENDE JONGEN DUWT VERDWENEN ALFIE
UREN VOOR ZIJN VERDWIJNING

De zeurende pijn in mijn buik, waar ik al last van heb sinds ik Dylan vrijdag ophaalde, komt terug. Ik zoom in totdat de foto mijn hele scherm beslaat. *Is dat Dylan?* Het lijkt wel zo, maar het is moeilijk met zekerheid te zeggen. De jongens zijn allemaal in uniform en hun gezichten zijn geblurd.

Tot nu toe is het me gelukt niet na te denken over wat Alfie daadwerkelijk is overkomen in het Wetland Centre. Ja, de rugzak onder Dylans bed is verdacht. Ja, wat Alfie in zijn *Emotiedagboek* schreef ziet er slecht uit. Maar het is net als wanneer je je per ongeluk snijdt en je vinger veel pijn doet, maar je er niet naar kijkt omdat het zíén van de wond de pijn alleen maar erger maakt. Als ik Dylan confronteer met wat ik heb ontdekt, zal zijn reactie definitief, onherroepelijk, voor eens en altijd in mijn geheugen gegrift staan. Dat heb ik gewoon nog niet aangedurfd.

Maar nu ik hier op de bank zit te staren naar wat vrijwel zeker de geblurde foto van mijn zoon is op de homepage van de grootste tabloid van het land, zie ik in hoe dom ik ben geweest. Hoe naïef. Hoe kan ik Dylan beschermen als ik mijn kop in het zand steek? De enige manier om voor hem op te komen is door de waarheid te achterhalen, de hele waarheid, en die onder ogen te zien.

Dus stiefel ik de gang door en gooi de deur van Dylans kamer open, mijn hart ophalend aan het vertrouwde sfeertje: de LEGO-ruimteschepen, de stripboeken, de vage stank van sneakers.

Wanneer ik het licht aandoe klinkt er een knal, gevolgd door een sissend geluid, als een elektrische stoel die wordt ingeschakeld. Het duurt een tel voordat ik doorheb dat het peertje is doorgebrand. *Het is het peertje maar*, zeg ik hardop om mezelf te kalmeren.

Ik wacht tot mijn hartkloppingen zijn bedaard, haal dan mijn telefoon tevoorschijn en begin foto's van de kamer te nemen. Ik ga nooit onthouden waar alles ligt; wil ik een kans maken om alles weer op de juiste plek terug te leggen, dan heb ik een voorbeeld nodig. Zodra ik ervan overtuigd ben dat ik de plek van elk rondslingerend stuk speelgoed en elke sok heb vastgelegd, stroop ik mijn mouwen op en begin Dylans kamer uit te kammen, stukje bij beetje. Ik keer de matras om, doorzoek de prullenbak, kieper alle LEGO-dozen leeg. Ik weet niet waarnaar ik op zoek ben, dus moet ik alles doorzoeken.

Uit Dylans bureaulade haal ik halflege pennen, schriften met oude rekensommen, kopieën van artikelen over dierproeven. STRIJD TEGEN KONIJNENMISHANDELING IN LABORATORIA. De foto's zijn gruwelijk. Verdomde Mr Foster. Ik had die twee nooit met elkaar moeten laten omgaan, die ouwe gek maakt Dylan nog vreemder. Zodra Dylan terug is van Will zal ik hem te verstaan geven: geen Mr Foster meer.

Ik ga verder met Dylans ladekast. Nadat ik de bovenste lade heb opengerukt gooi ik er sokken en pyjama's uit. Ik tast de binnenkant af om te kijken of hij iets heeft verstopt, en mijn vingers raken iets zachts en nats. Iets slijmerigs. Geschrokken trek ik mijn hand terug en ik trek de lade uit de kast. Daarin vind ik een open rood plastic bakje met ongeveer het formaat en de vorm van een ei. Ik herken het van Dylans 'Eerste Scheikundedoos'. Het Grote Slijmexperiment, waarbij mijn hele keukenblad onder de groene smurrie zat. Slijm. Ik ben al meer dan een uur bezig en een potje 'Experimenteel Slijm' is het belastendste in mijn zoons kamer.

Een golf van schaamte spoelt over me heen. Waar ben ik mee bezig? Natuurlijk heeft Dylan niets verdachts in zijn kamer. Hij is een kind. Ik haat mezelf omdat ik überhaupt iets anders heb durven denken.

Nadat ik alles heb teruggeplaatst, breng ik de rest van de nacht in verdwaasde toestand door. Ik overweeg Matt B. te bellen voor een rondje omakase en hotelliftseks, maar het is te laat. Hij slaapt allang. Brooke zal alleen vragen of ik de advocaat al heb gebeld. De enige met wie ik echt wil praten is Jenny, maar dat gaat niet. Als ze de ware reden kende waarom ik dit allemaal doe, zou ze nooit meer een woord tegen me zeggen.

In plaats daarvan sla ik haar stomme boek over surveillance open en lees het helemaal, van kaft tot kaft, waarbij ik alleen even stop wanneer de eerste zonnestralen door het raam kruipen.

Ik word dichter tegen twaalven wakker dan de bedoeling was. Mijn hoofd bonst. Cafeïnegebrek waarschijnlijk. Ik heb een bericht van Brooke. Heb je al een advocaat gebeld?, gevolgd door twee knalrode uitroeptekens. Ik vraag me af of zij de *Daily Post* ook heeft gelezen.

Ik trek een Red Bull open en check de homepage. De kop over de ruziënde jongens is verdwenen. Nu staat er een die luidt:

MEDIUM BEWEERT TE COMMUNICEREN
MET VERMISTE LEERLING

94 UUR VERMIST! schreeuwt de aftelklok.

Ik klik op het artikel, maar voor ik het kan lezen zoemt mijn telefoon.

1 nieuw bericht van Dylan.

Hoop schiet omhoog in mijn borst. Dit kan het zijn. Het moment waarop ik heb gewacht. Mijn zoon gaat alles uitleggen. Vliegensvlug open ik het bericht, maar er is geen tekst. Alleen een schildpademoji.

Greta.

Fúck. Ik heb die stomme schildpad nog niet gevoerd.

Ik loop naar de keuken om de inhoud van de koelkast te monsteren: een fles wodka, drie limoenen, een bakje met de restanten van een Indiase afhaalmaaltijd. Ik schep wat aloo gobi op een bord, waarbij ik Dylans protesten al kan horen: *je mag een schildpad geen afhaaleten voeren!*

En jij mag de rugzak van je vermiste klasgenoot niet onder je bed verstoppen en het voor mij verzwijgen, kaats ik in gedachten terug.

Greta zit op de grote steen achter in haar hok te zonnen onder haar uv-lamp. Ik lepel de curry in haar hok. Ze staart me vol verachting aan.

Mijn oog valt op het gele blik op Dylans bureau. Dat van Mr Foster, met de krekels. Ieuw. Oké. Dan geef ik haar wat ze wel lust.

Het blik is verrassend zwaar. Ik buig over Greta's hok en zet me schrap voor fladderende insecten. Maar wanneer ik het deksel open gebeurt er niks. Ik kantel het blik iets en geef er een tik op. Een lading spijkers regent neer in Greta's hok, die haar ternauwernood mist. Greta kijkt me apathisch aan, zo van: *je bent een nog grotere prutser dan ik dacht*.

'Het is niet mijn schuld dat die ouwe gek me het verkeerde blik gaf,' reageer ik beledigd. *Verdomde Mr Foster*. Seniele ouwe knar. Zodra ik deze Alfie-toestand heb uitgezocht, ga ik een hartig woordje met hem spreken. Dylan heeft normale vrienden van zijn eigen leeftijd nodig.

Zo snel mogelijk ruim ik de rotzooi op, de spijkers eruit vissend en terug in het blik mikkend. Eenmaal klaar dump ik de rest van het Indiase eten in een hoek van Greta's hok en haast me Dylans kamer uit.

Ze knippert niet eens bij wijze van bedankje.

Jenny neemt op nadat de telefoon drie keer is overgegaan.

'Ben je nog kwaad op me?' flap ik eruit voordat ze iets kan zeggen. 'Want ik mis je.'

Het is waar. De afgelopen uren zijn merkwaardig eenzaam geweest. Ik had me niet gerealiseerd hoezeer ik op Jenny was gaan rekenen – voor ritjes, gezelschap en natuurlijk het onderzoek.

'Ik ben niet kwaad,' zegt ze zacht. Ze klinkt mijlenver weg; haar stem heeft een afwezige ondertoon.

'O, gelukkig. Zullen we gaan brunchen en de vervolgstappen doornemen? We kunnen weer naar die Libanees gaan –'

'Ik kan niet, Florence. Er kwam iets tussen. Ik moest naar mijn werk om een brandje te blussen.'

'Wat? Ik dacht dat je vakantiedagen had opgenomen?'

Jenny zucht hoorbaar. 'Welkom in de wereld van de werkenden.'

Ik negeer de sneer. Als ik door het stof moet, ga ik door het stof.

'Ik heb de boeken die je me gaf gelezen, hoor. Nou ja, eentje in elk geval. Over surveillance.'

'Echt?' Ze klinkt verbaasd.

Er klinken gedempte stemmen op de achtergrond, collega's misschien. Ik besef dat ik niet eens weet waar Jenny's kantoor zit. Soho? De City? Ik vraag me af of ze zo'n glazen hoekkantoor in een wolkenkrabber heeft zoals in films, met orchideeën op het bureau en assistenten om koffie te halen die nooit heet genoeg is. Ik zou het moeten vragen.

'Ik moet ophangen,' zegt ze. 'Dus, tja, ik weet niet... doe je best. Misschien kun je een adres of contactgegevens van Mr Sexton opzoeken.' Ze hangt op voordat ik gedag kan zeggen.

Wanneer ik bij Adam aanklop doet hij onmiddellijk open, fris gedoucht en ruikend naar muntshampoo. Hij draagt een donkere joggingbroek en zijn witte v-hals is aangenaam strak gespannen over zijn gespierde bovenlijf.

'Flo!' zegt hij glimlachend. In zijn woning staat de tv aan; de vettige geur van worstjes en gebakken eieren drijft door de open deur. 'Perfect getimed. Ben net wat te eten aan het maken. Kom verder.'

Het is tijden geleden dat ik hierboven was, nog vóór Marta's vertrek. Meestal zitten we in mijn woning, die als pluspunt de achtertuin en meubels waar je ook echt op wilt zitten heeft. Adams helft van het huis werd eind jaren negentig door zijn vader de politiebobo gekocht – ik vermoed als plek om affaires te hebben – en nooit verbouwd. De keuken is een en al gedateerde eikenhouten kastjes en verschoten magnoliawitte muren. Mijn blik schiet door de keuken. Het aanrecht wordt grotendeels in beslag genomen door gigapotten creatinepoeder. Een van Marta's inspirerende Instagram-citaten hangt nog steeds ingelijst aan de muur: HET LEVEN IS EEN BLANCO DOEK. BESCHILDER HET MET JE DROMEN.

Je kunt er wel van de vloer eten, dat moet ik hem nageven. Elk oppervlak is blinkend schoon geboend.

'Jezus, gast. Heb je een schoonmaker?'

'Nee. Marta was de sloddervos. Eén pluspunt van haar vertrek: ik kan eindelijk in een schoon huis wonen.'

'Hm.' Zo slordig leek Marta mij niet. Maar ja, zij en ik waren niet close. Onze relatie bestond uitsluitend uit het uitwisselen van praatjes over het weer wanneer we elkaar voor de deur tegenkwamen. Eén keer met de kerst had ze bij mij aangeklopt en me een cadeau overhandigd dat een 'persoonlijke reis geïnspireerd door de bestseller *The Secret*' bleek te bevatten. Ik had niets voor haar gekocht en haar een niet-ingepakte fles prosecco zo uit de koelkast gegeven, hoewel ik vrij zeker wist dat ze niet dronk.

'Heeft ze de pan ook aan jou gegeven?' vraag ik, wijzend naar een pastelroze imitatie-Le Creuset waarin witte bonen in tomatensaus pruttelen.

Adam haalt zijn schouders op. 'Ja. Te zwaar om mee te slepen naar Polen, denk ik.'

Ik ga aan tafel zitten terwijl Adam opschept. De tv staat aan. Een verslaggever van *Sky News* in een dichtgesnoerde waxjas staat voor een moeras de 'controverse' uit te leggen over het plan om het reservoir te laten leeglopen om naar Alfie te zoeken, na zorgen van een milieugroepering dat het trekvogelschema's kan verstoren.

Adam zet een afgeladen bord voor me neer en gebaart naar de tv. 'Dat geloof je toch niet? Al die heisa om één rijkeluiszoontje,' zegt hij hoofdschuddend.

Ik knik. Ik ben niet echt in de stemming voor een van zijn 'iedereen is gelijk'-preken.

'Heb je vrij vandaag?' vraag ik om van onderwerp te veranderen.

'Ja.' Zijn stem komt vanuit de keuken. 'Straks naar de sportschool. *Legday*.'

'Doe je nog steeds dat ene...'

Hij verschijnt weer met een fles HP-saus. 'CrossFit? O ja. Er komt een aantal wedstrijden aan. Ben ik waarschijnlijk een paar dagen weg.' Hij zet de saus op tafel en gebaart dat ik moet toetasten.

Ik staar naar het bord en prik wat in de eieren met mijn vork.

'Hoe gaat het met jullie, eh... onderzoek?' vraagt hij, een enorme lepel bonen naar binnen werkend.

Ik klem mijn kaken op elkaar. 'Niet best, eigenlijk. Geen van onze aanwijzingen heeft iets opgeleverd. Nu is Jenny kwaad op me.'

Fronsend schuift hij nog een hap naar binnen. 'Hoe kan iemand nou kwaad zijn op jou?'

Ik bijt op mijn lip. Hij weet heus wel dat de enige reden dat iemand weleens níét kwaad op me is, is omdat diegene hoopt dat ik met hem naar bed ga.

'Heeft ze het idee dat jij je steentje niet bijdraagt of zo?'

'Wat? Heb je haar gesproken of –'

'Nee, eh... nou ja, ik liep haar gisteren tegen het lijf. Bij Nando's.'

Ik voel iets in me knappen, een synaps of zo. 'Wat?'

'Het is echt te gek! Allerlei proteïne-opties, voor als je spiermassa kweekt.'

'Nee. Ik bedoel, waarom ga jij met Jenny om?'

Hij fronst. 'Ach, kom nou. Het was maar een stukje kip.' Hij houdt een bord op. 'Tomaat?'

Ik schud mijn hoofd.

'Het stelt echt niks voor, Flo.'

Maar dat doet het wel. Adam mag dan niet mijn vriend zijn, hij is wel mijn back-upplan. Zijn aandacht, zijn hulp, zijn loyaliteit – die zijn van mij. Ik reken erop. Toch weet ik mijn jaloezie van me af te zetten, want ik ben hier met een missie.

'Ik heb je hulp nodig.'

Adams grote blauwe ogen vernauwen zich tot spleetjes. 'Wat voor hulp?'

'Ik moet Jenny laten zien dat ik mijn bijdrage lever. Aan het onderzoek. Dat het niet allemaal vanuit haar komt. Kun jij me aan een adres helpen?'

'Wat voor adres?'

‘Hij heet Robin Sexton. Hij was leraar. Op St. Angeles. Werd een paar jaar terug ontslagen.’

Hij ademt langzaam uit, peinzend. ‘En wat krijg ik ervoor terug?’

Ik frons. ‘We hebben het over een kínd, Adam. Een tienjarig jongetje. Iemands zoon.’

Pruilend prikt hij een worstje aan zijn vork. ‘Het was een geintje, oké?’

‘Dus je helpt me?’

Hij gromt, en ik weet dat ik gewonnen heb.

‘Ik zal kijken wat ik kan doen,’ zegt hij. ‘Ik beloof niks.’ Hij schuift een bord met gebakken vlees naar me toe. ‘Maar Flo...’

‘Ja?’

‘Je moet deze worstjes echt proberen.’

Het adres van Robin Sexton valt die avond door de brievenbus, gekrabbeld in Adams handschrift op een kladblaadje. Ik app Jenny het goede nieuws zonder te vermelden waar ik het vandaan heb.

Als ze al onder de indruk is van mijn speurwerk, dan laat ze het niet blijken; haar enige reactie is een opgestoken duim.

Ik probeer het nogmaals. Wil je een kijkje nemen? Morgen om 9 uur gassen?

Ké, antwoordt ze een paar minuten later.

Ik vraag me af of ze nog steeds kwaad is of gewoon retedruk.

Belinda is ziek. Moet de jongens misschien meenemen, volgt even later.

Ik slik. Het is een test.

Geen probleem, antwoord ik, met een smiley voor de zekerheid. Hoe meer zielen, hoe meer vreugd!

24

Shepherd's Bush

WOENSDAG, 9.45 UUR

WANNEER IK DE VOLGENDE OCHTEND HET HUIS UIT LOOP, ZIT Jenny alleen in de gehuurde rode mamamobiel. Belinda de nanny is op de valreep op wonderbaarlijke wijze genezen, waarmee ze mij een herhaling van de Max & Charlie-show bespaart. Maar Jenny is nog gespannener dan anders, afwisselend met haar knokkels knakkend en grote teugen ijskoffie nemend.

'Weleens in Guildford geweest?' vraag ik om het ijs te breken.

'Volgens mij spreek je het uit als Gil-ferd,' zegt ze. 'De "d" is een stomme letter. Klaar?' Ze start de auto zonder op mijn antwoord te wachten.

Wanneer we Londen uit zoeven gaan robuuste bakstenen huizen over in nieuwbouwflats, dan bouwkranen en winkelcentra met borden in het Pools. Eindelijk maken opslagloodsen en geldwisselkantoren plaats voor zacht glooiende groene heuvels.

Ik verwachtte een grauw, zielloos forenzenoord aan de rand van Londen, maar Guildford blijkt een alleraardigst marktplaatsje te zijn, compleet met middeleeuws kasteel.

We hebben tijd zat om het kasteel te bewonderen, want we raken verdwaald. Jenny gaat tekeer tegen het navigatiesysteem terwijl we eindeloos rondjes rijden om de Guildford-rotonde. ('Technisch gezien is het een verkeersplein,' wijst ze me terecht.) Het voelt bijna weer als vanouds, maar onze relatie heeft een nieuwe onderstroom, een spanning die er voorheen niet was.

Tegen de tijd dat we Chestnut Road in rijden, staat de zon hoog en flets aan de hemel. Het is stil op straat. De meeste bewoners zijn naar hun werk. Het is vuilnisdag; langs de stoep zie ik afvalresten en lege kliko's.

Robin Sextons huis is nummer 16, een net victoriaans arbeiderswoninkje. De bakstenen gevel is witgeverfd, met een heldergroene voordeur en een olijfboom in een pot. Het is in één woord schattig. Je zou nooit denken dat hier iemand woonde die beschuldigd was van een walgelijk misdrijf.

We parkeren een eindje verderop, onder een boom waarvan de bladeren in een grote hoop op straat zijn gevallen.

Ik kijk Jenny aan. 'En nu?'

'Hoe bedoel je? Je hebt het boek gelezen. Nu wachten we af.' Ze trommelt op het stuur. 'Geef me de foto nog eens?'

Ik laat haar de foto van Mr Sexton zien die ik uit Dylans oude jaarboek heb gescheurd.

'Hij ziet er niet slecht uit,' merkt Jenny op, en ik moet haar gelijk geven. Je verwacht min of meer dat iemand die ervan beschuldigd is met zijn tengels aan een kind te hebben gezeten een algehele gluiperigheid uitstraalt, met een bril met draadmontuur en een glanzend kale knikker. Maar Robin Sexton – althans, de Robin Sexton van vier jaar geleden – ziet er fris en gezond uit, met een vierkante kaak en brede schouders en golvend bruin haar. Als iemand die lacrosse speelt. Je zou hem zo naar rechts swipen, als je geen al te hoge eisen stelde.

Jenny geeft de foto terug. 'Ik bedoel, het is geen Adam,' zegt ze met een knipoog. 'Maar hij kan ermee door.'

Ik heb het gevoel dat ik een klap in mijn gezicht heb gekregen. 'Wat?'

Ze klikt haar gordel los en draait zich naar me toe. 'O, kom op. Wou je beweren dat jullie tweeën nooit – je weet wel?' Ze beweegt haar wenkbrauwen suggestief op en neer.

Ik voel dat ik rood word. 'Ieuw. Nee!'

Ze haalt haar schouders op. 'Ik weet niet. Hij is best heel leuk.'

'Wat? Hij is niet eens jouw type,' sputter ik tegen.

Jenny rimpelt haar neus. 'Wat weet jij van mijn "type"?'

'Nou ja, ik zie jou gewoon met iemand die, zeg maar, een pak draagt. Een zakenman. Of -vrouw,' zeg ik er snel achteraan.

Ze snuift. 'Een zákenman? Wat moet ik me daar überhaupt bij voorstellen?'

Ze lijkt oprecht beledigd, maar voordat ik het kan goedpraten onderbreekt een harde tik op mijn raampje ons. Een vrouw met een breed gezicht en een klein hondje gebaart dat ik het open moet doen.

'Morgen!' zegt ze. 'Mag ik vragen waarom jullie hier geparkeerd staan?'

Met een stalen gezicht staar ik haar aan. 'Ben je de parkeerwacht?'

De vrouw glimlacht gemaakt. 'Het punt is dat in deze straat een soort van ongeschreven parkeerregel geldt. Voor bewoners.' Ze verplaatst haar gewicht, wacht af of we de wenk ter harte nemen. 'Meestal parkeer ik hier namelijk,' vervolgt ze. 'En ik zou best ergens anders kunnen staan...' Ze gebaart naar de lege straat. '...maar dat zou tot een hoop verwarring leiden voor iedereen. Misschien kunnen jullie een paar meter naar achteren gaan? Dat is de plek die we vrijlaten voor bezoekers.'

Het hondje keft, alsof hij de mening van zijn baasje deelt.

'Ja, hoor, mafkees –' begin ik, maar Jenny kapt me af.

'Geen probleem,' zegt ze, mijn raampje sluitend, waarna ze de auto in zijn achteruit zet. 'Ruzie zoeken met wildvreemden is geen heel handige undercovertactiek. Het hele punt is juist om niet op te vallen.' Ze zet de motor uit en begint verwoed op de nagel van haar rechterwijsvinger te bijten.

Om de een of andere reden irriteert dit me. 'Sinds wanneer bijt jij nagels?'

'Misschien sinds ik stopte met vapen?'

'Wat? Waarom?'

'Hoezo waaróm? Vapen is heel slecht voor je. Ik had lang geleden al moeten stoppen.'

'Ik snap gewoon niet waarom...' begin ik te discussiëren, maar ik stop halverwege de zin omdat een man in een joggingbroek en een jagersgroen jack uit nummer 16 komt, met een grote zwarte plunjezak over zijn schouder.

'Dat is 'm,' schreeuw ik. 'Dat is Robin.'

Jenny zet grote ogen op. 'Is dat een plunjezak? O mijn god, leg dit vast...'

Ik haal mijn telefoon tevoorschijn en open gejaagd de camera-app. Ik begin te filmen op het moment dat Robin naar een wit busje loopt.

'Een wit busje? Serieus, een wit busje! Kan het nog schimmiger?' gil ik.

Jenny en ik kijken toe terwijl Robin een blik over zijn schouder werpt, dan de achterdeur van het busje opent en de plunjezak met een zware plof achterin zet. Maar in plaats van in te stappen en weg te rijden, doet hij de deur zachtjes dicht en loopt zijn huis weer in.

'Zag je dat?' zeg ik met grote ogen. 'De zak?'

Jenny knikt. 'Wat er ook in zit, het is zwaar.'

Voordat een van ons nog iets kan zeggen verschijnt Robin weer, een tweede zwarte plunjezak meezeulend. Die legt hij naast de eerste en hij loopt terug naar het huis.

'Sodeju. Sodeju. Zie je dit?' zeg ik vol ongeloof.

Jenny gebaart naar mijn telefoon. 'Je filmt dit toch wel, hè?'

Robin verschijnt een derde keer, met een enorme witte plastic zak op zijn schouder. Ik tuur door mijn wimpers om de tekst op de zijkant van de zak te ontcijferen.

Jenny zet haar bril op. 'Or-ga-ni-sche mest,' zegt ze met overslaande stem.

Robin mikt de zak achter in het busje, doet de deur dicht, stapt dan in en start de motor. Ik stop met filmen en stop de telefoon in mijn tas.

'Hij gaat weg,' gil ik. 'We moeten hem volgen.'

Er flitst een spoor van twijfel over Jenny's gezicht. 'Hem volgen?'

'Kom op, we moeten zien waar hij heen gaat!'

Dan draait ze sleutel om en komt onze tank grommend tot leven. Mijn hart bonst wanneer we de hoofdweg op draaien. Jenny houdt zorgvuldig twee autolengtes afstand, precies zoals het surveillanceboek aanraadt. Het is niet echt een wilde achtervolging, eerder een keurig filerijden. Maar het is evengoed spannend.

We volgen hem een kilometer, dan twee. Dan vijf. Eindelijk geeft Robin richting aan.

'Hij gaat linksaf,' zeg ik. 'Raak hem niet kwijt!'

Robin rijdt een bedrijventerrein op en parkeert het busje voor een B&Q-bouwmarkt.

Met beverige stem zegt Jenny: 'Ik haal een winkelwagen, pak jij de pop. Denk erom: onnozele moeders. Doe nonchalant.'

Voordat ik kan reageren springt ze uit de auto. Ik pak de luiertas en hannes met de gordel van het babystoeltje, maar ik krijg er geen beweging in.

'Kom op,' roept Jenny, al halverwege het parkeerterrein.

Ik geef nog een ruk aan de gordel, die eindelijk losschiet. Ik haal het stoeltje eruit, mik een dekentje met bloemenprint over onze plastic babypop en hol achter Jenny aan, waarbij de luiertas tegen mijn heup slaat.

In de bouwmarkt ruikt het naar rubber en plastic, met een vleug chemicaliën. Het is midden op de dag, de andere klanten zijn voornamelijk bouwvakkers in overall. We lopen langs blikken verf en kamerplanten en lichtarmaturen, zogenaamd druk in gesprek over de overgang van borstvoeding naar vast voedsel terwijl we intussen verwoed de gangpaden afspeuren naar Robin. Af en toe steek ik mijn hand onder het dekentje om onze levensechte babypop te sussen.

'Stil maar,' zeg ik tegen helemaal niemand.

Wanneer we bij de gereedschapsafdeling aankomen zonder een spoor van hem te bekennen, stelt Jenny voor dat we ons opsplitsen.

'Ik ga bij de uitgang staan voor het geval hij weggaat. Zoek jij de gangpaden af? Vergeet het tuincentrum niet,' zegt ze, haar kin opheffend naar de deuren van de kas.

Ik stel me op aan het begin van het boormachineschap en doe alsof ik een paar schroefboormachines bekijk. Geen spoor van Robin. Ik loop verder en stop even bij het verfschap om wat hoogglansstalen te bewonderen. Uit mijn ooghoeken zie ik een flits jagersgroen. Robin. Hij staat aan het eind van het gangpad, op minder dan vijf meter, bij de verfrollers. Ik blijf een ogenblik staan om zijn gezicht te bestuderen. Is dat het gezicht van iemand die een kind kwaad zou doen?

Mijn blik schiet naar zijn kar, precies op het moment dat een man in overall met verfspetters langs me loopt en zijn grote lijf pal voor me parkeert, waarmee hij mijn zicht belemmert.

'Pardon,' zeg ik, terwijl ik langs hem probeer te manoeuvreren, maar hij verroert zich niet. Dus stoot ik zachtjes met de kar tegen hem aan, een duwtje maar, maar ik ga te ver. De luiertas die over mijn schouder hangt slaat tegen een plank op heuphoogte met Farrow & Ball-verf. De bouwvakker draait zich met een ruk om, net op tijd om een vijfliterblik Elephant's Breath van de plank te zien glijden en met een doffe plof boven op het dekentje in mijn babystoeltje te landen.

'Jezus-maria-jozef, je baby!' schreeuwt de bouwvakker, ontzet wijzend naar het blik, dat pontificaal in het autostoeltje ligt.

Rondom me hoor ik ademhalingen stokken. Daarnet leek de winkel vrijwel leeg, maar ineens staan tientallen mensen met open mond te staren naar de onverantwoordelijke moeder die een blik verf op haar baby heeft laten vallen.

'Niks aan de hand.' Ik probeer de kar te draaien, maar het gangpad loopt vol met klanten die willen zien waar alle ophef vandaan komt. 'Ze mankeert niks,' zeg ik nogmaals.

Achter de verfbalie pakt een medewerker in een oranje poloshirt een walkietalkie op. 'Code 300 op verf.'

'Haal dat blik eruit!' krijst een vrouw met grijs haar. Ze komt op me af, gebarend naar de Elephant's Breath. 'Je arme baby!'

Voorzichtig haal ik het blik verf uit het stoeltje en til de hoek van het dekentje op om naar de plastic babypop te turen.

'Ja, hoor, alles in orde,' zeg ik zogenaamd opgelucht. 'Niks aan het handje.'

'Laat mij eens kijken,' zegt de vrouw, die mij met haar vlezige armen opzij-elleboogt. 'Ik was vroeger verpleegkundige.'

Ik doe een graai naar de pop, maar de vrouw is sneller; ze rukt het dekentje eraf en tilt de inhoud van het stoeltje op.

'Wat krijgen we...? Het is plastic!' gilt ze, de pop omhooghoudend als een bom die onschadelijk moet worden gemaakt. 'Het is een nepbaby!'

De bouwvakker deinst achteruit, met een van afschuw vertrokken gezicht. 'Een nepbaby? Wie neemt er nou een nepbaby mee naar B en Q?'

Mensen maken afkeurende geluiden, schudden hun hoofd, haasten zich bij me vandaan alsof ze bang zijn dat mijn krankzinnigheid besmettelijk is. Aan het eind van het gangpad heeft Robin de commotie opgemerkt en tuurt nu in mijn richting. Ik verstijf. Het is een paar jaar geleden sinds hij leraar was op St. Angeles. Ik betwijfel of hij mij zou herkennen, maar ik kan het risico niet nemen. Ik laat de kar en de baby achter en ren de verfafdeling af.

'Mevrouw, u kunt niet zomaar weglopen bij uw...' roept de medewerker in het oranje shirt me na terwijl ik naar de uitgang sprint.

Jenny staat tegen de muur achter de kassa's geleund, de rijen afspeurend.

'Wegwezen,' blaf ik. 'We moeten hier weg.'

Ze fronst. 'Hoezo? Wat is er gebeurd?'

'Ik raakte een plank. Met de kar. Een blik verf viel op de baby. Werd nogal een toestand.'

Een giechellachje ontsnapt haar, waarop ze snel haar mond bedekt. 'Juist,' zegt ze, haar gezicht in de plooi trekkend en mijn hand grijpend. 'Wegwezen dan.'

We snellen de winkel uit, door de schuifdeuren het parkeerterrein op. Bij onze gehuurde mamamobiel aangekomen beginnen mijn knieën te trillen. Ik buig voorover om op adem te komen.

'O mijn hemel, wat een gekkenhuis was dat!'

Jenny rolt met haar ogen, haar uitdrukking half geërgerd en half lacherig. 'Jij bent zo'n chaotische kluns.'

'Weet ik. Maar ik zag hem.'

'En? Wat kocht hij?'

'Kon ik niet zien. Te ver weg.'

Hoofdschuddend doet ze de auto van het slot.

Ik trek het portier al open.

'Weet je wat,' zegt ze, wijzend naar de achterbank. 'Ik heb een idee. Ga op de vloer zitten.'

'Wat?'

'Kom op. We zijn al zover gekomen. Laten we de klus afmaken.'

Ik wil protesteren, maar durf het niet. Ik heb al genoeg verknald. Ik kruip achterin. De vloer ruikt naar voeten en modder en tapijtreiniger. Jenny geeft me een verrekijker aan.

'Zorg dat je startklaar zit,' zegt ze.

Ik tuur over de rand van de auto en probeer de verrekijker in te stellen. Kansloos. Alles is wazig, dubbel. Ik word er duizelig van.

'Hij komt naar buiten. Elf uur,' roept Jenny vanachter het stuur.

'Ik krijg dat stomme ding niet scherpgesteld!'

Ze steekt een hand naar achteren, grist de verrekijker weg en stelt hem dan in met een paar snelle handelingen.

'Oké,' zegt ze, haar hals strekkend voor een beter zicht. 'Hebbes.'

'En?'

Haar gezicht wordt wit, en ze ademt kort en scherp in. De verrekijker valt uit haar handen en landt met een plof in haar schoot.

'Wat?'

Ze draait zich naar me om. Al het bloed is uit haar gezicht getrokken en haar handen trillen.

'Een zaag,' zegt ze zacht en ademloos. 'Robin Sexton heeft net een zaag gekocht.'

25

Guildford, Surrey

WOENSDAG, 13.18 UUR

JENNY GEEFT ME DE VERREKIJKER AAN. 'KIJK ZELF MAAR.'

Ik tuur door de kijker, net op tijd om Robins vuilwitte busje met piepende banden het B&Q-parkeerterrein af te zien scheuren.

'Hij gaat ervandoor! Volg hem.'

Jenny draait de sleutel om. Ik zet me schrap voor het optrekken van onze auto om achter hem aan te stuiven, maar er gebeurt niks. Ik laat de verrekijker zakken.

'Kom op,' snauw ik. 'We moeten zien waar hij heen gaat!'

Ze draait de sleutel nog een keer om. Niks. Ze fronst. 'Hij start niet.'

Ik voel mijn gezicht warm worden en de temperatuur in de auto oplopen. 'Wat? Hoe kan dat?' Mijn stem wordt harder, wanhopiger. 'Serieus, wat nou weer?'

'Geen idee,' zegt Jenny, die diep inademt. 'Ik ben geen monteur. Ik bel het verhuurbedrijf wel. En we moeten de politie bellen, vertellen wat we hebben gezien. Echt, dat is het beste. Als die man echt... Nou, dan kan hij gevaarlijk zijn.'

Ik sla mijn hoofd tegen de hoofdsteun, te woest om iets uit te brengen.

Tegen mijn stoutste verwachtingen in hebben we op de een of andere manier een echte, levende verdachte gevonden. Iemand die niet alleen niet Dylan is, maar ook een bekende kindermisbruiker. En die laten we ervandoor gaan.

'Wat zullen we nou krijgen? Dus we geven het gewoon op?'

Verbluft kijkt Jenny me aan. 'Waarom ga je door het lint? Het is niet zo dat we zelf de confrontatie met hem kunnen aangaan. Ik kan niet gearresteerd worden, Florence. Dat zou me mijn baan kosten. En ik moet rekening houden met de jongens. Dat was nooit het plan. De politie –'

'Jezus! Dit is niet te geloven!' val ik uit, met mijn hoofd tegen de leuning beukend. Mijn gordel zit veel te strak, die begint als een dwangbuis te voelen. Ik krijg geen lucht. 'Zag jij zonet níét een kindermisbruiker mest en een zaag in zijn enge witte busje laden?'

Jenny kijkt naar haar handen op het stuur en fronst haar voorhoofd, alsof ze een lastig wiskundevraagstuk probeert op te lossen. Ik voel dat haar adrenalinekick van de achtervolging uitgewerkt raakt. Het rationele, sceptische deel van haar brein neemt de overhand, dat analyseert, twijfelt aan alles wat we net hebben gezien.

'Luister, dat is allemaal... indirect. De man heeft geen strafblad. Geen gewelddadig verleden. Niet eens een verkeersovertreding.'

'Hij betastte een leerling! Dat weet iedereen.'

Ze schudt haar hoofd. 'Robin Sexton is nooit aangeklaagd. Ik heb het nagekeken. Er zijn geen gegevens van een arrestatie.'

Inmiddels staat mijn gezicht in brand. Ik knipper hete tranen weg. 'Wat doe je hier eigenlijk? Waarom ging je mee?'

Ze staart recht vooruit, mijn blik ontwijkend. 'Ik denk dat de hamvraag is waarom jij zo graag wilt dat hij het is. Wat speelt er, Florence?'

Bij die vraag voel ik me alsof ik levend word gevild. *Dylan*, wil ik uitroepen. Maar dat kan niet. In plaats daarvan bestudeer ik mijn nagels. 'I-Ik geef om Alfie. Ik dacht jij ook.'

Ze legt een hand op mijn arm. 'Ik geef om de waarheid,' zegt ze zacht.

Ik ruk me los. 'Nee. O nee. Denk je nou echt dat ik geloof dat je dit allemaal deed – de mamamobiel, de vermommingen, deze achtervolging – omdat je om “de waarheid” geeft? De waarheid rijdt net weg, en wij zitten hier maar wat.’

Ze zucht. ‘Wat wil je dat ik zeg? Ik was eenzaam? Ik vond het gezellig met jou? Het was, weet ik het... léúk om iets omhanden te hebben buiten mijn slopende baan en mijn ondankbare kinderen en de ondraaglijke druk van verantwoordelijkheden die van alle kanten op me wordt gelegd? Is het een misdaad om tien minuten met een andere volwassene te willen praten?’

Er daalt een stilte neer over de auto. We zitten samen op het B&Q-parkeerterrein en zeggen geen van beiden iets.

Uiteindelijk schraapt Jenny haar keel. ‘Ik zal de sleepdienst bellen. En dan bel ik die rechercheur van de ouderbijeenkomst, agent Thompson. We moeten hem vertellen wat we net –’

Haar woorden worden onderbroken door het geluid van een rinkelende telefoon. Mijn telefoon. Het is of er een glas ijswater over mijn rug wordt gegoten.

Onbekend nummer, vermeldt het display. Ik adem diep in.

‘Hallo?’

‘Ms Grimes?’ zegt een mannenstem. Diep. Onbekend.

‘Spreekt u mee.’

‘Met rechercheur Singh. We spraken elkaar vrijdag, over uw zoon.’

Mijn hele lichaam verkrampt. Een metaalachtige smaak vult mijn mond. Ik gooi het portier open en spring uit de auto, buiten Jenny’s gehoorsafstand.

‘Zeker,’ piep ik. ‘Dat weet ik nog.’

‘We hebben, eh... nieuwe informatie. U zult naar het bureau moeten komen.’

Ik slik moeizaam. Door het raampje werpt Jenny me een bezorgde blik toe.

‘Nu?’

‘Ja,’ zegt hij. ‘Hoe snel kunt u hier zijn?’

'Is het –'

'Ik ben bang dat het geen goed nieuws is.'

'Wie was dat?' vraagt Jenny zodra ik heb opgehangen.

Heel even breek ik bijna. Zo graag wil ik haar vertellen over Dylan, de rugzak, het *Emotiedagboek*. Alles. Maar dat kan ik niet doen.

'Will,' lieg ik. 'Dylan zit zonder schone sokken.'

Ze rolt met haar ogen. 'Ik ben zo blij dat ik niet hoef te dealen met dat ex-mannengezeik.'

Ik staar uit het raampje. Buiten pakken donkere wolken zich samen aan de horizon.

'Het ziet ernaar uit dat het gaat regenen,' zegt Jenny.

Ik dwing mezelf niet te huilen.

'Inderdaad, ja.'

26

Shepherd's Bush

WOENSDAG, 16.12 UUR

HET POLITIEBUREAU VAN SHEPHERD'S BUSH IS EEN EN AL HEL licht en piepende plastic stoelen. Er staat een gore waterkoeler zonder papieren bekers in de houder. Het hele zootje ademt de sfeer van een afschrikwekkende Labour Party-advertentie bedoeld om conservatieve politici aan de schandpaal te nagelen wegens het uitkleden van overheidsdiensten.

Rechercheur Singh haalt me op uit de wachtruimte. Hij lijkt ouder vandaag, relaxter op eigen terrein.

'Middag,' zegt hij, mij meeloodsend naar zijn bureau, dat bezaaid is met een berg papieren en dossiermappen en halflege koffiemokken.

'Ga zitten,' zegt hij, waarna hij een slok uit een van de vele mokken neemt. 'Sorry, vergat het te vragen. Wilt u ook?'

Ik schud mijn hoofd, en hij leunt zuchtend achterover. 'Hoe is het met Dylan?'

'Goed. Ongerust, natuurlijk,' voeg ik er snel aan toe.

Licht fronsend neemt rechercheur Singh me in zich op. 'Nog steeds bij zijn vader?'

'Ja.'

Singh maakt een aantekening op een stukje papier en kijkt dan naar me op. 'Ik kan het niet mooier maken dan het is. We gaan Dylan officieel verhoren. Begrijpt u wat dat inhoudt?'

In mijn oren begint een dreunend geraas, als een opstijgende helikopter. 'Nee,' zeg ik, uit alle macht proberend mijn gezicht neutraal en mijn stem kalm te houden.

Singh neemt een trage slok koffie alvorens het uit te leggen. 'Het houdt in dat zijn antwoorden worden opgenomen en kunnen worden gebruikt in een eventuele strafzaak.'

'Hij is tien!'

'Ja. Uiteraard zal er een volwassene bij aanwezig zijn. Uzelf – of een gemachtigde. Het is belangrijk om te weten dat Dylan niet is gearresteerd. Maar tien is de strafrechtelijke minimumleeftijd in dit land. En dit verhoor is niet vrijwillig, Ms Grimes.' Singh leunt naar voren, waarbij zijn stoel onder hem kraakt. 'Als Dylan weigert mee te werken, kunnen we hem arresteren en in staat van beschuldiging stellen om zijn medewerking te verkrijgen.'

Sprakeloos staar ik hem aan. 'Advocaat,' sputter ik tegen. 'Ik wil een advocaat.'

'Het staat u vrij rechtshulp in te schakelen,' zegt hij kalmpjes. 'Sterker nog, ik raad het u aan.'

Hij schuift een paar mappen over zijn bureau en gaat dan verder. 'Als wij na het verhoren van Dylan van mening zijn dat er voldoende bewijs is om hem aan te klagen, zullen we het OM vragen om tot vervolging over te gaan. Dit kan onmiddellijk na het verhoor plaatsvinden of binnen enkele dagen.'

Hij schuift me een kaartje toe. 'Ik besef dat Dylan bij zijn vader is in...' Hij werpt een blik op zijn aantekeningen. '...Hertfordshire, was het niet? Dus ik zal u een extra dag geven om de noodzakelijke reis te regelen. Mocht er discussie ontstaan met uw ex, laat het me dan weten, dan nemen wij contact met hem op. Anders zie ik u en Dylan hier vrijdagochtend. Laten we zeggen: tien uur?'

Ik probeer iets te zeggen. Wat dan ook. Maar mijn mond zit vol watten. Ik heb gefaald. Het was allemaal voor niets.

'Goed,' zegt Singh, die opstaat en naar de deur knikt. 'Tot dan.'

Wanneer ik Will het slechte nieuw vertel, reageert hij als vanouds pissig. Het is mijn schuld, uiteraard.

Jezus christus, Florence. Hoe kon je dit laten gebeuren?

Daarop volgen de gebruikelijke verwijten: als ik stennis had geschopt, beter had opgelet, een advocaat had ingeschakeld enzovoort, dan was dit allemaal te voorkomen geweest.

Ik ga er niet op in, maar laat Wills verwijten over me heen komen. Wanneer hij geen reactie krijgt wordt hij nóg kwader, totdat hij door de telefoon tegen me zit te schreeuwen, te brullen. Dan verandert hij opeens van tactiek en probeert zich eruit te praten.

'Maar er is geen lichaam!' zegt hij. 'Ze hebben geen lichaam gevonden!'

Hij blijft het maar herhalen, als een mantra om zichzelf gerust te stellen. *Geen lichaam. Geen lichaam. Geen lichaam. Geen lichaam.*

Ik schraap mijn keel. 'Luister, Will. Zo staan de zaken ervoor. Verman je. Dylan heeft een advocaat nodig. Ik ga Julians vader bellen, hem om advies vragen.'

Er valt een stilte, een korte onderbreking in de tsunami van verwijten. Een fractie van een seconde overweeg ik Will mijn plan uit de doeken te doen. Ik wil wanhopig graag iemand in vertrouwen nemen. En als iemand kan begrijpen wat ik ga doen, is het toch zeker Dylans vader. Degene die ogenschijnlijk evenveel van hem houdt als ik.

Maar het geluid van mijn ex' stem brengt me ruw terug in de realiteit.

'Ik kan er niet bij,' zegt Will. En dan: 'Vertel jij het hem maar. Jij bent degene die hem in deze shitzooi heeft gestort.'

Zonder waarschuwing geeft hij de telefoon aan Dylan. Mijn hoofd loopt om. Ik heb moeite om mijn gedachten op een rijtje te krijgen.

'Hoi, mam.'

'Hé, knul.' Ik verman me. 'Ik moet je iets vertellen waar je misschien van schrikt.'

'Gaat het over Alfie?' Zijn stem klinkt zacht en angstig.

'Nee, schat. Het gaat over jou.'

Nadat ik heb opgehangen ga ik meteen aan de slag.

Ik ga naar de website van de spoorwegen om de vertrektijden van de trein op te zoeken en schrijf de prijs van het kaartje op, zodat ik contant kan betalen op het station. Ik bestel wat ik nodig heb bij Amazon en Argos, waarbij ik voor 'click & collect' kies bij Argos en extra betaal voor Prime-bezorging dezelfde dag bij Amazon. Dan open ik Dylans Seesaw-account, waarop leraren foto's posten van schoolreisjes en natuurkundeprojecten. Ik scrol terug in de tijd en zie de jongens in leeftijd teruglopen. Ik download de foto's die ik nodig heb en zet de beelden vervolgens op een USB-stick.

Tegen 20.00 uur gaat de telefoon, die me uit mijn flow losrukt. Ik kijk naar het scherm. Buitenlands nummer. Waarschijnlijk spam. Ik kijk wat beter: netnummer 213.

Elliott.

Een golf van opwinding stroomt door mijn aderen terwijl ik naar de telefoon graai, maar die wordt vrijwel meteen ingetoomd door een indringende gedachte. Niets, absoluut niets, is belangrijker dan wat ik van plan ben. Me laten afleiden, al is het maar even, kan leiden tot een fout die mijn zoons hele leven in gevaar brengt. Dit is mijn laatste kans. Dylans laatste kans.

Ik werp nog een laatste, smachtende blik op de rinkelende telefoon in mijn hand en laat het telefoontje naar voicemail gaan. Ik bel Elliott morgen wel terug, zodra alles in kannen en kruiken is.

Er daalt een mysterieuze, onverklaarbare kalmte over me neer. Voor de eerste keer in mijn leven weet ik precies wat me te doen staat.

27

Shepherd's Bush

DONDERDAG, 7.18 UUR

WANNEER DE ZON OPKOMT OP DONDERDAGOCHTEND, ZIT IK ER al op te wachten. Alles is intenser: kleuren, geluiden, smaken. Ik ben niet langer een mens. Ik voel me eeuwen-, nee letterlijk oeroud; een slijmerig, prehistorisch wezen dat zich schuilhoudt op de donkere zeebodem. Ik zit aan mijn keukentafel en bel Jenny.

'Goh,' zegt ze. 'Jij bent vroeg op.' Op de achtergrond hoor ik de geluiden van een chaotisch gezinsontbijt: melk die wordt ingeschonken, lepels die tegen kommen tikken, Max en Charlie die bekvechten over wiens kom Weetabix groter is.

Het alledaagse ervan voelt als een persoonlijke belediging. Morgen om deze tijd is mijn zoon op weg naar een politieverhoor. Volgende week kan hij wel in een cel zitten. Aan een gevangenisontbijt zitten met andere jeugddelinquenten. Maar dat kan ik haar allemaal niet vertellen.

In plaats daarvan zeg ik: 'Ik weet hoe we zijn huis binnen kunnen komen.'

'Wat? Waar heb je het over?'

Er valt een stilte. Jenny schreeuwt: 'Hou op, Max,' en een van de kinderen begint te krijsen.

'Robin Sexton. We moeten terug. Alsjeblieft, Jenny, ik heb hier een slecht gevoel bij.'

'Ja, nee,' schampert ze, waarna ze met haar hand op tafel slaat. 'Max! Zachtjes! Sorry, ik heb iets meer nodig dan "een gevoel" om op af te gaan.'

'Denk aan Dyl–' Oeps. Freudiaanse verspreking. 'Alfie, bedoel ik. Denk aan Alfie!' Ik probeer een beroep te doen op haar aangeboren nieuwsgierigheid. 'Wil jij niet weten wat er in die plunjezakken zit?'

Ze zucht. 'Natuurlijk wel. Maar er is niets veranderd sinds gisteren. We kunnen absoluut het huis van die man niet binnengaan.' Ze zwijgt even. 'We hadden beter terug kunnen gaan naar Ms Schulz. Uitzoeken waarom ze loog dat ze Ian niet kende.'

De moed zinkt me in de schoenen. Ergens wist ik wel dat ze er nooit mee zou instemmen, maar nu besef ik hoezeer ik tegen beter weten in was blijven hopen.

'Heb je agent Thompson gebeld?' vraag ik, hoewel ik het antwoord al ken.

'Ja. Hij gaat het hogerop melden.'

Ik staar door het keukenraam naar de grauwe achtertuin. Het gras zit vol gaten in de vorm van een voetbal, naast hoopjes vers opgegraven aarde. De vos is terug.

'Ik dacht dat we vriendinnen waren?' Mijn stem klinkt klein en smekend.

Jenny zucht. 'Florence, dit heeft niets met vriendschap te maken.' Op de achtergrond wordt een bord op een stenen werkblad geknald. 'Wat je me vraagt is gekkenwerk.' Haar stem gaat nu omhoog, langs de toonladders van kregelig naar verontwaardigd. 'Eerlijk gezegd kan ik niet geloven dat je me überhaupt in deze situatie brengt. Ik zou nooit –'

'Prima. Laat maar zitten. Echt, vergeet dat ik het vroeg.'

Ik hang op en staar naar de achtertuin, in de hoop een glimp op te vangen van de vos. Het zou een goed voorteken zijn, een aanwijzing dat ik het juiste doe. Een briesje ritselt door de struiken. Er landt een duif in de boom van de buren. Maar dat is het. Geen vos. Geen teken.

Ik kijk naar mijn telefoon, wensend dat Jenny zich alsnog laat vermurwen. Me terugbelt en van gedachten verandert. Maar ik weet al dat het niet gaat gebeuren.

Ik sta er nu alleen voor.

Robin Sexton doet open in een kaki chino en gestreken button-downoverhemd, met het strakste gezicht dat ik ooit heb gezien. Van dichtbij is hij minder aantrekkelijk dan op de foto, met een wipneus en de bekrompen houding van iemand die zijn ondergoed strijkt. Ik draag een fluorescerend geel veiligheidshesje en een plastic helm, en om mijn nek hangt een zonnebloemkoord voor mensen met een 'niet-zichtbare beperking'. Zijn blik blijft een ogenblik op het koord rusten.

'Kan ik u ergens mee helpen?' zegt Robin op een toon waarin doorklinkt dat hij geenszins van plan is te helpen. Hij plant zijn hand tegen het deurkozijn, en ik kan niet anders dan zijn nagels bewonderen: onberispelijk, alsof hij ze net heeft laten polijsten.

'Bent u de bewoner van dit huis?' zeg ik met mijn beste imitatie van een Brits accent.

'Wie wil dat weten?'

'Emily, eh... Smith. Thames Water. We onderzoeken meldingen over slechte waterkwaliteit in deze buurt.'

Hij fronst. 'Sturen jullie normaal gesproken geen brief?'

Ik heb een beklemmend gevoel in mijn borst, alsof iemand mijn spieren uit elkaar trekt. Ik had niet verwacht dat hij zo sceptisch zou zijn. Als hij me niet binnenlaat, kan ik – of beter gezegd: Dylan – het schudden. Maar daar moet ik nu niet aan denken.

Ik zuig lucht door mijn tanden naar binnen en schud mijn hoofd. 'Dit kan niet wachten, vrees ik. Hebt u van legionella gehoord? Akelig spul.'

Hij kijkt over zijn schouder. 'Ik ben eigenlijk nogal druk bezig.'

Ik tuur door de openstaande deur. Geen spoor van Alfie.

'Een op de tien gevallen is dodelijk,' zeg ik. 'De laatste tijd veranderingen gemerkt? Nieuwe pijntjes of klachten?'

Robin gromt en wrijft over zijn linkerschouder, licht grimassend. 'Hoelang gaat dit duren?' vraagt hij zonder opzij te stappen.

'O, heel even maar. U zult niet eens merken dat ik er ben.'

Hij slaakt nog een laatste geërgerde zucht en houdt dan de deur voor me open. 'Schoenen uit!' blaft hij zodra ik over de drempel stap.

Binnen is het warm en knus. Er staan een houtkachel met een grote stapel houtblokken en een versleten bank. Er speelt zachtjes klassieke muziek. Het lijkt niet, moet ik toegeven, op het huis van een kinderontvoerder, maar misschien is dat juist zijn bedoeling.

Ik begin mijn instrumenten klaar te zetten op het aanrecht. Ik trek latex handschoenen aan en pak de bij Amazon bestelde legionellatestkit uit die honderdvijftien vijfsterrenbeoordelingen had. Onderweg naar Guildford had ik een YouTube-instructiefilmpje bekeken over het nemen van watermonsters. Nou ja, grotendeels dan, voordat de wifi in de trein uitviel.

Robin werpt me een verongelijkte blik toe. Hij gebaart naar de houten snijplank met gesneden uienringen en paprika. 'Ik probeer hier te koken, als je het niet erg vindt.'

'Geen probleem. Dan begin ik boven.' Dat is namelijk precies waar ik heen wil.

Ik neem de trap met twee treden tegelijk. De USB-stick is even groot als mijn pink. Ik heb de halve nacht foto's van Alfie opgesnord en een flinke verzameling bijeengesprokkeld.

Robin volgt me naar boven en staat op de overloop met zijn voet te tikken terwijl ik doe alsof ik een monster neem uit zijn wastafelkraan. God verhoede dat hij me twee tellen alleen laat zodat ik mijn werk kan doen. Sjemig.

Onder zijn waakzame oog vul ik het glazen testbuisje met licht trillende hand. Ik draai de dop er zo langzaam mogelijk op, in de hoop dat hij uit pure verveling weggaat. Hij verliest me niet uit het oog. Alsof hij bang is dat ik een van zijn dure zeepjes of truttige gastendoekjes gap. Ik vind zijn openlijke achterdocht beledigend.

Ik vul nog een buisje met water en neem de tijd om het te verzegelen, me intussen afvragend hoe ik hem in godsnaam zover krijg naar beneden te gaan.

'Dus, eh... u woont hier alleen, sir?' vraag ik.

Hij fronst, waardoor zijn keurige wenkbrauwen een gemene monobrauw vormen. 'Hoezo is dat relevant?'

Ik slik. 'Probeer alleen een praatje te maken.'

'Hmmm,' bromt hij. Zo dus. *Hmmm.*

In de keuken gaat een timer af, en hij springt op. 'De zuurdesem!' zegt hij, alvorens zich met een norse blik naar beneden te haasten. 'Ik ben zo terug. Nergens aankomen!'

Ik tel zijn voetstappen op de trap. *Acht, negen, tien.* Zodra ik zeker weet dat ik alleen ben, vlieg ik de badkamer uit en open wat ik hoop dat zijn slaapkamerdeur is. Bingo.

Het lijkt wel een gevangeniscel. Een wit metalen ledikant met één deken en een kleine houten ladekast. Het enige persoonlijke is een ingelijst diploma van Cambridge, dat pal boven het bed hangt.

Ik open de bovenste lade. Rijen allemaal dezelfde zwarte sokken. Freak. Ik stop de USB-stick in een sok achterin, waarna ik de lade zo stilletjes mogelijk dichtschuif. Daarna haal ik Alfies rugzak uit de effen canvastas die ik bij me heb. Op mijn knieën duw ik de rugzak onder het bed en geef hem een extra zet. Het bed is laag; de rugzak blijft steken, half eronder. Paniek snoert mijn keel dicht. Ik geef er een schop tegen, dan nog een. Hij zit klem.

Nu hoor ik voetstappen, Robin die met twee treden tegelijk de trap op komt. Ik geef de rugzak nog één keiharde karatetrap en hij verdwijnt onder het bed, precies op het moment dat de deur openzwaait.

'Wat doe je hier?' bast hij.

Ik kijk om me heen, op zoek naar een antwoord. Mijn hart klopt in mijn keel.

'Ik, eh... ik controleerde of u een wasbak in de slaapkamer had. Een soort en suite. Veel huizen hebben dat tegenwoordig.' Ik kijk de kamer rond. 'Nee hoor, geen en suite hier,' zeg ik opgewekt, net wanneer iets donkers mijn aandacht trekt. Fuck. Een schouderband van Alfies rugzak steekt als een marineblauwe tentakel onder het bed uit. Fuck. Fuck. Fuck.

Robin fronst. 'Uit welk deel van Ierland kom je?' vraagt hij ineens.

'Sorry?' Dat Britse accent is dus ook niet echt gelukt. Ik pijnig mijn hersenen af naar een Iers klinkende plaatsnaam. 'Blarney?'

'Ik had westkust gegokt,' zegt hij, glimlachend om mijn verwarring. 'Heb een beetje een oor voor talen, zou je kunnen zeggen.'

'O, eh... wat cool,' mompel ik. Intussen hou ik angstvallig oogcontact terwijl ik met de punt van mijn schoen de band onder het bed schuif. 'Oké. Dan ben ik hier klaar.' Ik streep naar de trap voordat hij me nog iets kan vragen.

Hij fronst. 'En de kraan beneden dan, in de keuken?'

'O, dat zit wel goed. Het is allemaal dezelfde hoofdleiding.'

'O ja?' zegt hij. 'Ik dacht namelijk dat je zei –'

'Dan ga ik maar weer.' Ik dring langs hem en roffel de trap af. Mijn hart bonst zo hard dat het voelt of het gaat exploderen. Ik kan niet wachten om dit huis uit en ver, héél ver weg te zijn.

Robin komt achter me aan de trap af en blijft doordrammen. 'Ik snap het niet helemaal, omdat je zei –'

'Zorg dat u het bij flessenwater houdt tot we de resultaten binnen hebben,' zeg ik, naar de voordeur schuifelend. 'Binnen zes tot tien dagen krijgt u een brief met de bevindingen.'

'Hoe gaan jullie –' begint hij, maar ik ben de voordeur al uit, de stoep af benend.

Op het station van Guildford glip ik de Costa-toiletten in om koud water in mijn gezicht te plenzen. Onder het tl-licht zie ik eruit als een geest. Ik buig voorover. Verbeeld ik het me nou of worden mijn wenkbrauwen dunner? Nee. Nee. Ik doe paranoïde. Dit is niet als de vorige keer. Er is niks mis met mijn wenkbrauwen.

Toch ben ik extra voorzichtig dat ik niets langs mijn gezicht haal wanneer ik mijn zonnebloemkoord en het gele hesje uitdoe, die ik in verschillende afvalbakken in verschillende toilethokjes prop.

Het is vroeg in de middag wanneer mijn trein Waterloo Station binnenrijdt, maar het lijkt al spitsuur. Rondom me lopen haastige mensen te duwen en te dringen. Ik haal de watertestkit uit de tas om zowel de tas als de kit in afvalbakken aan weerszijden van het drukke perron te dumpen.

Op weg naar de metro reikt een man me een gratis exemplaar aan van de *Evening Express*. Ik kijk naar de voorpagina en word aangestaard door Alfies bedroefde bruine ogen. VRIJDAG IS HET AL ÉÉN WEEK ZONDER ANTWOORDEN, schreeuwt de kop. Wat me eraan doet denken: ik ben nog niet klaar.

28

Shepherd's Bush

DONDERDAG, 15.18 UUR

'HÉ, FLO,' ZEGT ADAM, GELEUND TEGEN ZIJN DEURPOST. 'ALLES goed?'

Hij ziet er afgemat uit, met bleekpaarse halvemaantjes onder zijn ogen. Ik probeer niet te staren.

'Zin in een wandelingetje?' vraag ik.

Hij fronst. 'Nu? Het is bijna donker.'

'Ik moet je iets vragen.'

Zijn uitdrukking verandert. Hij haalt zijn handen uit zijn zakken en laat zijn knokkels knakken. 'Goed. Laat me, eh... mijn jas even pakken. Zie je buiten.'

Ik wacht voor de deur op hem, kiezeltjes wegschoppend met mijn schoen. De adrenaline is inmiddels uit mijn lijf weggevloeid; mijn benen voelen loodzwaar.

Even later verschijnt Adam in een donkergroene donsjas. 'Welke kant wil je op?' vraagt hij.

'Fonteinen?'

De White City-fonteinen beslaan een lelijk stuk beton bij het metrostation Wood Lane, een bloedeloze waterpartij bedacht door een projectontwikkelaar die goedkeuring probeerde te krijgen voor meer afzichtelijke nieuwbouwflats. Als peuter was Dylan er gek op. Urenlang hadden we samen tussen de torenflats en de snelweg zitten kijken naar die acht spuitende fonteintjes.

Adam en ik gaan op een koude stenen bank zitten. Een handgemaakt bordje informeert ons dat het water is afgesloten als 'tijdelijke besparingsmaatregel'. Een stel tienerjongens is niet bijster indrukwekkende skateboardtrucs aan het uitvoeren op het gladde beton.

Afwachtend kijkt Adam me aan. 'Oké,' zegt hij. 'Wat is er?'

Ik aarzel. Een ogenblik heb ik de neiging om helemaal niets te zeggen. Om het allemaal voor me te houden. Maar ik heb hem hier al mee naartoe gesleept en er een 'maximaal dramatische toestand' van gemaakt, zoals Brooke zou zeggen. Ik moet iets zeggen, maar zodra ik dat doe zal het alles veranderen. Dan kan ik niet meer terug.

Ik fixeer mijn blik op de skaters. Er zijn er vijf, maar een is veel beter dan de andere. Hij slooft zich uit door tricks te doen waarbij hij het board met zijn handen vastgrijpt in de lucht.

Ik schraap mijn keel. 'Ik denk dat ik het, eh... weet. Wie Alfie ontvoerde.'

'Ga door,' zegt hij met een berekenende blik.

'Er was een rekenleraar. Hij werd ontslagen, een paar jaar terug. Omdat hij aan een kind had gezeten.'

Ik kijk naar Adam. Zijn gezicht is uitdrukkingsloos, ondoorgrondelijk.

'Ik vond Alfies rugzak. In zijn huis.'

Adam staart me voor mijn gevoel een eeuwigheid aan. De zon gaat onder en de kou trekt op onder mijn jack. Adam leunt achterover, zijn lichaam van me weggedraaid.

'Wauw.' Ongelovig schudt hij zijn hoofd. 'Hoe heb je... wauw. Niet te geloven dat Jenny daarin meeging.'

Ik verstijf bij het horen van haar naam. 'Nee, nee. Zij niet. Ik was alleen. Sterker nog, Jenny –'

Adams ogen boren zich in de mijne. 'Ze weet het niet, hè?'

'Nee,' beken ik. 'Klopt.'

In de verte gaat een van de skaters onderuit. Zijn vrienden komen in een halve cirkel om hem heen staan en slaan hem lacherig op de rug.

'Wat moet ik doen?' zeg ik. 'Wie moet ik het vertellen?'

Hij ademt langzaam uit door opengesperde neusgaten.

'Tja,' zegt hij uiteindelijk. 'Ik kan er niet bij betrokken raken. Zou niet goed overkomen. Maar er is een openbare tiplijn. Die zou je kunnen bellen.'

Hij verschuift op de bank tot zijn gezicht zich op centimeters van het mijne bevindt, en ik niet anders kan dan hem recht in de ogen kijken. 'Even serieus, Flo. Weet je het zeker? Als in héél zeker? Voordat je het leven van die gast voorgoed ruïneert?'

Opgelaten schop ik met mijn sneakers tegen het beton. Inmiddels zou ik mezelf in brand steken om Dylan uit de problemen te houden. Het is het enige ter wereld waar ik zeker van ben.

'Ja,' zeg ik. 'Honderd procent.'

Hij laat zijn knokkels knakken. 'Juistem. Nou, we moeten maar weer eens terug.'

Voor de deur buigt hij voorover om me te omhelzen. Hij slaat zijn armen om me heen, hult me in een wolk Old Spice en wasmiddel, en begraaft zijn gezicht in mijn haar.

'Doe alsjeblieft geen domme dingen,' mompelt hij in mijn kruin.

Er klinkt liftmuziek en dan een klik, als het begin van een opname.

Een vrouwenstem zegt: 'Dank u voor het bellen van de Alfie Risby Tiplijn. Mag ik een paar gegevens noteren?' Haar stem is monter, alsof ze bestellingen opneemt bij een drive-inrestaurant.

'Hallo. Eh, even voor de zekerheid: blijft dit... Is dit anoniem?'

'Dat kan zeker,' zegt de vrouw, alsof ze het dagmenu opdreunt. 'Als u echter in aanmerking wilt komen voor het tipgeld, dan zou ik enkele gegevens moeten noteren.'

Ga voor de combi voor slechts negenennegentig cent extra!

'Ik, eh...' Het duizelt me. Ik heb dit niet doordacht.

'Kun je iets harder praten, meis? Mijn gehoor is niet meer wat het geweest is.'

Ik zie een oudere vrouw in een pastelkleurig vest voor me, een eenzame vrijwilliger in de kelder van een kerk.

'Anoniem,' zeg ik, in een hernieuwde poging tot een Oost-Europees accent. 'Sorry, mijn Engels, niet zo goed.'

'Och lieverd, je doet het prima, hoor,' zegt ze, en ik barst bijna in tranen uit.

Ik hoef niet te doen alsof ik overstuur ben. Mijn stem trilt echt wanneer ik haar mijn verhaal vertel: dat ik elf pond per uur verdien met schoonmaken. Dat ik dat geld grotendeels naar huis stuur. En dat ik Alfie Risby's rugzak vond onder het bed van een van mijn klanten. Bij het doorgeven van Robins adres begin ik te huilen.

De vrouw probeert me te troosten. 'Rustig maar, lieverd,' zegt ze. 'Je hebt de juiste keuze gemaakt.'

De juiste keuze.

De woorden galmen na lang nadat ik heb opgehangen.

De politie doet 's nachts een inval in Robin Sextons huis. Wanneer ik vrijdagochtend wakker word, staan de foto's in alle kranten. EX-LERAAR GEARRESTEERD IN ZOEKTOCHT NAAR VERMISTE LEERLING, schreeuwt de kop.

De *Daily Post* moet zijn getipt over de inval. Hun homepage staat vol met haarscherpe foto's: politieagenten in kogelvrije vesten; forensisch onderzoekers in witte overalls die plichtsgetrouw zakken bewijsmateriaal afvoeren; een verbijsterde Robin Sexton die geboeid zijn huis uit wordt geleid.

Ik lig in bed de beelden van de inval op YouTube te bekijken terwijl ik mijn ochtend-Red Bull drink. Inmiddels stroomt zonlicht door de jaloezieën, dus hou ik de telefoon vlak voor mijn neus om het filmpje keer op keer af te spelen, zodat ik Robin Sextons gezicht kan bestuderen terwijl hij geboeid wordt afgevoerd. Hij kijkt verbaasd en angstig, net een leerling die bij de directeur op het matje moet komen en niet weet waarom. Een steek van schuldgevoel snijdt door mijn maag als het begin van buikgriep. Ik zet het gevoel van me af. Hij is een kindermisbruiker, prent ik mezelf in. Zijn arrestatie is nettowinst voor de mensheid. Het was *de juiste keuze*. Ik kom in de verleiding om Jenny te bellen, maar ik kan niet riskeren voeding te geven aan haar Spidey-instinct dat ik erbij betrokken ben. Beter om haar het nieuws aan mij te laten vertellen.

Wanneer Singh belt om te zeggen dat Dylans verhoor is uitgesteld 'in het licht van recente ontwikkelingen', doe ik alsof ik stomverbaasd ben.

'Definitief van de baan?'

'Tot nader order,' zegt hij nors.

Ik app Will het goede nieuws.

Een uur later belt Jenny. Ik sta onder de douche, waar ik probeer een fatsoenlijke straal uit de haperende douchekop te krijgen.

'Heb je het gezien?' roept ze ademloos. 'Ze hebben hem gearresteerd. Je had gelijk!'

Ik geef het op met de douche en pak een handdoek. 'O ja, dat zag ik.'

Jenny zwijgt even. 'Maar goed dat we hem niet zijn gevolgd. Stel je voor.'

'Eh... tja,' sputter ik als een auto die bijna zonder benzine zit. Mijn adrenaline is op; het sturen van Jenny's reactie was geen onderdeel van mijn plan.

Ze gaat zachter praten. 'Maar nog steeds geen lichaam. Best wel maf, toch?'

Het telefoontje begint link te voelen, als een examen waarvoor ik best eens kan zakken. Ik wil dolgraag met haar praten, het hele verhaal er in één ademloze stortvloed uitgooien. En als ik nog langer aan de telefoon blijf, kan ik haar zomaar eens alles vertellen.

'Hoor eens, Dylan komt vandaag thuis. Ik moet rennen. Boodschappen doen.'

Ze klinkt verbaasd. 'O. Tuurlijk,' zegt ze. 'Dan zal ik je niet ophouden. Trouwens, ik moet mijn gezicht maar weer eens op kantoor laten zien.'

'Oké,' zeg ik. 'Tot snel.'

Wanneer ik heb opgehangen komt er een vreemd soort onbehagen over me, als heimwee of zeeziekte of zo. Ik draai de kraan weer open en schroef de watertemperatuur op tot het kokendheet is en ik niets meer voel.

Die middag zet Will Dylan af met een tas vol wasgoed en een gezicht waar de verachting van afdruipt. Dylan geeft me een vliegensvlugge knuffel in de deuropening en rent dan naar zijn kamer. *Gaat hij kijken of Alfies...* vraag ik me af, en kap mezelf dan af. Het doet er niet meer toe. Het is voorbij. Afgehandeld.

Will geeft me het wasgoed aan.

'Krankzinnig nieuws,' zegt hij, zijn armen over elkaar slaand.

Ik knik. 'Ja. Krankzinnig.'

'Dus Dylan is –'

'Veilig,' zeg ik snel.

'Mooi,' zegt Will, waarbij zijn schouders ontspannen. 'Mooi zo.'

Ik neem Will eens goed in me op: de lichte onderkin, de katoenen shorts in de winter, het bespottelijk dure horloge maskeren zijn tanende gevoel van eigenwaarde. Zoals hij daar in mijn portiek staat, ziet hij eruit als elke andere pafferige veertigplusvader in West-Londen. Ik ben verbijsterd, en een tikje beschaamd, dat deze volstrekt onopvallende figuur ooit zoveel macht over me had.

Hij begint weg te schuifelen.

'Hé, Will,' roep ik, wijzend naar zijn overhemd.

'Ja?'

'Je hebt een knoopje overgeslagen.'

Brookes bruiloft is morgen, dus besluiten Dylan en ik de vrijdagavond op de bank door te brengen met herhalingen van *Who Wants to Be a Million-*

naire? Hij gedraagt zich voorbeeldig en zeurt niet eens wanneer ik tegen de kandidaat tekeerga, een eenenveertigjarige accountant uit Dorset die weigert op te geven na het goed beantwoorden van de vraag voor 32.000 pond.

'Het is dertig mille!' krijs ik naar de tv. 'Je bent rijk. Tel je zegeningen en ga naar huis.'

Dylan rolt met zijn ogen en neemt nog een punt vegan pizza uit de doos op tafel.

'Wanneer ga ik weer naar school?' vraagt hij.

Ik neem een hap van mijn eigen punt. Hete nepkaas verschroeit mijn gehemelte.

'Maandag, denk ik. Ik bedoel, ze hebben de kerel opgepakt. Het is nu veilig.'

Dylan kijkt naar me op, met draden kaas die als een spinnenweb uit zijn mond hangen. 'Maar ze hebben Alfie nog niet gevonden.'

Ik verstijf. Op eieren lopen nu, denk ik. 'Nee. Weet niet goed wat ik daarvan moet denken.'

Witheet schuldgevoel borrelt in mijn maag. Het lijkt of mijn ingewanden in brand staan. Hoelang zal het duren voordat dit voorbij is?

Ik prop nog een stuk pizza in mijn mond en hoop dat Dylan me verder niks vraagt.

Die avond, nadat Dylan in slaap is gevallen, loop ik op mijn tenen zijn kamer in. Hij snurkt zachtjes. Ik sta in de deuropening en kijk naar zijn op en neer gaande borst, zijn wimpers die trillen als vlindertjes.

Mijn mannetje. Ik doe een stap dichterbij om het vochtige haar van zijn voorhoofd te strijken. Warme tranen prikken in mijn ogen, en heel even wordt mijn schuldgevoel overstemd door iets anders. Opluchting? Opluchting is alleen zo'n onbevredigend woord voor wat ik voel. Opluchting is wanneer je door rood sjeest zonder te worden gesnapt door de verkeerscamera's of een heel lekkere tube handcrème langs de kassa smokkelt in de belastingvrije winkel. Maar dit – Dylan – is alles. Of het verschil tussen alles en niets. Ik blijf lange tijd in de deuropening staan kijken naar de zachtjes trillende oogleden van mijn zoon.

Ik wil net weggaan als zijn ogen openvliegen. Dylan kijkt me recht aan, zonder een spoor van slaperigheid of verwardheid.

'Bedankt, mam,' zegt hij. Zijn stem is zacht en gedempt, alsof hij van mijlenver weg komt.

Ik sta als aan de grond genageld. Mijn hart begint te bonzen. *Bedankt hij me voor het lozen van Alfies rug–* Ik zet de gedachte uit mijn hoofd. Het doet er niet toe. Het enige wat ertoe doet, ligt hier pal voor me.

'Graag, eh... gedaan,' stamel ik, me herpakkend.

En ik meen het. Ik vind het vreselijk wat ik heb gedaan, maar ik zou het zo weer doen als het betekent dat daardoor mijn favoriete persoon op aarde veilig bij mij is.

29

Belgravia

ZATERDAG, 9.48 UUR

DE BRUIDSSUITE IN HET GORING HOTEL RUIKT NAAR GARDENIA'S en haarlak. Brooke staat voor me en maakt een pirouette. Ze draagt een soepele zijden *slip dress* met ragdunne bandjes over haar tengere schouders. Haar gezicht is naturel, haar lippen bloedrood. Haar sluier, van tule, zweeft achter haar als een glinsterende sleep, vastgezet met een vintage koperen haarspeld. Het effect is een 1992 Kate Moss-Carolyn Besette-combi. Het type styling dat je alleen kiest als je al zo bloedmooi bent dat verdere opsmuk niets meer bijdraagt.

Ik heb de kriebels in mijn bieslookkleurige bruidsmeisjesjurk. Zo direct zal de gestreste coördinator op de deur kloppen en persen we ons allemaal in een stoet Rolls-Royce-oldtimers om op weg te gaan naar de kerk. Maar voorlopig zijn we met z'n tweetjes; Pandora en Tilly zijn even ijs gaan halen. Dylan is bij de bruidsjonkersbrunch in het restaurant beneden.

Ik besef dat ik iets hoor te zeggen, Brooke een soort van grote-zusmoment moet geven, maar ik kan de woorden niet vinden.

'Je ziet er mooi uit,' breng ik uit, wat een understatement is. Ze is de oogverblindendste bruid die ik ooit heb gezien.

Brooke knijpt in mijn hand en laat die dan los om nog een pirouette te doen voor de passpiegel.

'Ja, hè?' zegt ze met een lachje. 'Fijn dat je er bent,' vervolgt ze. 'Ik ben zo blij dat alles, je weet wel... voorbij is.' Ze lacht nerveus, haar tinkelende arrenbellachje. 'Het ís toch voorbij?'

Ik knik. 'Absoluut.'

Vroeg winterzonlicht stroomt door het raam naar binnen. Het valt op de parels in haar oren, en een ogenblik doet alles zo zonnig en perfect aan dat het bijna onverdraaglijk is.

'Hoe gaat het met hem?' vraagt Brooke zachtjes.

'Goed,' zeg ik automatisch. 'Met Dylan gaat het prima. Maar dit is jóúw dag, Brookster. Voor één dag gaan we alleen over jou praten.'

Brooke snift twee keer snel achter elkaar, alsof ze probeert niet te huilen.

Ik trek een wenkbrauw op. 'Niet doen. Dan ruïneer je je make-up. Trouwens, ik moet je een vraag stellen. Een serieuze.'

'Zeg het maar,' reageert ze argeloos.

'Weet je absoluut, honderd procent zéker dat je je achternaam wilt veranderen in Chuntley?'

De ceremonie is het traditionele 'liefhebben, eren, gehoorzamen', geleid door een pastoor met onderkin in een oude kerk. Toen Brooke me had gevraagd te zingen, had ik Etta James' 'At Last' voorgesteld, als grappige verwijzing naar de achtenhalf jaar die Julian erover deed om een aanzoek te doen. Maar wanneer ik voor het stervenskoude altaar de tekst sta uit te brullen, voelt het als het perfecte nummer.

De receptie is in een chique hotelbalzaal. Adam, Dylan en ik zitten aan de tafel van het bruidspaar. Adam had niet meegewild ('Bruiloften zijn niet echt mijn ding, Flo,' had hij beweerd), maar alleen al bij de gedachte aan Pandora en Tilly's meewarige blikken als ik alleen kwam opdagen, werd ik niet goed. Uiteindelijk was hij overstag gegaan en had zich in een gehuurde smoking gehesen, maar ik moest wel beloven dat hij om middernacht weg mocht, wat er ook gebeurde.

Dylan is bruidsjonker, en hoewel hij per se Converse-gympen onder zijn pak aan wilde, ziet hij er zo knap en volwassen uit dat ik als vanzelf ga fantaseren over zijn eigen bruiloft, ooit, met een milieubewuste altomeid of -jongen. Ergens buiten, waarschijnlijk, in een park, met biologisch afbreekbare houten vorken. Een paar weken geleden zou ik dit een treurig, burgerlijk beeld hebben gevonden. Maar vanavond komt het me belachelijk, ongelooflijk betoverend voor; een glinsterend kleinood dat fonkelt van licht en geluk.

Achterovergeleund op mijn stoel klok ik champagne weg en neem het vrolijke tafereel in me op: Adam die braaf keuvelt met Julians vader over of Hammersmith Bridge ooit weer opengaat voor auto's. Dylan die Roblox speelt op mijn telefoon. Julian die over de dansvloer zwalkt op Louis Armstrongs 'What a Wonderful World' met de wankele elegantie van een dronken Engelsman. Brooke lijkt het goddank niet te merken. Ze heeft haar armen om hem heen geslagen en grijnst van oor tot oor, alsof de bezopen Brit uithangen een van zijn hartveroverendste eigenschappen is.

Ik neem nog een slokje bruisende champagne. Alles is pico bello. *Eindelijk.*

De dj laat het nummer naadloos overgaan in Mariah Careys 'It's Like That', en ik schiet van mijn stoel.

'Dit is mijn lievelingsnummer!' gil ik.

Brooke knipoogt naar me vanaf de dansvloer en zegt geluidloos: 'Ga je gang.'

Adam steekt grijnzend een hand uit. 'Mag ik?'

'Het is niet echt zo'n soort nummer...' protesteer ik, maar hij neemt me bij de hand en laat me vervolgens met een natuurlijk zelfvertrouwen over de dansvloer zwieren.

'Ik wist niet dat je kon dansen!'

Hij glimlacht. 'Ja. Ik moest van Marta op les.'

'Wauw. Dat had ik niet achter je gezocht.'

'Ik zit vol verrassingen,' zegt hij met een wrange grijns.

Bij het refrein brul ik de tekst mee.

Adam trekt me dichter tegen zich aan. 'Je hebt echt een geweldige stem, weet je.'

Ik bloos. 'Tja, nou, moet je zien hoever die me heeft gebracht.'

'Ach, wees niet zo hard voor jezelf.' Zijn uitdrukking verandert. 'Trouwens, ik wilde iets met je bespreken. Iets serieus.'

'O ja? Wat?' Ik ben licht in het hoofd, brooddronken van opluchting dat de hele toestand eindelijk voorbij is, dat Dylan veilig is.

Adam stopt met dansen. 'Kunnen we even naar buiten gaan?'

'O. Eh...' Ik wil niet naar buiten. Of een serieus gesprek voeren. Ik wil dit magische gevoel vasthouden, in deze vergulde balzaal blijven drinken en zwieren om mijn eigen privéfeestje te vieren dat al deze ellende achter me ligt. En als Adam van plan is zijn gevoelens voor mij uit te spreken, heb ik daar absoluut geen zin in.

Voor Adam nog iets kan zeggen, verandert de dj van track. Het intro van Whitney Houstons 'I Wanna Dance with Somebody (Who Loves Me)' vult de balzaal, en ik voel een tikje op mijn schouder.

'Zullen we?' vraagt Dylan, een iel armpje in mijn richting gestoken. Mijn hart stroomt over. Dylan heeft een hekel aan dansen, evenals aan de meeste aanrakingen. Dit is een groots gebaar.

Ik kijk naar Adam, die een raar buiginkje maakt. 'Tuurlijk. We praten een andere keer wel,' zegt hij hoffelijk.

Ik pak Dylans handen en we beginnen te wiegen, stuntelig in het begin, en daarna steeds sneller door de balzaal te draaien. Ik word duizelig, maar ik durf hem niet te vragen te stoppen. Ik glimlach zo breed dat mijn wangen er pijn van doen.

'Het is oké,' fluister ik tegen mijn zoon. 'Het komt allemaal goed.'

Het gelukzalige gevoel houdt ook de volgende ochtend nog aan. Adam was afgetaaid zodra de taart was aangesneden, een smoes mompelend over trainen en vroeg opstaan. Maar ik was gebleven voor de afterparty in de bruidegomssuite, nadat ik Dylan in een aangrenzende kamer in bed had gelegd, waar ik champagne uit de fles dronk en met een van Julians getuigen discussieerde over de pluspunten van Prince versus David Bowie, tot zijn vrouw ons aantrof en in zijn oor siste dat het tijd was om te gaan.

Tegen de tijd dat de portier Dylan en mij de volgende ochtend achter in een zwarte taxi zet, komt de zon al op. Dylan is in een goed humeur en zit door foto's van gisteravond te scrollen.

'Wat zullen we doen als we thuis zijn?' vraag ik, erop gebrand om het gevoel nog iets langer te laten aanhouden.

'Donuts bestellen?' oppert Dylan.

Ik geef hem een high five. 'Top.'

Hij zit door de Deliveroo-app te scrollen wanneer de taxi onze straat in draait. Ik zie een magere figuur in een grijze anorak de treden voor onze deur afsnellen.

'Wie is dat?' zeg ik bits. 'Bij onze deur?'

Dylan tuurt door het glas. 'Het is vast Mr Foster maar. Hij zou een artikel en wat krekels voor Greta voor me afgeven.'

Ik voel mijn jubelstemming verzuren. 'Waarom?'

Dylan kijkt naar me op, zijn gezicht vertrokken van ingehouden ergernis. 'Wat bedoel je? Het is gewoon aardig bedoeld. Hij is mijn vriend.'

Ik schud mijn hoofd. 'Nee, Dyl. Je enige vriend kan niet onze maffe gepensioneerde buurman zijn. Je hebt vrienden van je eigen leeftijd nodig.'

Hij fronst. 'Maar ik vind kinderen van mijn eigen leeftijd niet leuk.'

'Hier goed?' vraagt de chauffeur.

De taxi houdt halt en ik gooi het portier open. 'Snap je het dan niet? Dit is hoe alle ellende –' Ik slik de rest in. 'Weet je wat? Ga naar binnen.'

'Maar mam!'

'Naar binnen. Ik kom zo. En laat de krekels buiten staan.'

Hij doet het portier open, en ik volg de in anorak gehulde figuur over de stoep.

'Hé!' roep ik, maar hij stopt niet. 'Hé! Mr Foster!'

'O, Florence!' Met een schaapachtige uitdrukking draait hij zich om. 'Hemel, je bent helemaal opgedoft! Had je iets leuks?'

'De bruiloft van mijn zus,' antwoord ik met opeengeklemde kaken. 'Wat deed u bij mijn deur?'

'O, ik zette alleen wat dingen voor Dylan neer. Wat leesstof, krekels voor Greta. Je weet dat ze –'

Woede klopt in mijn keel en raast door mijn lijf. Dit is allemaal zijn schuld. Deze maffe ouwe hippie met zijn blikken krekels en recycledocumentaires en schildpadwinterslaaptips. Hij is de reden dat mijn zoon geen vrienden heeft. De reden dat mijn zoon überhaupt in deze shitzooi belandde. De reden dat ik hem bijna kwijt was. En het eindigt hier.

'Moet u eens goed luisteren, ik wil dat u bij Dylan uit de buurt blijft,' zeg ik met licht trillende stem. 'Voortaan. Hij moet vrienden van zijn eigen leeftijd krijgen.'

Mr Foster trekt wit weg. 'Maar onze –'

'Ik ben zijn moeder. Is dat duidelijk? Het hoort niet. En geen krekels meer.'

Mr Foster blijft even doodstil en knikt dan. Hij draait zich om en schuifelt naar de overkant, terug naar zijn eigen huis. Ik stampvoet naar mijn deur en keil het gele blik krekels in de kliko. Het raakt de bodem van de plastic bak met een zware, metaalachtige klap.

Wanneer ik opkijk staat Dylan door het huiskamerraam naar me te kijken. Er trekt een donkere schaduw over zijn gezicht. Hij laat het gordijn los en verdwijnt dan dieper in het huis.

30

Shepherd's Bush

MAANDAG, 7.20 UUR

TEGEN DE TIJD DAT DYLAN MAANDAG WEER NAAR SCHOOL GAAT, is Alfie niet langer voorpaginanieuws in de *Daily Post*, verdrongen door een aardbeving in Azië, klimaatdemonstraties voor het BP-hoofdkantoor, en MacKenzie Matthews, een achtentwintigjarige TikTok-influencer die op weg naar huis van een vrijgezellenfeest bijna was gekeeld door een gemaskerde wurger. MacKenzie geeft de hele ochtend al interviews over haar 'bijna-doodervaring' met de Shepherd's Bush Strangler.

Het is merkwaardig geruststellend, de snelheid waarmee iedereen zich op het volgende nieuws stort. Als zij de hele Alfie-toestand kunnen vergeten, dan ik ook.

Dan wij ook.

Ik maak wafels om Dylans eerste dag terug naar school te vieren, maar omdat ik anders nooit wafels maak lijkt het Dylan te verontrusten. Met een ongeruste blik op mij gaat hij aan tafel zitten.

'Gaat het, mam?'

'Uit de kunst,' zeg ik. 'Beter dan ooit.'

Het is waar. Ik was wakker geworden zonder de wekker, als een volledig opgeladen batterij, één brok energie. Had niet eens een Red Bull nodig. Misschien wordt dit mijn nieuwe pad. *Zelfgemaakte ontbijtjes. Assepoes. Huismoeder.*

'Zin om weer naar school te gaan?' vraag ik, wafelbeslag op het sissende ijzer kwakkend.

Dylan haalt zijn schouders op.

Goed genoeg, denk ik. Ik kijk naar mijn zoon wanneer hij over zijn bord gebogen in sneltreinvaart wafels naar binnen schuift. Hij heeft zijn St. Angeles-uniform weer aan. Hij ziet er goed uit. Gezond. Van nu af aan wordt alles weer normaal.

Fronsend kijkt Dylan op van zijn wafels. 'Heb je iets met je wenkbrauwen gedaan?'

Een ijskoude paniekgolf overspoelt me. Mijn hand vliegt naar mijn wenkbrauwen. 'Wat? Nee!'

'O,' zegt hij laconiek, tussen twee happen door. 'Ze zien er anders uit.'

Ik forceer een lachje, het beklemmende gevoel in mijn borst negerend. 'Nee, hoor. Alles is precies zoals het altijd was.' Ik schuif het bord wafels naar hem toe. 'Neem er nog een.'

Voor de verandering zijn Dylan en ik eens vroeg bij school. Allegra, Farzanah en Hope staan op een kluitje te fluisteren. Hope krijgt mij in het oog en maakt een klokkend geluid. 'Goed om ze voorzichtig weer te laten beginnen, vind je niet?'

Ik verslik me bijna van ongeloof. 'Heb je het tegen mij?'

Hope heft haar kin iets op. 'Ik zei net tegen Allegra, het is het beste. Kinderen hebben baat bij regelmaat.'

'O, eh... ja. Zeker weten.'

Allegra knikt, en ik heb het gevoel door te zijn naar de volgende ronde in een popquiz. Door de tragedie lijk ik iets beter te liggen bij de andere moeders, nu er iemand is gearresteerd. Of misschien voelt Hope zich gewoon schuldig over het feit dat ze mijn zoon aanvankelijk verdacht.

'Iemand iets van Cleo gehoord?' vraagt Hope aarzelend.

In de dagen sinds Mr Sextons arrestatie was Cleo niet haar normale coole zelf geweest. Eerst had ze in de moeders-WhatsAppgroep gevraagd wat de uiterste inschrijfdatum was voor het skischoolreisje in februari. Daarop had ze een link gestuurd naar een clickbait-artikel met de kop TOP VIJF VERMISTE KINDEREN DIE LATER LEVEND WERDEN TERUGGEVONDEN. Diverse mensen hadden met een hartjesemoji gereageerd, maar niemand wist echt wat hij moest zeggen.

Tot Hope het in haar hoofd haalde voor te stellen om van het komende HFG een fundraiser te maken om een 'Alfie Risby Herdenkingsbeurs' in het leven te roepen, en Cleo volledig door het lint was gegaan.

Kan iedereen alsjeblieft ophouden te doen alsof mijn zoon dood is!!! schreef ze. Het was zo niet des Cleo's dat niemand wist hoe te reageren. In plaats daarvan was de groepschat simpelweg stilgevallen.

'De hemel sta haar bij,' zegt Allegra, terwijl haar wanstaltige hond aan de riem rukt. 'Ik kan het me niet eens voorstellen.'

Farzanah knikt. 'Kan niet makkelijk zijn, je zoon en je man tegelijk kwijtraken.'

Hope schraapt haar keel. 'Het is alleen zo lastig, met HFG, nu Cleo niet akkoord is met het nieuwe plan.'

Ik stel de vraag die niemand anders durft te stellen: 'Waarom blazen we het niet gewoon af?'

Farzanah tuit haar lippen. 'Het is over tien dagen. Alles is al betaald –'

Hope valt haar in de rede. 'Volgens mij is een belangrijker punt: welke boodschap zou afgelasten afgeven? Tradities zijn belangrijk. Voor de gemeenschap. En de kinderen.' Ze tuurt de rij af, waarna ze op samenzweerderige fluistertoon verdergaat. 'Ik bedoel, het is heel sneu voor haar, maar is Cleo nog wel lid van de oudercommissie? In feite, als ze geen ouder is...'

Ik kijk naar Allegra in de verwachting dat ze zal protesteren of, nog beter, het zal opnemen voor haar oude vriendin Cleo, maar ze glimlacht slechts zwakjes en verandert van onderwerp. 'Had ik al gezegd dat ik dit jaar in het comité zit van paardenveiling Goffs London Sale? Iemand in de markt voor een volbloed?'

Het gesprek verzandt en we schuifelen richting de schoolpoort. Er was een tijd dat ik deze vrouwen zou hebben veroordeeld – *er wordt een kind vermist en zij willen hun feestje niet afblazen!* Maar ik merk dat ik me kan vinden in hun doorzichtige wens om alles precies zo te houden als het was. En na wat ik heb gedaan, kan ik moeilijk een ander veroordelen. Trouwens, het is maar een feestje. Het afblazen gaat Alfie niet terugbrengen.

Naarmate we dichter bij de poort komen, speur ik de horizon af naar Ms Schulz' vertrouwde gestalte. Maar de oude dragonder is nergens te bekennen. Op haar plek staat een streng kijkende kale man in een marineblauw pak met bruinleren loafers.

Ik draai me om naar Hope. 'Wie is die –' vraag ik, maar dan steekt de man al een hand naar me uit.

'Bert Sanders,' zegt hij op gladde, zelfverzekerde toon. 'Namens de gehele Omega Plus-gemeenschap wil ik u bedanken voor uw onverminderde vertrouwen.'

'Waar is Ms Schulz?'

Hij lijkt overvallen door mijn vraag. 'O, excuses. Ik dacht dat de schoolleiding dat al had gecommuniceerd. Helen heeft voor vervroegd pensioen gekozen. Met onmiddellijke ingang.'

'Wat?'

Hij verplaatst zijn gewicht. 'De, eh... schok van de situatie. Werd haar iets te veel, vrees ik. Maar we zijn haar ontzettend dankbaar voor haar vele dienstjaren.'

Bert eindigt met een geforceerd lachje. Hij wil dat ik doorloop, maar ik ben nog niet klaar.

'Waarom was er geen aankondiging? Een afscheid? Ze heeft wel dertig jaar op deze school gewerkt.'

Bert tuit zijn lippen en fronst. Hij is niet gewend tekst en uitleg te moeten geven. 'Dat zal er vast wel komen, op een minder... beladen moment.' Hij schraapt zijn keel, zijn blik gericht op de moeders achter me. 'Vandaag gaat het om de jongens. Ze de draad weer laten oppakken, vindt u niet? De toelatingsexamens staan voor de deur.'

Ik open mijn mond om te protesteren, maar Dylan rent door de poort, en Bert is een nieuw gesprek begonnen met Hope over een golftoernooi voor het goede doel.

'Fijne dag,' roep ik Dylan na, maar hij is al verdwenen.

De rest van de dag strekt zich voor me uit als een gigantisch vel blanco papier. Besteedde ik tot nu toe echt de hele dag aan salonbezoekjes en reality-tv?

Ik klop een paar keer aan bij Adam, maar hij is niet thuis. Waarschijnlijk naar de sportschool. Of zijn werk.

Ik app Brooke: Hoe is de huwelijksreis? Ze reageert met een handjevol zonovergoten foto's: een wit zandstrand, een maki, een baobab bij zonsondergang. Julian schittert door afwezigheid. Ik zie hem zo in de tikibar van het resort zitten, margarita's wegtikkend terwijl hij naar cricket op zijn telefoon kijkt. Ik vraag me af of Brooke zich stiekem net zo verveelt als ik. Er zijn niet eens ballonopdrachten om uit te voeren. Het type vrouw dat ballonnenbogen op maat bestelt, is niet zo klunzig dat ze bevalt in de aanloop naar Kerstmis en kleine Caspian veroordeelt tot levenslang overschaduwde verjaardagen.

Het is gênant om toe te geven, maar ik mis Jenny. Ze is inmiddels weer aan het werk en heeft me exact één keer geappt sinds Mr Sextons arrestatie, een oppervlakkig 'hoe gaat-ie?' met een vage belofte om binnenkort iets te gaan drinken. Maar wat hebben we elkaar eigenlijk te vertellen nu we geen onderzoek hoeven te doen naar Alfies verdwijning? Zijn we nog vriendinnen? Waren we dat wel?

Tegen het middaguur besluit ik dat ik net zo goed een manicure kan nemen. Wat tijd kan doden. Maar wanneer ik aankom bij Fresh Nails zit de deur op slot. Ik rammel aan de deurkruk, maar er is geen beweging in te krijgen. Ik tuur door het glas, op zoek naar het vertrouwde silhouet van Linh genesteld in een massagestoel, maar die is leeg. Niets voor haar om de studio zomaar te sluiten. Is ze op vakantie? Ik overweeg haar te bellen, maar ik weet niets eens zeker of ik haar telefoonnummer wel heb.

Ik sjok naar huis, met mijn ziel onder de arm, tot me te binnen schiet: Elliott. Nu kan ik hem terugbellen, weer wat schot in de zaak brengen. Ik zit op de rand van mijn bed en bel met lichte hartkloppingen zijn nummer. Maar mijn telefoontje gaat rechtstreeks naar voicemail. Geeft niet. Nog vroeg in LA. Hij is vast aan het dauwtrappen of zo. Hij belt wel terug.

Ik plof op de bank en zap langs de kanalen. Het doet me denken aan de periode vlak nadat Will vertrok, hoe oneindig en doelloos de dagen hadden geleken. Destijds had ik tenminste een baby om voor te zorgen. Je kunt zeggen wat je wilt over zuigelingen, maar ze in leven houden vult de uren in elk geval.

De resterende uren van 'de eerste dag van de rest van mijn leven' hang ik op de bank en probeer me te herinneren wat ik in hemelsnaam de hele dag deed, voordat Jenny en Alfie en het hele stomme gedoe zich aandienden.

31

Shepherd's Bush

DINSDAG, 20.43 UUR

OP DINSDAG VLIEG IK TEGEN DE MUREN OP. IK HEB EEN ONBEhaaglijk gevoel; de zekerheid, diep vanbinnen, dat er iets HEEL ERGS gaat gebeuren. Ik begin de sloten op de deuren diverse keren te controleren en twee tot drie keer te checken of het gas echt uit is. Urenlang sta ik mijn gezicht in de badkamerspiegel te bestuderen en mijn wenkbrauwen te onderzoeken op tekenen van uitval.

Jenny heeft nog niet geappt, Fresh Nails is om onverklaarbare redenen nog steeds gesloten en Dylan hangt rond met een gezicht als een oorwurm, omdat ik hem heb verboden met Mr Foster om te gaan. Dus wanneer Matt B. me appt over een nieuwe sushibar in het souterrain van een boetiekhotel in Mayfair, laat ik me verleiden door de lokroep van palingrolletjes en lakens van Egyptisch katoen. Ik was eigenlijk niet van plan vanavond uit te gaan: Brooke is nog op huwelijksreis, dus ik heb geen oppas. Tien jaar is net te jong om alleen thuis te blijven, weet ik. Maar ik verdien een verzetje. Een ererondje. Trouwens, ik bleef alleen thuis op mijn tiende, en dan moest ik ook nog op Brooke passen, tijdens mijn moeders avonddiensten bij Denny's.

Ik stop Dylan in bed voor ik de deur uit ga en app Adam om zijn oren open te houden. *Teruggevallen in je oude gewoonten*, zeurt een stemmetje in mijn achterhoofd, maar dat druk ik weg.

Het restaurant zit in een raamloos souterrain, donker en luxueus en louche. Zo'n tent die je praktisch smeekt om een affaire te hebben. Matt B. zit in een nisje, verborgen achter een gordijn, maar ik herken zijn schoenen. Wanneer ik het gordijntje optil, neemt hij me van top tot teen in zich op en doet alsof hij in katzwijm valt.

'Mijn god, wat een plaatje.'

Ik grijns. Een van de dingen die ik het leukst vind aan Matt B. is hoezeer hij mijn uiterlijk bewondert. Waar veel mannen proberen de coole gast uit te hangen en nooit complimenten geven, zwijmelt Matt B. openlijk van bewondering. Desondanks raakt hij me niet aan tot we naar boven gaan, niet eens een omhelzing of een hand op de schouder. Plausibele ontkenning, neem ik aan, voor het geval we een collega van hem tegenkomen.

Ik ga tegenover hem in het nisje zitten. De bekleding is zacht en diep. Er verschijnt een serveerster, en Matt B. bestelt twee flessen sake en het menu van de chef voor ons allebei, plus 'wat haar verder nog lekker lijkt'. Dan leunt hij achterover en bekijkt me taxerend.

'En, wat voor stouts heb jij de laatste tijd uitgehaald?'

Ik pijnig mijn hersenen af naar iets wat hij leuk zal vinden. Matt B. is zo'n man die twee telefoons heeft, die het hele weekend door 'in contact' moet blijven met zijn werk. Wat hem betreft kan ik net zo goed een buitenaards wezen zijn: een volwassen vrouw zonder echte baan.

Ik neem een slokje van mijn glas van de eerste fles sake en laat het ijzige zoetje over mijn tong rollen. 'Nou, eens kijken, ik heb een man in het pak genaaid voor een afschuwelijk misdrijf. Maar geen zorgen, hij was een pedofiel, dus hij verdiende het.'

Met een bulderende lach gooit Matt B. zijn hoofd achterover. 'O ja, joh? Hoeveel jaar staat hem te wachten?'

'Geen idee. Tot aan zijn laatste snik, waarschijnlijk.' Ik sla de rest van de sake in één keer achterover. 'En jij?'

'O, je weet wel, gewoon de rijken rijker gemaakt.'

Ik vond Matt B.'s vrouw een keer op Instagram. De meeste foto's waren van hun drie kinderen. De jongste, een jongen, is ernstig gehandicapt: rolstoel, verpleegkundige, de hele rataplan. Matt B. heeft me hier nooit iets over verteld. Bij mij gedraagt hij zich altijd als een erop los levende vrijgezel, een van de vele financiële jongens die de bloemetjes buiten zetten in de stad. Het spel meespelen voelt als een goede daad.

Ik glimlach, schuif mijn schoen van mijn voet en laat die langzaam langs Matt B.'s been omhoogglijden.

Afkeurend mompelend gebaart hij naar mijn bord. 'Je hebt je geelvinmakreel niet aangeraakt.' Matt B. neemt eten heel serieus. Zijn hele nietprofessionele persoonlijkheid is gericht op kennis van restaurants.

Ik prik een koud stukje vis aan mijn eetstokje en stop het in mijn mond. Het smelt op mijn tong als koele gezouten boter. Ik hum waarderend.

'Hier,' zegt Matt B., de tweede fles sake naar mij toe schuivend. 'Combineer het met deze. Past beter bij het smaakprofiel.' Hij begint vol vuur aan een miniverhandeling over de vijf basissoorten sake en hun verschillende fermentatieprocessen, en ik laat mijn gedachten afdwalen naar Ian. Ik ben benieuwd hoe hij zou zijn op een date. Niet zo, wed ik.

Tegen de tijd dat Matt B. eindelijk zijn eetstokjes neerlegt en de hotelkamersleutel voor mijn neus zwaait, is hij aangeschoten. Op zijn voorhoofd glimt een dun laagje zweet.

'Zullen we?' zegt hij met een schuine grijns.

Mijn maag maakt een salto. Ik ben tipsy, maar niet tipsy genoeg, ergens.

Toch volg ik hem naar de kamer. Wanneer ik zijn overhemd losknoop, werp ik één blik op zijn hitsige gezicht en voel een golf van afkeer. Het is niet de alcohol, besef ik. Het is dat iemand anders' flutechtgenoot neuken niet langer spannend en geil voelt. Het voelt sneu. Ik kan niet geloven dat ik Dylan hiervoor alleen thuis liet. Waar ben ik in godsnaam mee bezig?

Ik mompel een excuus, gris mijn schoenen mee en glip de deur uit, om door de gang naar de lift te rennen.

Ik probeer een taxi te bestellen op mijn telefoon, maar de app gooit me eruit. We hebben momenteel te maken met grote vraag, staat er. Probeer het over enkele minuten opnieuw. Grote vraag. Moet fijn zijn.

De ballen, ik neem de nachtbus wel. Ik klim naar de bovenverdieping en ga zitten op een stoel in het midden, vlak achter de trap. De bus zit vol met het gebruikelijke gepeupel: mensen uit de avonddienst in smoezelige bedrijfspolo's, vermoeide stappers balancerend op de verraderlijke grens tussen roes en kater en een paar wanhopige zielen die beschutting zoeken tegen de koude nacht. Ik doe mijn oortjes in en droom weg terwijl we langs het donkere Hyde Park zoeven.

Ik ruik haar voordat ik haar zie. Een vrouw, petieterig, ineengekrompen, niet groter dan een kind, in een enorme kasjmieren jas. Wanneer ze dichterbij komt, zie ik dat de jas een gekreukte Frette-pyjama verbergt. Ik doe mijn oortjes uit, niet zeker of ik mijn ogen kan geloven.

'Cleo? Wat doe jij nou in de bus?'

Ik heb gehoord dat verdriet rare dingen met mensen doet, maar Cleo's gedaanteverandering beneemt me de adem. Haar glanzend blonde bob is verdwenen, vervangen door een pluizige halo van wit haar. Ze klemt een fles chablis in haar hand en een glanzende Harrods-tas vol losse vellen papier.

Voor ik iets kan zeggen ploft ze op de lege stoel naast me en omhult me met een walm van wijnzweet. Het is onduidelijk of ze me herkent, maar ze lijkt te hebben besloten dat ik vooralsnog een vriendelijke aanwezigheid ben.

'Weet Rollo waar je bent?' vraag ik voorzichtig.

Cleo zakt verder onderuit. 'Die overspelige klootzak?' Ze neemt een slok uit de fles. 'Ze is vijfentwintig. Vijfentwintig!'

'Ik vind het heel erg,' zeg ik. 'Van Alfie. Ik weet dat we weleens meningsverschillen hebben gehad, maar i-ik kan me niet eens voorstellen wat je nu doormaakt.'

'Ik weet het van jou,' zegt ze, draaiend op haar stoel om me recht in de ogen te kijken.

Ik verstijf. 'Wat bedoel je?'

'Jij en Jenny. Jullie probeerden hem te vinden. Dat vertelde Ms Schulz me. Waarom?'

'Waarom? Gewoon, uit... medelijden. Het is iets afschuwelijks.'

Cleo steekt haar hand in de draagtas en buigt dan naar voren, alsof ze op het punt staat me een geheim te vertellen.

'Kijk,' zegt ze, een vel papier onder mijn neus duwend.

Het is een kindertekening, gemaakt met blauwe stift. Een huis, een tuin, een hond. Eronder staat: *Hou van je mam.*

'Ik, eh... ik begrijp het niet.'

Cleo veegt met haar mouw over haar gezicht. 'Iemand stuurde deze naar ons huis. Anoniem. Twee dagen voordat ze...' Ze slikt. '...die man arresteerden.'

Ik krimp ineen. 'Hoe bedoel je?'

'Snap je het niet?' sist ze. 'Dit is zijn handschrift. Alfie leeft nog.'

De hoop die in haar ogen schittert is hartverscheurend. Ik voel een klein deel van me doodgaan. 'Cleo, ik –'

Haar ogen vernauwen zich. 'Je gelooft me niet?'

Ik verander van tactiek. 'Heb je met de politie gesproken?'

'De politie?' spuwt ze. 'De politie?' Haar stem wordt nu harder. 'De politie wil het niet horen. Ze zeiden dat het nep was, een of andere zieke gek die misbruik maakt van de situatie. Zeiden dat ik hysterisch ben. Een treurende moeder.'

'Dat ben je toch ook?' zeg ik, mijn stem amper hoorbaar.

'Je moet me helpen,' zegt ze.

Iedereen in de bus zit nu naar ons te staren, benieuwd wat er aan de hand is en of er zo een vechtpartij gaat uitbreken.

'Cleo, alsjeblieft. I-Ik ben geen detective, oké? Dat hele gedoe was een fout.'

Ze kijkt naar me op met een van pijn vertrokken gezicht. 'Alsjeblieft,' zegt ze. 'Alsjeblieft. Ik smeek je. Help me.'

'De politie heeft hem opgepakt,' hou ik vol.

Cleo zwaait nog één keer met de tekening naar me, staat dan op en begint de trap af te stampen, precies op het moment dat de bus remt. De wijnfles vliegt uit haar hand wanneer ze naar voren schiet. Ze tuimelt de laatste vier treden af en blijft in een hoopje onderaan liggen. De andere passagiers houden geschrokken hun adem in. Ik snel naar haar toe en steek mijn hand uit, maar die slaat ze weg.

De deuren schudden open, en Cleo krabbelt overeind.

'Ik ga mijn zoon zoeken,' zegt ze. 'Ook als niemand me helpt.'

Ze strompelt door de open deur het donker in. Een klein deel van me twijfelt of ik achter haar aan moet gaan. Maar het andere, grotere deel is opgelucht. Ze is gek, hou ik mezelf voor. Gek van verdriet. Niets wat zij zegt kan serieus worden genomen.

Maar zelfs ik moet toegeven dat het handschrift op dat vel papier heel erg leek op het handschrift in Alfies *Emotiedagboek*.

Je weet wel, het boek dat ik in mijn wasbak verbrandde.

32

Shepherd's Bush

WOENSDAG, 10.02 UUR

DE VOLGENDE OCHTEND VERSLAPEN DYLAN EN IK ONS ALLEBEI. Tekenend voor mij, maar Dylan is meestal tegelijk op met de zon, als een menselijke wekker.

Hij kreunt wanneer ik het dekbed van hem af trek. 'Nog vijf minuutjes,' smeekt hij.

Ik leg me erbij neer, maar we zijn te laat voor school. Veel te laat. De poort is dicht; ik moet aanbellen en dan naar de administratie om een formulier in te vullen met de reden dat we te laat zijn, terwijl mijn poriën nog sake uitwasemen. Hope en Farzanah staan in de hal te kletsen met Verity Parker, een van de administratief medewerkers. Hope draagt dezelfde crèmekleurige kasjmieren jas waar ik Cleo gisteravond in zag, behalve dat die van Hope schoon is en haar eruit laat zien als een rups die in haar cocon is blijven steken.

Ik vermijd oogcontact, maar Verity klampt me aan; die weet niet dat ik geen lid ben van de moederclub. In haar ogen zullen we er vast allemaal hetzelfde uitzien.

'Geweldig nieuws,' roept Verity ademloos. 'We hebben groen licht!'

Ik leun tegen een met kunst behangen muur en probeer uit te vlooien waar ze het over heeft.

'HFG gaat door!' Verity straalt alsof dit allemaal aan haar te danken is. 'De school heeft Rollo's goedkeuring om het evenement te laten doorgaan als een herdenkingsfundraiser.'

Een beeld van Cleo die in haar pyjama in de bus zit, doemt voor me op. 'En Cleo? Ik dacht dat zij –'

Farzanah onderbreekt me zonder van haar telefoon op te kijken. 'Je weet dat ze midden in een scheiding zitten? Arme ziel. Afschuwelijke situatie.'

Hope haakt erop in, om maar niet over het hoofd te worden gezien. 'Ja, toch? Hoorde dat zijn nieuwe vlam pas vijfentwintig is! Stel je voor.'

Een golf van verontwaardiging komt bij me boven. 'Nou, misschien moet er iemand bij Cleo gaan kijken? Je weet wel, aangezien we allemaal zo bezórgd zijn?'

Hopes blik schiet opzij naar Verity. 'O, Florence,' neuzelt ze met haar Australische accent. 'Ik weet niet of dat wel zo gepast zou zijn? Blijkbaar heeft ze gedreigd met gerechtelijke stappen tegen de school.'

Haar woorden dalen als een donkere wolk neer over de administratie. Ik mompel een excuus en maak me uit de voeten, het gebouw uit en de straat op.

De rest van de dag doe ik mijn best om niet aan Cleo te denken. Mijn focus hoort op Dylan te liggen, op hem helpen een nieuwe start te maken. Misschien ga ik met Will overleggen om hem over te plaatsen naar een andere school. St. Angeles heeft een incident met een handtastelijke leraar gehad en is een kind kwijtgeraakt; als dat geen reden is om met de traditie te breken, wat dan wel? Dylan halverwege het jaar overplaatsen kan echter verdacht overkomen. Waarschijnlijk beter om alles te laten zoals het is.

De dag gaat voorbij in een waas van *Property Shark* en dutjes. Op een gegeven moment val ik in slaap op de bank en droom dat Cleo is verdronken in mijn badkuip, dat ik probeer haar bij te brengen door haar in haar gezicht te slaan, keer op keer, hoewel ik weet dat ze dood is.

Die avond maak ik Dylans lievelingseten: vegavissticks met doperwtjes. Hij gaat aan tafel zitten en geeft zijn bord een goedkeurend knikje.

'Hoe was het vandaag?' vraag ik nerveus, als een schaatser die zich op een pas bevroren meer waagt.

'Oké,' bromt hij. Hij wil de ketchup pakken en stoot daarbij zijn glas havermelk om. Het spul vormt een plas op tafel en begint op de vloer te druppen.

Ik gebaar naar de uitdijende plas. 'Kun je dat opvegen?'

Hij verroert geen vin.

'Dylan?'

Hij staart me aan zonder te knipperen, alsof hij een forensische foto neemt om later naar te verwijzen.

'Doe het zelf,' zegt hij uiteindelijk.

'Dylan!' snauw ik, opspringend om de spons van het aanrecht te pakken. 'Wat mankeert je?'

Hij geeft geen antwoord.

'Zit je ergens mee? Je weet dat je me alles kunt vertellen.'

Hij schuift zijn doperwtjes met zijn vork over het bord. 'Mag ik van tafel?' vraagt hij. Op mijn knikje rent hij naar zijn kamer zonder zijn bord af te ruimen.

Ik kijk ernaar en wrijf over mijn ogen: verbeeld ik het me of heeft hij zijn overgebleven doperwtjes in de vorm van een grote groene A gelegd?

Knarsetandend schraap ik de erwtjes in de groenbak. Ik moet niet zo streng voor hem zijn. Het is een rotweek geweest. Het moet heftig zijn om weer op school te zijn, naast een leeg tafeltje te zitten en te denken aan je vermiste klasgenoot. Het is vast een normale stressreactie.

Niks om me zorgen over te maken.

Nadat Dylan later die avond naar bed is gegaan, plof ik op de bank en zet de tv aan. Ik dwing mezelf naar het scherm te staren, maar ik krijg Cleo niet uit mijn hoofd. Waar is ze nu? Nog over straat aan het dolen in haar pyjama? De zeurende pijn in mijn buik wordt erger wanneer ik terugdenk aan hoe ze er vannacht uitzag. *Hulpeloos.* Wat als ze wordt aangereden? Wat kan mij dat eigenlijk schelen? Cleo Risby is geen vriendin van me. En Mr Sexton heeft het zeker weten gedaan, hem erin luizen heeft de zaak alleen een beetje versneld. Dus waarom voel ik me zo vreselijk, onbeschrijflijk schuldig?

Ik haal mijn telefoon tevoorschijn en scrol door Insta, langs Brookes huwelijksreisfoto's, nageldesigns van een studio waar ik nog nooit ben geweest en een close-up van een cocktail met Ians hand eromheen.

Ik blijf even hangen. Wat zou het ook. Ik geef zijn foto een like.

Onmiddellijk verschijnt er een privébericht. Hé. Nog op?

Ja. Voor de buis. Verveel me dood.

White City House. 9ᵉ etage. Zie je bij de bar?

Verleidelijk. Meer dan verleidelijk. Een drankje en wat afleiding is precies wat ik nodig heb. En Adam is thuis. Hij kan een oogje op Dylan houden.

Cool antwoord ik. Waarom niet?

Ik sluip Dylans kamer in om nog één keer bij hem te kijken. Hij ligt zachtjes te snurken onder zijn astronautendekbed, in dromenland. Vlug haal ik een lippenstift over mijn mond, bedenk me dan en veeg het eraf. Ik hoef er niet uit te zien alsof ik er moeite voor heb gedaan.

Wanneer ik aankom staat Ian over de marmeren bar geleund, druk in gesprek met de barkeeper. Het is een houding waardoor de meeste mensen schutterig zouden overkomen, maar hij weet het er cool te laten uitzien, alsof het de normaalste zaak van de wereld is.

'Florence,' zegt Ian, de lettergrepen van mijn naam rekkend. 'Jij komt je excuses aanbieden, neem ik aan?'

Ik adem in, waarbij ik zijn eau de toilette diep opsnuif. De man ruikt echt heel lekker. Ian trekt een barkruk voor me naar achteren.

'Waarom zou ik?' vraag ik, plaatsnemend op de zacht fluwelen bekleding.

'Zag dat ze de smeerlap hebben gearresteerd. Dacht dat je je wel schuldig zou voelen. Je weet wel, omdat je mij verdacht?'

Achter de bar is een bebaarde man met een wenkbrauwpiercing drankjes aan het mixen. Hij heeft een paar dobbelstenen getatoeëerd op twee knokkels van zijn rechterhand, en wanneer hij de mengbeker begint te schudden, lijkt het bijna alsof hij ze laat rollen.

Ian heft zijn kin even op naar de barkeeper. 'Wat drinken we, Ricky?'

Ricky stopt om mij te taxeren. 'Lijkt me een negroni-meisje.'

'O, goeie keuze,' zegt Ian met een glimlach. '*Verfrissend, maar met een bittertje*. Ja, ik zie het helemaal.'

Ik frons. 'Wat?'

'Ricky hier heeft een gave. Hij kan je drankje afstemmen op wie je in wezen bent. Negroni is een klassieker, trouwens. Het laatste meisje dat ik hier mee naartoe nam...' Hij huivert en gaat op samenzweerderige fluistertoon verder. '...*mojito*. Tragisch, hoor.'

'Dus het is een soort horoscoop?'

'Eerder een soort persoonlijkheidstest.'

Ik haal mijn schouders op. 'Prima. Een negroni dan.'

Ricky grijnst even naar me en gaat aan de slag door twee kristallen tumblers voor ons neer te zetten.

Ian draait zich om naar mij en legt nonchalant een hand op mijn dijbeen. 'Tof om je te zien.'

Alle bloedvaten in mijn lijf verwijden zich. 'Ja, eh... jou ook.'

Ricky vult onze tumblers met bloedrode vloeistof en garneert ze met een sinaasappelschijfje.

Ian heft zijn glas naar me op. 'Waar drinken we op?'

'Op Alfie?' zeg ik automatisch, zonder er ook maar over na te denken.

Ians gezicht betrekt. Hij haalt zijn hand van mijn been. De betovering is verbroken.

'Op Alfie,' zegt hij ernstig, en we klinken.

Ik schraap mijn keel. 'Ik zag Cleo. Gisteravond. In de nachtbus.'

Ians ogen vernauwen zich. 'Cleo, mijn vaders toekomstige ex-vrouw? In een bus?' Hij gnuift. 'Ach gut, wat is de beau monde diep gevallen.'

'Ja, het ging niet goed met haar. Ze leek... verward. Het was best zielig.'

'Hoor jou nou. Sympathie voor de duivel.' Hij klakt met zijn tong en begint een papieren servetje te vouwen. 'Wat kan jou het eigenlijk schelen?'

'Niks. Het is alleen... de vrouw heeft haar zoon verloren. En haar man.' Ik hoor mijn stem omhooggaan, een schelle, wanhopige toon krijgen, maar ik kan me niet inhouden. 'Ze is helemaal alleen, doolt rond in haar pyjama, laat mensen tekeningen van haar vermiste kind zien. Vind je niet dat íémand haar zou moeten helpen?'

Ian zet zijn drankje op de bar. 'Luister, het is lief dat je wilt helpen. Maar ik ben maar de "onwettige" zoon. Cleo zou er als de kippen bij zijn om je te vertellen dat ik geen gezinslid ben. Zeker geen erfgenaam van het Risby-familiefortuin. Ze zou niet willen dat ik me ermee bemoeide. Trouwens, die scheiding zat er al heel lang aan te komen. Lang voordat Alfie... je weet wel. De kaarten werden opnieuw geschud, zeg maar.'

Het testament. Langzaam begint het me te dagen, en zodra ik het doorheb kan ik niet geloven hoelang ik erover heb gedaan.

'Wacht. Ging de brief daarover? Waar je het die avond in de club over had? Verstuurd op aanraden van je advocaat? Je vroeg je vader om jou in zijn testament op te nemen? Aangezien hij het toch liet wijzigen. Vanwege de scheiding.'

Fronsend rimpelt Ian zijn neus. 'Zei ik dat?' Hij verschuift op zijn kruk. 'Dat kan ik me niet herinneren.' Het servetje dat hij zat te vouwen is nu een papieren vliegtuigje. 'Maar ja, het klopt. Tante Helens advocaat zei dat we het eerst beter vriendelijk konden vragen. Cleo stak er een stokje voor, uiteraard. Blijkbaar moet haar geliefde Alfie echt alle achtenveertig miljoen erven.'

Tante Helen. De naam klauwt zich vast in mijn hoofd. Fuck. Jenny had gelijk: Ms Schulz verborg iets. En we hadden het dagen geleden al moeten uitzoeken.

'Helen, als in Helen Schulz? Zij is je tante?'

Ricky zet een kommetje groene olijven tussen ons in, stuk voor stuk zo dik als een vijg. Ian stopt er een in zijn mond.

'Ja. Meer dan een tante, eigenlijk. De vrouw voedde me zo ongeveer op na de dood van mijn moeder.'

Mijn hart begint te bonzen. De ruimte begint te draaien. 'Wacht, dus als Rollo van Cleo scheidt, en Alfie er niet meer is, dan blijf alleen... jij over. Dan zou jij de enige rechtmatige erfgenaam zijn.'

Ian staart me lang aan, dan schudt hij zijn hoofd. 'Wauw. Serieus? Je denkt dat ik –'

Shít. 'Nee, ik wilde niet –'

'Je wéét dat er een gast vastzit, hè?' Hij staat op en stopt zijn handen in zijn zakken. 'Weet je, ik dacht dat dit – jij – dat dit iets anders was. Mijn fout.' Teleurgesteld schudt hij zijn hoofd en gebaart naar Ricky. 'Zet maar op mijn rekening, ja?'

Mijn gezicht brandt van schaamte. 'Ian... ik... wacht...'

Ik wil roepen dat hij terug moet komen, maar ik kan de woorden niet vormen. Hem zien weglopen voelt alsof er een mes in mijn borst wordt omgedraaid. *Waarom verkloot ik altijd alles?* Ik probeerde alleen Cleo maar te helpen – die ik, om de een of andere gestoorde reden, niet uit mijn hoofd kan zetten. Maar in plaats daarvan heb ik Ian net tussen neus en lippen door beschuldigd van een gruwelijk misdrijf.

Een van Brookes vele preken galmt door mijn hoofd. *Je hoeft niet elke gedachte die door je hoofd schiet wereldkundig te maken.*

Ricky de barkeeper verschijnt met een nieuw drankje dat ik niet heb besteld en zet het op een onderzetter voor mijn neus.

'Hij ging er snel vandoor,' mompelt hij met een blik in de richting van de liften.

Ik zucht. 'Ja. Dat effect heb ik wel vaker op mensen.'

Ricky trekt zijn wenkbrauwen uitnodigend op. 'Weet je, mijn dienst eindigt over een halfuur. Als je gezelschap wilt...'

Ik overweeg het. Misschien voel ik me dan beter, in elk geval eventjes. Ricky kijkt me afwachtend aan.

En dan begint mijn telefoon te rinkelen.

Het 213-nummer. Mijn hart veert op. Elliott.

'Je mag hier niet bellen,' zegt Ricky verontschuldigend. 'Huisregels. Beneden is een telefooncel.'

'Geeft niet,' zeg ik terwijl ik opsta om te vertrekken. Ik bel Elliott thuis wel terug. Het is nog beter ook, daardoor lijk ik druk. Ik wil niet te happig overkomen.

Het rinkelen stopt. 1 nieuw voicemailbericht.

Ik werp nog een laatste blik op Ricky. 'Bedankt,' zeg ik. 'Maar ik kan beter gaan. Morgenochtend weer aan het werk.'

33

Shepherd's Bush

WOENSDAG, 23.13 UUR

THUIS NEEM IK EEN KIJKJE BIJ DYLAN, WAARNA IK VOOR MEZELF een glas water inschenk en met mijn telefoon naar de bank loop. Ik moet Elliotts voicemail beluisteren en hem terugbellen, maar mijn hoofd bonst van de negroni, van Ians teleurstelling in mij en van de stress om alles op een rijtje te zetten. Ik laat me op een kussen zakken en dwing mezelf om te denken aan albums en hitlijsten en comebacks. Mijn comeback.

Elliotts bericht is lang. Tweeënhalve minuut. Zijn stem is zo levendig en opgewekt dat ik in eerste instantie denk het verkeerd te hebben begrepen. Zodra het is afgelopen speel ik het opnieuw af, voor de zekerheid. Maar ik heb het helemaal niet verkeerd begrepen. Withete schaamte golft door mijn lijf. *Natuurlijk biedt hij je geen muzikale comeback aan, stomme idioot die je bent!* Ik smijt mijn telefoon door de kamer en slof naar mijn slaapkamer, te moe om te huilen. Ik wil gewoon slapen en nergens meer aan denken.

Ik slaap nog niet lang wanneer ik wakker schrik van het geluid van voetstappen. Klein en zacht. Als iemand die probeert stilletjes te doen. Ik schiet rechtop in bed, mijn hart hamerend in mijn borst.

Er is een inbreker binnen.

Ik trek het slaapmasker van mijn gezicht en ren door de donkere gang naar Dylans kamer. Zijn bed is leeg.

Ik word misselijk, duizelig.

'Dylan,' gil ik. 'Dylan?'

Geen reactie.

Ik ren naar de keuken. Die is leeg. De deur van de koelkast staat open. Instinctief, automatisch, doe ik hem dicht. Wanneer ik me omdraai staat Dylan achter me, volledig aangekleed, inclusief jas en sneakers.

'Dylan! Jemig, ik schrok me dood. Ik dacht dat er iemand –'

'Rustig maar, mam. Ik haalde alleen een glas water.'

Ik werp een blik op de klok. 'Het is twee uur 's nachts.'

Hij haalt zijn schouders op. 'Ik had dorst.'

Ik loop naar de voordeur. De grendel zit er nog stevig op. Ik adem diep in door mijn neus, wacht tot de adrenaline is weggeëbd en mijn hartslag gedaald.

'Rustig aan, mam,' zegt Dylan. 'Serieus.'

Ik neem zijn gezicht in me op. Hij haalt alleen wat water. Ik doe paranoide. Ik moet kalmeren.

Pas wanneer ik weer in bed lig, komt het bij me op me af te vragen: *waarom had hij zijn schoenen aan in het holst van de nacht?*

34

Shepherd's Bush

DONDERDAG, 7.20 UUR

DONDERDAGOCHTEND WORD IK VROEG WAKKER, VASTBESLOTENER dan ooit om door te gaan. Met een schone lei te beginnen. De pot op met Elliott. En Ian. En dat achterbakse liegbeest Ms Schulz. Ik mag dan onmogelijk zijn om van te houden en professioneel niet meer te redden, mijn zoon is in elk geval veilig. Het is tijd om dit alles achter me te laten en te focussen op Dylan. Zijn gedrag deze laatste paar dagen... Het is duidelijk een schreeuw om hulp. En die hulp ga ik hem geven. Het doet er niet toe dat Ian me haat en ik nooit meer zangeres zal zijn en Ms Schulz ons duidelijk heeft voorgelogen. Dylan is mijn prioriteit.

Ik tref hem in de keuken, waar hij muesli met havermelk eet en *Minecraft* op zijn telefoon speelt.

'Lekker geslapen?' vraag ik.

Hij knikt. 'Ja, hoor.'

'Wat ga je dit weekend bij papa doen?'

Hij haalt zijn schouders op. 'Gamen.'

Mijn hele lijf verstrakt. 'Hoe zit het met vriendjes? Iemand die je aardig vindt daar?'

'Nee,' zegt hij sip. Hij kijkt me smekend aan. 'Mam, mag ik na school alsjeblieft bij Mr Foster langsgaan? Heel eventjes maar. Greta heeft krekels nodig –'

'Kom op, Dylan,' onderbreek ik hem. 'Ik koop wel krekels voor je, oké? Je moet ophouden met die kerel rond te hangen. Je hebt vrienden van je eigen leeftijd nodig.'

'Maar niemand mag me.'

Ik schud mijn hoofd. 'Dat is niet waar. Ze zouden je best mogen, als ze je leerden kennen. Je moet er gewoon wat moeite voor doen.'

Dylan rolt met zijn ogen, en ik hoop dat hij me mijn flagrante hypocrisie niet onder de neus wrijft: iemand met ongeveer nul vrienden die advies geeft over hoe je met anderen om moet gaan.

Fucking Mr Foster.

Ik zet Dylan af bij de schoolpoort en koers linea recta naar bus 328. Tuurlijk is hij nog steeds mijn prioriteit, maar hij zit zevenenhalf uur per dag op school. Ik moet iets doen met al die tijd.

Ms Schulz woont op een stuk niemandsland tussen Earl's Court en West Brompton, op vierhoog in een oud victoriaans huizenblok. Verity Parker van de administratie had me haar adres gegeven, nadat ik had uitgelegd dat de oudercommissie haar bloemen wilde sturen voor haar pensionering.

Het gebouw moet ooit mooi zijn geweest, met zijn bakstenen gevel en sierpleisterwerk. Maar nu is het vervallen en smerig, de buitenkant bedekt met een laagje roet van de twee banen verkeer die langsrazen.

Ik overweeg aan te bellen, maar besluit voor het verrassingseffect te gaan. Ze zal niet blij zijn me te zien. Ik stel me op bij de voordeur en begin door mijn telefoon te scrollen, tot een oudere man met een labradoodle het gebouw uit komt.

'Wilt u de deur openhouden?' roep ik met mijn beste dame-in-noodstem, en dat doet hij. Britten zijn zo beleefd.

In de marmeren hal stap ik in de ouderwetse liftkooi en ik druk op het knopje voor de vierde etage. De deur ratelt dicht, en mijn hart begint te bonzen.

Het is griezelig stil in het gebouw. De meeste mensen zijn naar hun werk. Het enige geluid is het metalen geknars en geratel van de lift.

Voor haar woning blijf ik even staan luisteren. Het tv-journaal staat aan, schetterend over MacKenzie Matthews. Ik geef een harde, dubbele roffel en wacht op het doffe geschuifel van haar orthopedische schoenen naar de deur. Ze doet behoedzaam open, zonder de ketting eraf te halen.

'Ms Grimes,' zegt ze, waarbij haar lip krult.

Ik wring mijn lichaam in de kier tussen deur en kozijn. 'Mag ik binnenkomen?'

Er trekt een grimas over haar gezicht. 'Ging net weg, helaas. Een andere keer misschien.'

'Alstublieft? Het is belangrijk.' Ik schraap mijn keel. 'En ik zou, eh... niet graag een scène maken.'

Zuchtend haalt ze de ketting eraf. 'Eigenlijk ben je al half binnen, of niet soms?'

Ik ga zitten in de hardste leunstoel die ik ooit ben tegengekomen en neem de kamer in me op. Die is merkwaardig stijfjes, met meubels in Queen Anne-stijl, een antieke staande klok en zware, gevoerde gordijnen. Een witte kat kijkt me onverschillig aan vanonder de salontafel. Geen spoor van Alfie. Niet dat ik hem hier verwachtte.

Ik richt mijn blik op Ms Schulz, die tegenover me zit op een crèmekleurige canapé.

'Ik heb Ian gesproken.'

Ze fronst. 'En?'

'Waarom vertelde u me niet dat hij uw neef is? U deed alsof u hem helemaal niet kende!'

De staande klok in de hoek tikt luidruchtig. Haar ogen volgen de secondewijzer die in een klein kringetje ronddraait.

'Ik weet niet waar je het over hebt,' zegt ze. 'En ik vrees dat ik weg moet.

Ik heb kaartjes voor een lezing bij de Koninklijke Hoveniersvereniging.' Ze staat op en gebaart naar de deur. 'Als je het niet erg vindt...'

Ik hou mijn poot stijf. 'Nee. Niet voordat u me vertelt wat u verbergt. Waarom u Jenny en mij op een dwaalspoor zette naar Rollo's zogenaamd "geheime zoon" terwijl u van begin af aan precies wist wie hij was. Hij is uw neef!'

Ze zet een stap dichter naar me toe. Haar ogen worden waterig. 'Weet je,' zegt ze zacht. 'Je lijkt zo op haar.'

'Wie?'

'Mijn zus Mary.'

Ik slik. 'Wat heeft zij hiermee te maken?'

Ze gaat weer zitten. 'Mijn zus was een engel. Een onschuldig kind. Ging één keer met Rollo Risby naar bed, op haar zestiende. En het ruïneerde haar leven. Hij liet haar zonder een cent zitten, met een kind om voor te zorgen, en presteerde het vervolgens om weg te gaan en zijn leven te leiden alsof er niets was gebeurd.'

Ik hap naar lucht, want plotseling kan ik me beter inleven in deze Mary-figuur dan ik wil toegeven. 'Wat heeft dat ermee te maken?'

Ms Schulz gaat verzitten. De witte kat springt bij haar op schoot.

'Het was een andere tijd, weet je. Vrouwen liepen niet te paraderen met hun ontblote middenrif en hun onwettige kinderen. De schaamte deed haar in een diepe depressie belanden. Ze beroofde zich van het leven. Zelfs toen weigerde Rollo zijn zoon te erkennen. Rollo Risby,' zegt ze langzaam, zijn naam uitspuwend als een vloek, 'is een afschuwelijke man.'

Ik schraap mijn keel. 'Hebben Ian en u Alfie iets aangedaan? Om Ian in Rollo's testament te krijgen?'

Ze lacht, een droge, schorre kakellach. 'Wat een onzin.' Zwijgend streelt ze de oren van de kat. 'Ian is een soort zoon voor me. Mijn enige nog levende familielid. Het enige wat ik hem toewens, is dat hij kan opeisen wat hem rechtmatig toekomt. Dus ja, toen je me aansprak op het parkbankje die avond van de wake, doorratelend over jullie onderzoekje, zag ik een kans. Ik dacht dat als jij een van Rollo's scharrels was je misschien wat druk, wat invloed zou kunnen uitoefenen. Hem op zijn minst kon laten inzien dat zijn andere zoon erkennen – hem in zijn testament opnemen – wel zo fatsoenlijk was. Ik schatte je duidelijk te hoog in. Moest je de aanwijzingen voorkauwen als een kindermeisje.'

'Ik ben niet een van Rollo's scharrels.'

'Nee,' zegt Ms Schulz, de kat aaiend. 'Wat ontzettend teleurstellend voor ons allemaal.'

De klok begint te slaan, waarvan de kat zo schrikt dat die snel weer onder de salontafel duikt.

Ms Schulz buigt naar voren in haar stoel. 'Er is één ding dat ik nog wel zou willen weten.'

'Wat dan?'

'Hoe belandde Alfies rugzak in hemelsnaam bij Robin Sexton?'

De kamer begint om me heen te draaien. De bloemengordijnen, het beige tapijt, de kersenhouten salontafel; ze tollen voor mijn ogen.

Ms Schulz lacht, een ijskoude grijns die plotseling bedreigend voelt. 'Robin Sexton werd er duidelijk ingeluisd.'

Ik grijp de leuningen van de stoel als houvast. 'Hoe komt u –'

Ze schraapt haar keel. 'Twee jaar geleden, bedoel ik. Die hele handtastelijkheidskwestie. Het was onzin. Rollo en Cleo's toedoen.'

'Rollo en Cleo beschuldigden hem valselijk? Van handtastelijkheden? Ik volg het niet.'

Ms Schulz zucht. 'Alfie spiekte bij een rekentoets, weet je. Robin gaf hem een onvoldoende en weigerde hem een herkansing te geven. Daarin was Robin heel principieel. Meteen de volgende dag zaten de Risby's in Nicola's kantoor met hun aantijging wegens 'handtastelijkheden'.

Ik voel al het bloed uit mijn gezicht trekken. 'U zegt dat Mr Sexton aan niemand had gezeten?'

'Tuurlijk niet. De beschuldiging was klinkklare onzin. Wraak.'

'Waarom zou Ms Ivy daarin meegaan? Zomaar een onschuldige leraar ontslaan?'

Ms Schulz kijkt me aan alsof ik zwakbegaafd ben. 'Om de verkoop veilig te stellen, natuurlijk.'

'Welke verkoop?'

Ze pakt een pastelkleurig pepermuntje uit een porseleinen schaaltje op tafel en stopt het in haar mond. 'Hemeltjelief, Florence, probeer er een beetje bij te blijven. Iedereen wist dat de school er financieel belabberd voorstond. Daarom stemde het bestuur voor verkoop aan Omega Plus. Met een rechtszaak – zeker een van de Risby's – zou de verkoop in het water zijn gevallen.'

Ik probeer het verband te leggen. 'Dus Robin Sexton nam ontslag, de Risby's beloofden geen aanklacht in te dienen en de verkoop aan Omega Plus –'

'Ging door zoals gepland,' onderbreekt Ms Schulz me. 'Eindelijk heb je het door. Persoonlijk vermoed ik dat Nicola er ook een extraatje aan overhield, aangezien ze een leven leidt als de Graaf van Monte Cristo zelf daar in Buckinghamshire. Maar ik heb geen bewijs.'

'Ik begrijp het niet. Wat heeft dit allemaal met Alfie te maken?'

Ze kijkt me uitdrukkingsloos aan. 'Niets, lieverd. Ik heb geen flauw idee waar hij is. Maar het zou me hogelijk verbazen als Robin Sexton het wel wist.'

Ik krijg geen lucht.

Ms Schulz tuit haar lippen. 'Afschuwelijk, die aantijging wegens handtastelijkheden. Heeft het leven van die man kapotgemaakt. Robin Sexton is summa cum laude afgestudeerd aan Cambridge. Het laatste wat ik hoorde, was dat hij op een kerstbomenkwekerij werkte in Surrey.'

De woorden dringen amper door. 'Sorry, zei u een kerstbomenkwekerij?'

Ze knikt. 'Ik neem aan dat het de enige baan was die hij kon krijgen. Doodzonde. En nu, tja...' Haar ogen dwalen over het tapijt, om de mijne te ontwijken. 'Ik kan me gewoon niet voorstellen dat zo iemand als hij het lang uithoudt in de gevangenis.'

35

Shepherd's Bush

DONDERDAG, 10.20 UUR

VAN DE WANDELING NAAR HUIS STAAT ME NIETS MEER BIJ. MIJN hoofd loopt om als een opgevoerde draaimolen. Robin Sexton is geen kindermisbruiker. De zaag, het busje, de mest; het was allemaal voor een kerstbomenkwekerij. Fuck. Jenny had gelijk. Indirect bewijs.

In tegenstelling tot de algemeen heersende mening ben ik geen slecht mens. Ik maak er geen gewoonte van om mensen te laten opdraaien voor ernstige misdrijven. Ik dacht dat die gast een pedofiel was. Wat mij betreft zou het betasten van een kind moeten worden bestraft met onmiddellijke chemische castratie. Ik wil weleens een moeder zien die er anders over denkt, in het diepst van haar hart. Maar Mr Sexton was geen handtastelijke gluiperd. Hij was gewoon iemand die zich strikt aan de regels hield en de Risby's tegen zich in het harnas joeg. En nu heb ik zijn leven totaal geruïneerd.

Om... wat precies te verdoezelen?

Alfies doodsbange gezicht zweeft voor mijn ogen. Wat als hij nog leeft en ik het onderzoek in de soep heb laten lopen door een onschuldige man erin te luizen?

Fuck fuck fuck.

Zodra ik thuis ben stiefel ik door naar de badkamer en trek al mijn kleren uit. Een psycholoog zou je vertellen dat ik probeer mijn schuldgevoel weg te wassen, en daar zou ze geen ongelijk in hebben. Ik sta als een zoutpilaar onder de douche en laat het warme water over me heen kletteren. Net wanneer ik begin te ontspannen wordt de straal ijskoud, als scheermesjes op mijn huid.

Met mijn handpalm sla ik tegen de douchekop. Kan één fucking ding in mijn leven alsjeblieft eens góéd gaan? Er klinkt een gorgelend geluid, en dan komt er helemaal geen water meer uit. Ik geef de douchekop nog een hengst. Nop. Dan een explosie van bruin slijk. De straal raakt me recht in mijn gezicht; een laag natte bruingrijze derrie. Ik gil, harder dan de bedoeling is: 'Fuck!'

Ik pak een handdoek om mijn gezicht af te vegen. Het is een kledderige, klonterige drab met een grondlucht, net klei gemengd met iets penetrants en chemisch. Ik hoop dat het niet uit de rioolbuis komt. Wat het ook is, het gaat mijn handdoeken verpesten. Fucking Adam. Hij zou de leidingen repareren. *Geen loodgieter bellen*, had hij gezegd. *Ik kan het fiksen*. En nu zit ik onder de drab. Ik sla een handdoek om, storm mijn woning uit en beuk op Adams deur. Ik ben op blote voeten, en het ruwe tapijt tussen onze deuren doet pijn aan mijn zolen.

Waarom doet hij niet open? Zijn auto staat voor de deur; hij moet thuis zijn.

Ik bal mijn hand tot een vuist en geef nog een dreun. 'Noodgeval! Adam, doe open!'

De deur zwaait open. Aan de andere kant staat een vrouw. Haar haar is warrig, alsof ze net uit bed komt rollen, en ze heeft een trenchcoat haastig om haar schouders gegooid. Eronder zie ik de bandjes van een nauwsluitend zwart jurkje. Een paar rode Jimmy Choo-sandaaltjes zijn achteloos uitgeschopt bij de deur. *Waar heeft Adam zo'n lekker wijf vandaan?*

Mijn blik gaat naar haar gezicht. De vrouw is verhit. Ze begint achteruit te deinzen. Mijn hersenen draaien op volle toeren om wat ik zie te koppelen aan de realiteit.

'Jenny?' zeg ik stomverbaasd, waarna mijn mond openvalt.

Haar gezicht krijgt de kleur van een rijpe framboos.

'Ik... eh... ik kan het uitleggen.'

O mijn god. O mijn god. Hoe kon ik het niet doorhebben?

'Jij en Adam?' breng ik uit.

Jenny schudt haar hoofd. 'Ik... Het is niet...' Ze stopt en slaat haar armen over elkaar. 'Het stelt niets voor. We zijn niet, zeg maar, aan het dáten.'

We. Oef. Het woord komt aan als een stomp in mijn maag. Mijn gedachten gaan terug naar die dag in mijn keuken, tien jaar geleden. De dag dat Will me vertelde dat hij al die tijd al verliefd was op Rose. Ik heb het gevoel dat mijn huid in brand staat, dat de hele wereld naar me staart en wijst en me uitlacht.

'Waarom vertelde je het niet?'

Plotseling herinner ik me het moment op Brookes bruiloft, toen Adam iets 'serieus' had willen bespreken en ik de boot had afgehouden, omdat ik dacht dat hij zijn gevoelens voor mij ging uitspreken. Ging dat hierover?

Jenny's ogen schieten over mijn lijf, over de drab en de handdoek en mijn natte haar. 'O jee, wat is er gebeurd? Gaat het?'

Ik negeer haar. 'Hoelang –'

'Een eenmalig iets,' zegt ze vlug. 'Of, nou ja, eigenlijk een tweemalig iets.' Ligt het aan mij of heeft haar gezicht een dromerig, verliefd trekje?

'Dus dit is waarom je me negeert, om Adam te neuken? Waar is hij?'

'Onder de douche.' Ze kijkt over haar schouder, waarna ze zachter gaat praten. 'Jézus, Florence. Ik had gewoon zin in een pleziertje. Trouwens, jij zei dat er niets speelde tussen jullie. Waarom doe je zo kribbig?'

Ik wil haar uitleggen dat Adam van mij is; mijn plan B, mijn beschermengel, mijn vaste reserve. Maar het lukt me niet. Ik ben te kwaad om iets te zeggen. In plaats daarvan staar ik haar aan, in de hoop dat ze spontaan vlamvat, en probeer intussen te bedenken of dat überhaupt mogelijk is.

Jenny legt een hand op mijn arm. 'Kun je niet gewoon blij voor me zijn? Jij bent degene die zei dat ik nodig eens een wip moest maken.'

Mijn gezicht brandt. Dat had ik inderdaad gezegd. Maar ik bedoelde niet met Adam.

Jenny steekt haar onderlip naar voren, in een poging tot pruilen. Het staat haar niet. 'Waarom moet jij altijd de leukste zijn? Ik ben ook leuk, hoor.'

Met een ruk draai ik me om en ik been terug naar mijn eigen voordeur.

'Slet,' foeter ik binnensmonds, in de hoop dat ze het hoort.

36

Shepherd's Bush

DONDERDAG, 12.20 UUR

MIJN OOG VALT OP DE STAPEL DETECTIVEBOEKEN DIE JENNY ME gaf. Die lijkt me prima. De schaar is scherp, maar de boeken zijn taaier dan ze eruitzien. Ik zet de messen dieper in de bladzijden. *Knip knip knip*. Het voelt kleinzielig, kinderachtig, heerlijk. Het *krik-krak*-geluid van de keukenschaar is als aloë vera op een roodverbrande huid. Ik ga tekeer als een briesend monster. Ik begin te huilen; snot loopt over mijn gezicht terwijl ik Jenny's stomme boeken in steeds kleinere stukken knip.

Wanneer ik klaar ben neem ik de ravage in me op. *Ha. Pak aan, Jenny.*

Ik stel me haar en Adam voor, knus verstrengeld op dat flutbankje van hem, zogenaamd bezorgd om mij.

'Ik voel me zo schuldig,' zal Jenny fluisteren.

'Maar je hebt niets misdaan,' zal Adam reageren, een zoen op haar kruin plantend.

Bij het beeld kan ik wel kokhalzen. Dat Jenny Adam neukt is verraad van de ergste soort. Ze had het me op zijn minst zelf kunnen vertellen. Dan had ik het misschien begrepen. Maar er op deze manier achter komen... Het is de ultieme klap in het gezicht. Rose had tenminste nog een soort van aanspraak op Will. Hij was haar eerste. En er was geen sprake van een zogenaamde vriendschap tussen Rose en mij, niet echt.

Maar dit... Jenny. Ik vergeef het haar nooit ofte nimmer.

Wat er gebeurde nadat Will me verliet voor Rose, was dit: ik verloor tijdelijk mijn verstand.

Mensen zeggen dit gekscherend – 'Ze verloor haar verstand' – zonder het werkelijk te menen. Maar als ik zeg dat ik mijn verstand verloor, bedoel ik dat mijn bewustzijn niet meer in mijn lichaam huisde, maar zich vestigde in een donker, ondergepiest steegje vol gebroken flessen en fastfoodverpakkingen. In dit parallelle stukje universum, nadat Will was verhuisd en ik had gehoord dat hij Girls' Night opnieuw lanceerde zonder mij, was ik gehuld in een ongelukkig gekozen zwart-witjurk van Topshop naar zijn gloednieuwe kantoor in Soho gegaan, had me langs de bewaking gebluft en – een slapende Dylan op de ene arm en een overvolle luiertas om de andere meezeulend – in de glazen vergaderzaal gestaan en Will gesmeekt, letterlijk gesmeekt, om me in de band te houden. Toen hij weigerde legde ik Dylan voorzichtig op de vloer, klom op de vergadertafel en goot vier flessen gekolfde moedermelk leeg voordat de beveiliging ingreep.

Het was de begintijd van telefoons met camera. Iemand maakte een korrelige foto. Die belandde in alle tabloids. PLEASE DON'T STOP THE MOOSIC. Snap je? Omdat ik net een koe leek. Die stomme Topshop-jurk. Hoe dan ook, daarna wist iedereen dat ik knettergek was. Dat ik nooit meer zou werken.

Juridisch gezien was het een tikje vaag of Will wel het recht had om de band een doorstart te laten maken zonder mij. Maar toen hij dreigde het ouderlijk gezag over Dylan op te eisen, door het doordraaimoment in de vergaderzaal aan te voeren als bewijs van mijn ongeschiktheid, tekende ik onmiddellijk alle papieren. Van die keuze heb ik geen seconde spijt gehad. Desondanks was de dag dat ik officieel afstand deed van Girls' Night de ergste van mijn leven. Ik at niet meer, douchte niet meer, het kon me allemaal niets meer schelen. Brooke moest bij me intrekken. Het was een ontwrichting van de natuurlijke verhouding, de jongste zus die zich over de oudste ontfermde. Brooke was pas achttien. Ze sliep vijf maanden lang op mijn bank, zorgde dat er melk in de koelkast stond en dat Dylan schone luiers kreeg. Onze relatie is nooit meer de oude geworden. In haar ogen zal ik altijd de tikkende tijdbom zijn die elk moment kan afgaan.

Elliotts voorstel aan mij, tien jaar later, was om mijn vergaderzaaluitbarsting te herdefiniëren als een feministisch protest. Hij had het uiteengezet in de voicemail. *De tijden zijn veranderd*, had hij gezegd. Mensen voelden zich schuldig over hoe ze vrouwelijke sterren destijds behandelden. Kijk naar Britney, zei hij. Het icoon van doordraaien voor het oog van de wereld, nu wijd en zijd beschouwd als slachtoffer van een verrot systeem. Het publiek wilde zijn zonden maar wat graag goedmaken.

Het was, had Elliott benadrukt, cultureel hét moment voor een openhartige memoir.

Dus dat was zijn grootse idee. Geen comebacktournee. Geen nieuw album.

Een suf boek. Bestemd voor de ramsj.

Ik wist in mijn hart dat het nooit zou werken. Omdat ik nooit een feministisch boegbeeld was. Die dag in de vergaderzaal was ik gewoon witheet. Toon mij maar eens een vrouw die dat niet is. Toon mij een vrouw die, onder alle wimperextensions en haarverf en nonchalante beach waves, niet kóókt van woede over alle godgeklaagde onrechtvaardigheid, dan toon ik je iemand die niet goed genoeg uit haar doppen kijkt.

Ik werp een laatste blik op de berg gehavende speurdershandboeken, pak de brokstukken op en dump ze in de vuilnisbak in de keuken. Daarna draai ik de kraan open, pak een washand en begin voorzichtig het slijk van mijn gezicht en uit mijn haar te vegen. Wanneer de drab grotendeels weg is kruip ik in bed, trek het dekbed over mijn hoofd en rol me erin, als een lijkwade.

Heel lang lig ik daar roerloos te luisteren naar mijn eigen ademhaling.

37

Shepherd's Bush

ZATERDAG, 9.00 UUR

WANNEER IK WAKKER WORD IS HET LICHT BUITEN. DE WEKKER op de ladekast geeft 9.00 uur aan. Hoera. Ik heb de zaterdag gehaald. Gisteren had ik net lang genoeg uit bed weten te komen om Dylan naar school te brengen en op te halen en vervolgens in Wills auto te zetten. Mijn plan is om de komende zesendertig uur in bed door te brengen. Een minivakantie. Pas wanneer Dylan zondagmiddag thuiskomt sta ik op, als een ware Lazarus, en verzamel de kracht om door te gaan. Maar nu nog niet.

Op een gegeven moment begint mijn lijf echter zeer te doen. Ik sta op, plens water in mijn gezicht en check mijn telefoon. Twee gemiste oproepen en een appje van Jenny (Ben het weekend weg, kunnen we alsjeblieft praten wanneer ik terug ben?) en een bericht van Adam (Naar Bristol voor een CrossFit-wedstrijd. Binnenkort even babbelen?)

Stelletje huichelaars, mij een beetje proberen wijs te maken dat ze niet samen een romantisch weekendje weg zijn. Hoe durven ze! En Adam heeft mijn douche nog steeds niet gerepareerd.

Ik kijk op de klok. Nog niet eens 10.00 uur. Nog zoveel daglicht om door te komen. Dan kan ik net zo goed iets eten.

Ik loop naar de keuken en begin een dienblad vol te laden: Dylans Planet Organic tortillachips, wat vegakaas, een pot jalapeño's. Ik doe het allemaal op een bord en zet het een halve minuut in de magnetron. Mijn telefoon tingelt, en ik schrik. Misschien is het Jenny, die een lang, verontschuldigend bericht stuurt over hoe fout ze zat en hoezeer het haar spijt. Maar nee. Het is Allegra, in de moedersgroepschat, die iedereen die zin heeft in een stukje 'paardentherapie' uitnodigt om met haar en Wolfie mee te doen in Norfolk volgend weekend. Ik weet dat het een zware tijd is, voegt ze eraan toe. Hoop dat iedereen het een beetje volhoudt.

De magnetron piept, en ik neem mijn nachofeestmaaltje mee naar bed en eet het met mijn handen, waarbij het jalapeñovocht in mijn mondhoeken prikt.

Net wanneer ik het opheb gaat de deurbel. Ik schrik me dood. Ik check de voordeurcamera op mijn telefoon, maar ik kan alleen maar een bos donker haar zien. Misschien is het Jenny, die zich persoonlijk komt verontschuldigen. Mij om vergiffenis smeken.

Ik druk het knopje op mijn telefoon in. 'Ja,' zeg ik ijzig, een bitch van het zuiverste water.

De vrouw kijkt op, haar ogen zoekend. Ze is jong, begin twintig, met een wasbleke huid en donker haar. In haar rechterhand heeft ze een stuk of vijf rode heliumballonnen. Vast een oplichtersbende. Zoals die lui de bij je aanbellen en beweren van de Dierenopvang Battersea te zijn, maar in werkelijkheid je huis afleggen voor een roofoverval.

'Gefeliciteerd met je verjaardag!' roept de vrouw, gevolgd door iets in een taal die ik niet versta. Russisch misschien. Pools?

'Verkeerd adres,' snauw ik. *Mafketel.*

'Gefeliciteerd met je verjaardag,' herhaalt ze. 'Surprise!'

'Ik ben niet jarig. Je. Bent. Aan. Het. Verkeerde. Adres,' zeg ik traag, met mijn vinger op het knopje van de microfoon.

Haar vasthoudendheid voelt als een persoonlijke belediging. Ik ben hier aan het treuren. Laat me met rust.

De vrouw fronst verward, maar ze gaat niet weg. In plaats daarvan belt ze nogmaals aan. *Dingdonnng.*

Grrr.

'Verkeerd adres!' schreeuw ik tegen de deurbelcamera, maar ze kijkt alleen maar verbijsterd. Zuchtend sleur ik mezelf uit bed.

Van dichtbij oogt de vrouw nog jonger. Ze draagt een zilverkleurige pufferjas afgezet met nepbont en heeft een goedkope rolkoffer bij zich. Ze lijkt verbaasd me te zien.

'Wie ben jij?' vraagt ze. Haar Engels is perfect, maar ik hoor een licht accent.

'Wie ik ben? Jij belt bij míj aan, hoor. Wie ben jij in godsnaam?'

'Zofia. Zeg maar Zo,' zegt ze langzaam. 'Ik kom voor mijn zus.'

'Je bent aan het verkeerde adres.'

Ze haalt een gekreukte rode envelop uit haar jaszak. Het lijkt een kerstkaart. 'Is dit 184...'

Ik gris de envelop uit haar hand. 'Laat eens zien.'

Aan de overkant bewegen de vitrages voor Mr Fosters raam, de ouwe mafkikker die uit zijn hol kruipt om het eens wat beter te bekijken.

Ik draai de envelop om. 'Van wie heb je deze gekregen?'

'Marta,' zegt ze. 'Mijn zus. Het is haar verjaardag. Ik kwam haar verrassen.'

Nu valt me het Wizz Air-bagagelabel op dat aan het handvat van haar koffer bungelt. 'Wat, zeg maar rechtstreeks vanaf het vliegveld?'

Ze knikt. 'Luton. Moest drie bussen nemen om hier te komen.'

Ik huiver. 'Hoor eens, Marta woonde vroeger in de bovenwoning. Met Adam. We delen een voordeur, het is verwarrend. Maar ze is verhuisd. Eeuwen geleden al.'

De vrouw fronst. 'Pardon?'

'Marta woont hier niet meer,' zeg ik, nu langzamer. 'Ze is verhuisd.'

Alle kleur trekt weg uit Zo's gezicht. 'Wat? Nee.'

Aan de overkant gaat Mr Fosters deur open. Nog een gesprek met die ouwe gek trek ik niet. Ik grijp de onbekende vrouw bij de hand.

'Kom even binnen, oké? Dan praten we daar verder.'

Zo gaat aan de keukentafel zitten, het handvat van haar koffer beethoudend alsof het een hulphond is. Zenuwachtig schieten haar ogen door de ruimte.

'Luister,' zeg ik zo kalm mogelijk. 'Waarschijnlijk is Marta gewoon vergeten je haar nieuwe adres te geven. We kunnen naar boven gaan om Adam te vragen...' stel ik voor, zijn bedriegerij even vergetend, en Jenny, en het feit dat hij het weekend weg is.

Zo staat op en begint door de keuken te ijsberen. Haar goedkope sneakers piepen op de hardhouten vloer. Wanneer ze naar me opkijkt, staan er tranen in haar ogen. 'Wanneer heb jij Marta voor het laatst gezien?'

Ik probeer het me voor de geest te halen. Marta had jarenlang boven me gewoond, maar ze was niet echt zo iemand aan wie je aandacht besteedde. Ze was knap maar dodelijk verlegen. Zo'n vrouw die eerder van A naar B scharrelde dan liep. Nadat zij en Adam uit elkaar gingen, had ik sowieso niet vaak meer aan haar gedacht.

'Van de zomer misschien?'

Zo krimpt ineen. 'Welke maand? Alsjeblieft. Probeer het je te herinneren.'

Ik sluit mijn ogen. Marta was kapster. Ze knipte Dylans haar weleens in de achtertuin. Na haar vertrek moest ik met hem naar Supercuts, waar ze hem het kapsel van een mormoonse voorganger aanmaten dat me dertig pond kostte. Wanneer had ze zijn haar voor het laatst geknipt? Het was warm geweest, vlak voordat Dylans school weer begon.

'Eind augustus?'

Zo's gezicht vertrekt van paniek. 'Drie maanden geleden?'

Ze begint koortsachtig om zich heen te kijken, alsof Marta zich om een hoek heeft verstopt. Ze heeft haar rode heliumballonnen losgelaten, die nu als geesten door de woning zweven Ik denk aan de Shepherd's Bush Strangler. Wanneer was die toestand begonnen? Ik heb de laatste tijd zoveel aan mijn hoofd gehad dat ik het niet heb bijgehouden.

Ik schraap mijn keel. 'Hoor eens, weet je zéker dat ze niet terug is naar Polen? Misschien heeft ze je gewoon niet gebeld? Ik weet hoe zussen kunnen zijn.'

Zofia schudt haar hoofd. 'Nee. Uitgesloten. We appten elkaar gisteren nog. Ze zaagde maar door over hoe dol ze is op Londen, haar baan, de salon. Zo gelukkig. Ze woont hier al zo lang dat ze nu alleen nog Engels wil spreken,' voegt ze er met een nerveus lachje aan toe.

'Wacht, ze heeft je geappt?' Er gaat een golf van opluchting door me heen. 'Nou, dan moet ze in orde zijn.'

Sjezus. Wat een dramaqueen. En ik me al zorgen maken dat de Strangler Adams ex-vriendin te grazen had genomen.

'Luister, het is midden op de dag. Ze is vast op haar werk. Waarom ga je niet langs bij de salon om haar te verrassen? Het is in Hampstead. Vrij poenerig. Blijkbaar laat Cumberbatch zijn haar daar knippen. Je kunt de bovengrondse nemen –'

Met ogen als schoteltjes kijkt Zo me aan. 'Ga je mee? Alsjeblieft?'

'Wat? Nee, ik...' Naarstig zoek ik naar een smoes. Wat kan ik zeggen? Ik moet thuis blijven zwelgen, want ik heb een onschuldige man laten opdraaien voor een gruwelijk misdrijf en wellícht een moordonderzoek gehinderd en mijn enige vriendin heeft me een mes in de rug gestoken, dus ik ben van plan tot morgenmiddag in bed te blijven? Nee. Trouwens, misschien is dit mijn kans. Om iets goed te maken.

Ik kijk naar Zo's betraande gezicht, haar verloren, ontredderde uitdrukking, en voel een soort van... empathie?

'Oké,' verzucht ik. 'Ik ga me aankleden.'

Marta's oude salon ligt in Hampstead Village, een buurt in Noord-Londen vol onafhankelijke cafés, kasseienstraatjes en uitbundig bloeiende bloembakken. Vergeleken daarbij is Notting Hill een gribus. Als de locatiescouts uit Hollywood hun werk goed hadden gedaan, zou Hugh Grant zijn boekwinkel hier hebben gehad.

Het is vreselijk om toe te geven, maar het geeft een kick om weer een missie te hebben. En ditmaal mag ik de Jenny uithangen. De volwassene, de expert, de kalme stem van de rede. Het is een oppepper.

Bij de salon aangekomen kijk ik Zo aan. 'Volg mijn voorbeeld maar,' zeg ik, waarna ik de deur openduw. Het geluid van Tina Turner schalt me tegemoet.

'Goedemorgen, dames,' roept een zangerige stem vanachter de balie. Die is van een man in een wijde zwarte broek en een golvend witzijden shirt, met één gouden oorring. CILLIAN, geeft zijn naamplaatje aan. Een in Noord-Londen aangespoelde Ierse piraat.

'Helaas knippen we hier alleen mannen,' kwinkeleert Cillian met een overdreven spijtige blik naar ons. 'Maar ik wil met alle plezier een afspraak voor jullie maken bij onze zustersalon in Soho. Waar denken we aan: knippen? Kleuren?'

Ik schraap mijn keel. 'We komen eigenlijk voor Marta.'

Cillians gezicht betrekt. Hij haalt een nerveuze hand door zijn bruine staart en kijkt dan over zijn schouder. Achter hem, in de salon, is een kapster met een platinablond pixiekapsel de hals van een man aan het trimmen met een ouderwets scheermes. De ruimte waar wij staan krijgt ineens een elektrische lading.

Cillian plant zijn ellebogen op de balie. 'Luister,' zegt hij zacht. 'Als ze denkt haar laatste salaris te krijgen...' Hij stopt hoofdschuddend. 'Wat Marta deed, dat was niet oké.'

'Wat bedoel je?' zeg ik, met een blik naar Zo die zegt: *rustig aan*.

'Ik zet me met hart en ziel in voor deze zaak, elf maanden per jaar. Maar augustus is mijn maand. Dan ga ik drie weken naar Mykonos. Marta en Natalia, zij zouden de salon runnen. En Marta, ze was van de ene op de andere dag vertrokken. Zegde haar afspraken niet eens af. Ik kreeg een appje van haar. Eén lullig appje!'

Zo trekt wit weg. 'Zeg je nou dat Marta hier niet werkt?'

Cillian slaat een agenda open en gaat met zijn vinger over de lege ruimtes. 'Haar laatste dag was... 27 augustus.'

Het lijkt of Zo gaat flauwvallen. 'Drie maanden geleden? Je hebt haar al drie maanden niet gezien?'

‘Klopt,’ zegt Cillian. ‘Sorry, wie ben je?’

Zofia zet een stap dichter bij de balie. ‘Ik ben haar zus. Waarom heb je haar niet als vermist opgegeven?’

‘Omdat ze niet vermist is. Ze is opgestapt. Zoals ik net zei.’ Cillian zucht. ‘Daar lag ik dan, op een strandstoel bij JackieO, krijg ik een appje: *Sorry, moet zsm terug naar Polen. Mijn moeder heeft een kankerdiagnose gekregen.*’

Zijn uitdrukking wordt zachter wanneer hij Zo aankijkt. ‘Ik vind het heel erg van jullie moeder, trouwens. Ik verloor de mijne veel te jong. Maar zoals Marta zomaar –’

Zo luistert niet meer. Het lijkt of ze vlam heeft gevat. Met een stem zo zacht dat het amper een fluistering is, zegt ze: ‘Onze moeder heeft geen kankerdiagnose gehad. Ze is al twaalf jaar dood.’

Ik weet Zo de deur uit te krijgen voor ze begint te hyperventileren. Tranen stromen over haar wangen als water uit de kraan. Geconfronteerd met haar volledige instorting moet ik wel kalm blijven. Het is een nieuwe rol voor me. Voorzichtig laat ik haar zakken op een niet al te goor stuk stoeprand, de bezorgde blikken negerend van voorbijgangers op hun zaterdagse boodschappentripjes.

Daarna wacht ik. Zo huilt heel lang. Ik laat haar rustig uithuilen.

Wanneer haar snikken beginnen te bedaren tot zacht gesnotter, schraap ik mijn keel. ‘Hoor eens, ik snap dat dit er slecht uitziet. Maar Marta heeft haar telefoon nog, toch? Ze appt je nog. Dus ze loog tegen haar baas. Misschien moest ze er even tussenuit?’

Ze veegt haar gezicht af met haar mouw. ‘De laatste keer dat ze thuis was, in Polen, hadden we ruzie.’

‘Ik weet er alles van. Ik heb een zus.’

Zo graait in haar zak. ‘Ik zal haar nog eens bellen. Zeggen dat ik hier ben –’

‘Weet je wat, doe misschien maar niet.’ Ik laat me naast haar op de stoep zakken. De grond is koud en hard. Ik doe mijn best niet te denken aan alle honden en dronkenlappen die op dit stukje beton hebben gepiest.

Ik schraap mijn keel. ‘Waar ze ook is, Marta wil duidelijk niet gevonden worden. Zullen we eerst proberen wat meer informatie te verzamelen?’

Zo haalt haar mouw nogmaals over haar betraande gezicht. 'Hoe doen we dat?'

'Ik heb toevallig wat ervaring met vermiste personen. Er was een jongetje –'

'Huh?'

'Laat maar,' zeg ik snel. Niet het juiste moment. 'Wat ik probeer te zeggen, is dat ik je kan helpen.'

Ze leeft op, een tikkeltje maar. 'Echt?'

'Ja.'

En deze ene keer meen ik het nog ook.

38

Hampstead

ZATERDAG, 12.35 UUR

DE INRICHTING VAN THE HOLLY BUSH IS GEEN SPAT VERANDERD sinds de achttiende eeuw, met uitzondering van de pinapparaten. Het is een en al zwaar fluwelen gordijnen en sleetse tapijten op een afgesleten vloer. Zo is nog in shock wanneer we op een van de gebarsten leren muurbanken schuiven om op Natalia te wachten.

Het was een eitje geweest om haar telefoonnummer te krijgen van Cillian, die er alles voor overhad om van ons af te komen tegen de tijd dat ik weer naar binnen ging en erom vroeg. 'Natalia en Marta waren vriendinnen,' verzekerde hij me. 'Zij weet wel wat er is gebeurd.' Hij wist niet hoe snel hij zijn handen van ons af moest trekken, en ik kon het hem niet kwalijk nemen. Een snikkende, door verdriet overmande vrouw voor je deur geparkeerd hebben is niet optimaal voor de klandizie.

Naast ons brandt een knappend haardvuur zonder haardscherm, wat Jenny meteen zou kwalificeren als een overtreding van de veiligheids- en gezondheidsregels. ('Open vuur en het grote publiek gaan niet samen. Geloof me, ik zie de papierwinkel wanneer het fout loopt,' had ze me een keer verteld.) De gedachte aan haar bezorgt me een lichte steek. Ik zet het van me af en in plaats daarvan vuur ik een bericht af naar Brooke, die nu in Mauritius is, waarschijnlijk in een hangmat ligt en koelte wordt toegewuifd door geüniformeerd personeel.

Hé. Moest aan je denken. Hoop dat het resort oké is. Ze antwoordt niet.

Stipt om 13.00 uur schuifelt een dunne donkerharige vrouw door de deur. Haar haar is strak ingevlochten en ze draagt een lange rode parka waarin haar tengere figuurtje verzuipt. Achter haar aan trippelt een pluizig wit hondje aan een rode riem. Natalia kijkt nerveus rond, alsof ze is opgeroepen voor een onverwacht functioneringsgesprek.

'Jullie zijn met z'n tweeën? Zit Marta in de problemen of zo?' Haar stem heeft een prachtige, omfloerste klank, als een van die nostalgische filmsterren uit de jaren veertig. Ik had niet verwacht dat er zo'n mooie stem uit zo'n pezig, nerveus lichaam zou komen. Ik ben even van mijn stuk gebracht.

Mijn blik schiet naar Zo. 'Ze, eh... is misschien vermist. Het is niet duidelijk.'

Het lijkt of Natalia nog iets wil vragen, maar Zo pakt stoïcijns door. 'Wanneer heb je voor het laatst iets van Marta gehoord?'

Natalia denkt een ogenblik na. 'Eind van de zomer. Ze, eh... ging terug naar Polen. Geloof ik.'

'Geloof je?'

'Ja. Ze appte me.'

Zo werpt me een paniekerige blik toe, maar ik vraag door.

'Was er iets met Marta wat je, eh... zorgen baarde? Ze leek niet...' Ik demp mijn stem. 'Depri?'

Verbaasd trekt Natalia haar hoofd in. 'Depri? Marta? Nee. Ze was verliefd.' Ze begint met de hondenriem te friemelen. 'Sorry, wie zei je dat je was?'

Plotseling wou ik dat ik een notitieboekje had meegenomen, iets waardoor ik een officiëlere indruk maakte. 'Ik? Eh... ik ben haar buurvrouw. Althans, dat was ik. Zo is haar zus. Dus er was niets waar je je zorgen om maakte?'

Natalia wipt met haar benen en haar ogen schieten door de pub. 'Er was één avond, ik weet niet precies meer wanneer. Ze belde me superlaat om te vragen of ze naar mij toe mocht komen. Had ruzie met haar vriend.'

Ik knik bemoedigend. 'Ga door.'

'Dacht dat ze behoorlijk wanhopig moest zijn. Zo close waren we namelijk niet, en ik woon in Barnet met drie huisgenoten. Maar goed, Marta kwam toch, het was na middernacht, en het leek alsof ze had gehuild.'

'Wat was er gebeurd?'

Schouderophalend gaat Natalia verzitten. 'Ze wilde niet praten. Ik drong niet aan. Ik gaf haar een telefoonoplader, een glas water en liet haar op de bank slapen.'

'En toen?'

'Dat was het. Toen ik de volgende ochtend wakker werd, was ze weg. Bijna alsof ik het allemaal had gedroomd.'

'Weet je waar de ruzie over ging?'

Nu ik erover nadenk, hád ik Marta en Adam slaande ruzie horen maken op een avond, vlak voordat ze bij hem wegging. Gebonk, geschreeuw, slaande deuren. Kon het dezelfde avond zijn geweest?

Ik pak mijn telefoon en verstuur een spoedbericht aan Adam. Bel me. Het is niet wat je denkt, voeg ik eraan toe.

Natalia begint te frunniken aan een dunne gouden ring om haar vinger. 'Geen idee. Trammelant tussen geliefden, neem ik aan. Ik vroeg er niet naar.'

'Alsjeblieft. Herinner je je helemaal niets?' Zo is nu aan het smeken. Het is pijnlijk om te zien.

Natalia verbleekt en kijkt weg. 'Hoor eens, ik weet niet precies hoe het zat. De man, volgens mij was hij getrouwd, weet je. Hij droeg een trouwring.'

De woorden blijven in mijn oren hangen als een spijker in een kasjmieren trui. Ik verstijf. 'Een trouwring? Hoe weet je dat?'

Natalia haalt haar schouders op. 'Hij was een klant. Van de salon.

Kwam elke donderdag. Ze was geen...' Ze kijkt op naar me. 'Ze was geen slecht mens, Marta. Ze hield echt van hem.'

Nu gaan alle alarmbellen bij mij rinkelen. Ik heb Adam nooit een trouwring zien dragen, of een ander sieraad, wat dat betreft.

'Hoe heette hij?'

Natalia kijkt naar haar handen. 'Dat weet ik niet meer. Hij haalde haar soms op bij de salon. In zijn flitsende autootje.'

Ik spits mijn oren, alsof ik iemand hoor zingen. 'Wat voor auto?'

'Weet ik niet precies. Auto's zijn niet mijn ding. Sportwagen misschien? Ik geloof dat hij donkergroen was.'

Mijn hart begint te bonzen. Niemand met ogen in zijn hoofd heeft Adams witte VW Polo ooit beschreven als een 'sportwagen'. Ik sta op, waarbij een vork op de vloer valt.

'Ik ben zo terug,' zeg ik tegen Zo. 'Ik moet een telefoontje plegen.'

Verbijsterd kijkt ze me aan. 'Nu?'

'Twee tellen maar.'

'Ik ga met je mee.' Ze staat al op.

'Nee,' zeg ik, misschien te snel. 'Ik bedoel, het is oké. Ben met twee tellen terug. Praten jullie maar verder.'

Buiten leun ik tegen de bakstenen muur van de pub en bel de salon. Cillian neemt op nadat de telefoon twee keer is overgegaan. Uit de stereo klinkt Cher. Ik zie Cillian voor me, druk in de weer met het assortiment droogshampoos achter de kassa.

'Waaraan dank ik het genoegen?' zegt hij op een toon alsof het allesbehalve een genoegen is.

'Had Marta een vriend?'

Hij zuigt hoorbaar lucht tussen zijn tanden door. 'Hoezo?'

'Laat ik het anders vragen: had Marta twéé vriendjes?'

Er valt een lange stilte.

'Hoor eens, het zijn mijn zaken niet. Marta was een aardige meid.'

Ik stel me voor dat hij tegen de balie geleund staat en de geur van nat haar en Barbicide opsnuift.

'Beschrijf ze eens.'

Cillian aarzelt. 'Volgens mij was de ene agent. Superfit. Biceps als de god van de donder.'

'Juist. En de andere?'

'Meer het type charmeur. Ouder. Stuurde haar gigantische boeketten. Dan bedoel ik écht enorm. Die mocht ze van ons op de balie zetten. Het was allemaal *très romantique*.'

'Hoe zag hij eruit, die charmeur?'

Na een korte stilte: 'Ríjk, meid.'

'Kun je iets specifieker zijn?'

'Oud. Wit. Duur horloge. Vaste afspraak op donderdag.'

Mijn hart begint te hameren in mijn borst. Er klinkt een tinnitusachtig geluid in mijn oren, alsof er een alarm afgaat in mijn hoofd.

'Weet je hoe hij heet? Of wacht – als hij klant was, moet je zijn telefoonnummer hebben.'

Cillians toon slaat om van roddelachtig in nerveus. 'Ik herinner me zijn naam niet meer. Hij kwam niet meer nadat Marta was vertrokken. Trouwens, het telefoonnummer van een klant, dat kan ik niet zomaar geven.'

'Alsjeblieft?' zeg ik op mijn aardigste toon. 'Want ik denk dat hij wellicht weet waar Marta is.'

Ik rep met geen woord over de 'twee-vriendjessituatie' tegen Zo. Nog niet. Nergens voor nodig om haar nog meer van streek te maken voordat ik alle feiten heb, en trouwens, momenteel is het omgaan met haar emoties meer werk dan het onderzoek zelf. We zeggen Natalia gedag, en ik zet Zo op de bus naar een ver weg gelegen Premier Inn, met de belofte haar te appen zodra ik meer weet.

Thuisgekomen plof ik op de bank. In mijn rechterhand heb ik een papiertje met het nummer van Marta's tweede vriend. In mijn linker een blikje Smirnoff met cola light, om de scherpe randjes eraf te halen.

Het is zaterdagavond. Morgen is het zondag. Morgen brengt Will Dylan weer thuis en komt er een eind aan mijn onderzoek, of ik wil of niet. Dit is mijn kans.

Ik adem diep in, sla de rest van de Smirnoff achterover en toets het nummer in op mijn telefoon. *Daar gaat-ie.*

De telefoon gaat drie keer over, dan vier. Zodra ik besef dat er niemand gaat opnemen, gaat er een golf van opluchting door me heen. Mijn schouders ontspannen iets. Ik had niet nagedacht over wat ik moest zeggen als er werd opgenomen. Dan, bij de vijfde keer, hoor ik een klik, gevolgd door een computerstem.

'Dit is de voicemail van... Rollo Risby. Spreek een bericht in na de toon.'

39

Shepherd's Bush

ZATERDAG, 21.35 UUR

ROLLO RISBY. KRIJG NOU WAT. IK BEL HET NUMMER NOG EEN KEER, voor de zekerheid. Ik krijg hetzelfde bericht te horen.

Ik zak diep weg in de bank. De kamer begint om me heen te draaien. Dus Marta had een verhouding met Rollo Risby? Dat kan geen toeval zijn, toch? Ik bedoel, hoe groot is de kans?

Fuck. Ik heb zoveel energie gestoken in het uit de wind houden van mijn zoon dat ik nergens anders op heb gelet. *Denk na, Florence, denk na.*

Als Marta een verhouding had met Rollo... heeft Rollo Marta dan iets aangedaan? Het slaat nergens op. Rijkelui hoeven mensen niet uit de weg te ruimen. Die kunnen ze gewoon afkopen. Misschien dreigde Marta het Cleo te vertellen en zit ze nu ergens op een tropisch strand zichzelf koelte toe te wuiven met briefjes van honderd dollar, blij af te zijn van de kapsalon en de kleine bovenwoning en Londen in het algemeen.

Wat zou ik Jenny graag willen bellen en haar vertellen wat ik net heb ontdekt, zodat ze het met me kan doornemen, alles op een rijtje zetten op die koelbloedige, logische manier van haar. Maar Jenny en ik zijn geen vriendinnen meer. Omdat ze Adam neukt.

Adam.

Wist hij dat Marta hem bedroog? Zijn ze daarom uit elkaar gegaan? Heeft hij...?

Zonder erbij na te denken spring ik van de bank, waarbij ik mijn scheenbeen keihard tegen de salontafel stoot. Ik negeer de stekende pijn en ren vanuit mijn woning het halletje in. Ik druk mijn oor tegen Adams deur. Stilte. Ik hef mijn hand op om aan te kloppen. Dan bedenk ik me. Het is bijna 22.00 uur op zaterdagavond. Wat ga ik zeggen? *Wist je dat je ex-vriendin vreemdging?* Hij zal denken dat ik jaloers ben, hem en Jenny probeer te dwarsbomen. Trouwens, Adam en Jenny zijn niet thuis. Die zijn op een minivakantie, waarschijnlijk in een huisje met rieten dak in de Cotswolds, waar ze genesteld onder een wollen deken elkaar giechelend aardbeien voeren.

Marta. Alfie. Marta. Alfie. Ik kan er geen chocola van maken. Fuck.

Denk na, Florence, denk na.

Ik sjok terug naar mijn eigen woning, de bank. Ik snap er geen hout van. Ik ben te dom, mijn scheenbeen doet pijn, en het slaat allemaal nergens op. Ik zet *Property Shark* aan en val in een onrustige slaap.

Wanneer ik zondagochtend wakker word staat de tv nog aan. Een nieuwslezer is aan het wauwelen over een groep milieuactivisten die zichzelf aan de snelweg hebben vastgelijmd en zo het verkeer in beide richtingen blokkeren. Dan flikkert het scherm en verschijnt Robin Sextons politiefoto.

Hij wordt morgen voorgeleid, in de politierechtbank Westminster. Opnieuw word ik bevangen door schaamte. Ik zet de tv uit en pak mijn telefoon.

Er is een reeks berichten van Zo. Bedankt voor je hulp, maar ik heb besloten naar de politie te gaan.

De politie. Ik kan haar moeilijk kwalijk nemen dat ze er een paar volwassenen bij wil halen. Ikzélf wil er een paar volwassenen bij halen. Toch steekt het. Alsof ze er niet op vertrouwt dat ik haar zus kan vinden.

Succes ermee, reageer ik snibbig. Een 'mogelijk vermiste' buitenlandse zal vast bovenaan hun prioriteitenlijst staan. Dan voel ik me schuldig en voeg er haastig aan toe: Hoop dat het goed gaat. Hou me op de hoogte. X

Ik lig op de bank de blauwe plek op mijn scheenbeen te bekijken. Het is een diepe auberginekleur. Ik druk er met een wijsvinger op, waarna een stekende pijn door mijn lijf schiet.

Waar ben je, Marta?

Om 12.00 uur lig ik nog steeds languit op de bank wezenloos naar het plafond te staren, wanneer ik het geluid van een sleutel in de deur hoor. Dylan. Ik krabbel overeind en strijk de diepe deuk in de bank glad.

'Jij bent vroeg thuis!'

'Wilde Greta zien,' zegt hij, me straal voorbijlopend naar zijn kamer.

Door het raam zie ik Wills auto al wegscheuren. Fucking Greta. Waarom had ik het joch geen normaal huisdier gegeven, een hond of zo?

Dylan verschijnt weer, met Greta op de ene hand en een stuk rode folie in de andere. 'Wat doen al die heliumballonnen hier?'

'Huh?'

'Er zwerft een stel half leeggelopen, rode ballonnen door het huis.' Dylan knijpt zijn ogen samen. 'Je weet dat helium een niet-hernieuwbare hulpbron is, hè? Uiteindelijk raakt het op.'

Zofia. Shit. Haar verjaardagsballonnen. 'Sorry, schat. Het is een lang verhaal.'

Hij zegt nog iets en ik haak af, zak weer onderuit op de bank.

'Alsjeblieft, mam, nog één keer?'

Ik besef dat Dylan nog steeds tegen me praat, aldoor tegen me praatte over naar Mr Foster gaan voor krekels.

Ik zucht. Wat maakt het ook uit? Het is toch al één grote shitzooi. Meer bonje of afwijzingen of afgangen kan ik er echt niet bij hebben. 'Goed. Maar snel. Erin en eruit. En hierna –'

Dylan luistert niet meer; hij rent de portiektreden al af naar Mr Fosters voordeur. Ik volg hem en sta op wacht terwijl hij aanbelt. Mr Foster verschijnt in de deuropening en kijkt even verward, waarbij zijn ogen nerveus naar het portiek, naar mij schieten.

Ik wuif vriendelijk. 'Het is goed,' roep ik. 'Alleen vandaag.'

Mr Foster knikt. Hij lijkt opgelucht. Ze beginnen op gedempte toon te praten.

Ik app Zo. En? Nog nieuws?

Ze antwoordt niet. In een opwelling bel ik Marta's nummer. Kan geen kwaad, toch? Hij gaat over, en ik leun met ingehouden adem tegen het deurkozijn. In de verte vang ik een geluid op. Een echo. Ik bel het nummer opnieuw, waarbij ik de telefoon bij mijn oor vandaan hou. Ik verbeeld het me niet. Het is vaag, amper luider dan mijn hartslag. Maar ik hoor beslist iets rinkelen.

Marta's telefoon ligt in Adams woning.

40

Shepherd's Bush
ZONDAG, 14.30 UUR

IK BEL JENNY'S NUMMER ZONDER ER OOK MAAR EEN SECONDE BIJ na te denken. Mijn handen trillen en ik ben doodsbang wanneer mijn fantasie op hol slaat in nachtmerriescenario's. Jenny neemt op nadat de telefoon twee keer is overgegaan.

'O mijn god, je bent oké,' breng ik hijgend uit.

'Het komt nu niet goed uit,' zegt Jenny. Ze klinkt gestrest en geïrriteerd.

'Waar ben je? Ben je bij Adam?'

'Wat? Nee. Ik kom net thuis van een slopende werkretraite en ik heb een hoop écht werk in te halen, ik heb de jongens het hele weekend niet gezien en eerlijk gezegd –'

'Ik kom naar je toe. Het is dringend.'

Haar stem verandert. 'Is alles... Is Dylan oké?'

'Hij wel. Maar alles is niet oké. We moeten praten, onder vier ogen.'

'Het komt nu echt niet uit.'

'Ik ben er over twintig minuten. En wat je ook doet, bel Adam niet.'

Ik hang net op wanneer Dylan vrolijk neuriënd komt terughuppelen van de overkant van de straat met een stel gele blikjes in zijn handen. Hij laat ze bijna vallen zodra hij mijn gezicht ziet.

'Mam? Wat is er?'

Ik verstijf. Dit is niet iets waar Dylan over in hoort te zitten. Ik probeer mijn stem nonchalant te laten klinken. 'Ken je Marta nog? Die boven ons woonde?'

Dylan huivert. 'Ja. Wat is er met haar gebeurd?'

De haartjes op mijn armen gaan rechtovereind staan. 'Hoe bedoel je: "met haar gebeurd"?'

Hij haalt zijn schouders op. 'Waarom vraag je of ik haar nog ken als er niet iets ergs met haar is gebeurd?'

Ik kan niet denken. Het is me allemaal te veel. Marta. Adam. Rollo. 'Wil je, eh... je jas aantrekken? We moeten weg.'

Dylan steigert. 'Maar ik ben net thuis. Ik ga deze krekels aan Greta voeren!'

'Kom op, Dylan.'

Hij zet zijn hakken in het zand. 'Je laat me zo vaak alleen thuis.'

Een golf van schuldgevoel spoelt over me heen. Mijn hart roffelt in mijn borst als een groep trommelaars in een fanfareorkest. Ik moet nadenken. Ik kan niet nadenken.

'Luister, ik kan nu niet met je in discussie gaan. Ga nou maar, eh... naar binnen, doe de deur op slot. Ik weet niet hoelang dit gaat duren.'

Hij knikt triomfantelijk. Ik probeer hem te omhelzen, maar hij snelt al naar binnen, zijn blikjes krekels als een trofee tegen zich aangeklemd.

Tegen de tijd dat de taxi voor Jenny's huis stopt zit ik te beven, heftige trillingen die me om de paar minuten overvallen, als naschokken van een aardbeving. Jenny opent de deur op blote voeten, in hardloopshorts en een haveloze grijze Stanford-sweater. Er staat een mand met onopgevouwen wasgoed op de bank, een half opgegeten kant-en-klare salade op de salontafel en op haar laptop is een Excel-spreadsheet geopend. Ik hoor

Max en Charlie boven ravotten, joelend en brullend met evenveel uitbundigheid als agressie.

De zenuwen gieren door mijn keel. Waarom zijn mijn handen zo klam? Ik had niet uitgedacht hoe ik dit volgende deel moest aanpakken. Toen ik haar belde had ik uit instinct gehandeld. Maar nu ik hier ben voelt het ongemakkelijk. Ik staar naar haar zilverkleurige rolkoffer, opengeklapt op de grond, half uitgepakt.

'Zullen we gaan zitten?' zeg ik, naar de bank gebarend.

'Ga je gang,' zegt ze. In haar stem klinkt iets behoedzaams.

'Jij kunt beter ook gaan zitten.'

'Niet nodig,' zegt ze. 'Zeg nou maar wat je te zeggen hebt.'

Ik spreek mijn zorgen uit tegen het tapijt, omdat ik haar niet durf aan te kijken. 'Ik denk dat Adam kan hebben... kan zijn... betrókken bij de verdwijning van zijn ex-vriendin.'

Jenny's ogen vernauwen zich. 'Dit vind jij een goede grap?'

'Nee,' zeg ik vlug. 'Ik ben serieus. Ik maak me zorgen om jou, ik probeer je te vertellen –'

'Ik begrijp het niet,' blaft ze, rood aanlopend. 'Welke ex-vriendin? Waar héb je het over?'

Nu beginnen mijn handen nog meer te zweten. Zou het raarder zijn om ze af te vegen aan de bank of aan mijn jeans?

'Marta. Adam vertelde me dat ze hem van de zomer dumpte en terugging naar Polen. Maar haar, eh... zus, Zo, kwam haar gisteren opzoeken. We gingen naar de salon waar ze werkt. Werkte. Ze hebben haar al maanden niet gezien.'

Ik praat veel te snel, de woorden stromen mijn mond uit op hun eigen overspannen snelheid.

'Hoe dan ook, het blijkt dat Marta een verhouding had met Alfies vader, met Rollo Risby. Hoe groot is de kans nou helemaal? Dus belde ik Marta's telefoon. En hij ging over. Ehm. Boven. In Adams woning.' Ik hoor mezelf, hoe krankzinnig het klinkt, maar ik kan niet stoppen. Ik kijk op naar Jenny. 'Ik vraag me af of –'

Jenny's gezicht is steenhard. Ze wijst naar de deur. 'Ik wil dat je weggaat.'

Ik blijf ijzerenheinig op de bank zitten. 'Luister. Ik weet het. Het klinkt krankzinnig. Maar je kunt gevaar lopen, oké? Laat me even uitpraten. Ik denk dat de hele Alfie-toestand –'

Ze kijkt me aan alsof ik de achterlijkste persoon op aarde ben. 'Hoor je wat je zegt? *Adam deed zijn ex-vriendin iets aan?* En Alfie?' Ze lacht, een droge, sarcastische lach die ik niet eerder heb gehoord. 'Misschien is Adam de Zodiac Killer. Of de Shepherd's Bush Strangler.' Ze schudt haar hoofd, waardoor haar gladde haar nijdig heen en weer zwiept. 'Ik wist dat je jaloers was, maar ik kan niet geloven dat je je zo verlaagt.'

Ik grijp haar hand, graai ernaar en klem mijn vingers om haar handpalm. 'Jenny. Alsjeblieft. Ik smeek je. Er is iets heel erg mis. Ik maak me zorgen om je.'

Ze rukt haar hand los. 'Welnee. Dat bestaat niet, want jij denkt altijd alleen maar aan jezelf. Je bent gewoon jaloers dat ik gelukkig ben.'

Hete tranen wellen in mijn ogen op. Ik knipper ze weg. Heel even zeggen we geen van beiden iets.

'Waar is hij?' vraag ik. 'Waar is Adam?'

Ze haalt haar schouders op. 'Hoe moet ik dat weten? Ik heb hem sinds vrijdagochtend niet gezien. Ik was op een partnerretraite. Met het bureau.'

'Dus jullie waren niet samen? Op een romantisch weekendje?'

Ze rolt met haar ogen. 'Je weet hoe geschift je klinkt, hè? Hoe volkomen ontspoord? Ik bedoel, ze hebben de gast gearresteerd die Alfie ontvoerde. Die hele kwestie herinner je je toch nog wel?'

De pijn in mijn buik keert terug. Ik sluit mijn ogen om de brandende pijn te verdringen terwijl ik de waarheid eruit gooi.

'Ja. Die, eh... gast. Mr Sexton. Hij heeft het niet gedaan.'

Nu loopt Jenny nog roder aan. 'Ik snap het niet. Ze vonden Alfies rugzak. In zijn huis.'

Ik bestudeer mijn handen, die verfrommeld als gebruikte tissues in mijn schoot liggen. 'Het bewijsmateriaal, de spullen die de politie in Mr Sextons huis vond. Het was daar neergelegd.'

Ze fronst. 'Ik volg het niet.'

Ik schaam me dood. Ik voel me zo klein en misdadig en slecht dat ik bang ben daadwerkelijk te imploderen, als een ster die bezwijkt onder het gewicht van zijn eigen massa.

'Het was daar neergelegd. Door... eh... mij.'

Jenny's uitdrukking blijft onbewogen, kalm. Ze zakt op de bank en bestudeert mijn gezicht.

'Ter verdediging, ik dacht dat hij een pedofiel was.'

'O mijn god!' gilt ze, weer opspringend. 'Die eeuwige smoesjes! Jij hebt altijd een smoes klaar!' Ze begint door de kamer te ijsberen. 'Waarom zou je dat doen? Hoe kwam je überhaupt aan Alfies rugzak?' Haar ogen boren zich als lasers in de mijne.

Ik kijk naar mijn handen. Zinloos om nu nog te liegen. 'Ik, eh... vond hem. In Dylans kamer. Maar hij heeft niet –'

Haar ogen worden spleetjes. 'O mijn god. Jij –'

Ik sta op en zet een stap naar haar toe. 'Nee. Nee! Dylan heeft niks gedaan. Het is een misverstand. Ik weet dat hij –'

Haar gezicht vertrekt van woede. 'O mijn god, ik híélp je. Ik hielp je! Realiseer je je wel... Ik kan hiervoor geroyeerd worden als advocaat!' Ze grijpt mijn schouders en duwt me naar de deur met een kracht die ik niet had verwacht. 'Eruit. Mijn huis uit. Mijn leven uit!'

Ik wankel achteruit. 'We waren toch –'

'Adam had gelijk over jou. Jou en die...' Ze beweegt haar hand in een cirkel rond mijn gezicht. 'Die... die cháos die jij overal creëert.'

Ze klapt haar hand om en kweelt, in een valse imitatie van mij: 'O, ik ben Florence, mijn kleren passen niet bij elkaar en ik kan niet klokkijken en ik ben zóóóóó'n vrije geest!'

'Dat is niet –'

Ze is nog niet klaar. 'Ik ben zo leuk en opwindend en het boeit me niet dat ik een slechte –'

'Zeg het maar,' snauw ik. 'Jij vindt dat ik een slechte moeder ben.'

'Nee,' zegt ze snel. 'Dat wilde ik niet zeggen. Vriendín. Je bent een slechte vriendín.' Ze neemt me van top tot teen in zich op. 'Maar nu je het zegt: waar is Dylan?'

Ik voel mijn hartslag naar beneden gaan en het bloed in mijn aderen in ijswater veranderen.

'Mijn beurt,' zeg ik langzaam. Ik doe haar na terwijl ze een diepe hijs van haar vape neemt. 'Hoi. Ik ben Jenny. Ik ben een vierhonderd jaar oude graftak van het zuiverste water. Niemand houdt van me, want ik ben de meest rigide controlfreak op aarde. Zelfs mijn kinderen hebben liever de nanny.'

Nu staat ze te trillen van woede. 'ER. UIT!' brult ze. 'Jij bent vergif!'

Ik been naar de deur. 'Prima. Veel plezier met Adam neuken.' En dan, omdat ik het niet kan laten, besluit ik: 'Weet alleen wel dat hij de hele tijd mij voor zich ziet.'

Jenny stoot een schrille kreet uit, als een zeemeeuw die in tweeën wordt gescheurd.

Ik knal haar voordeur zo hard dicht dat hij rammelt in de sponningen.

41

Shepherd's Bush

ZONDAG, 17.50 UUR

THUIS TUUR IK DE STRAAT AF NAAR ADAMS AUTO. IK LEG MIJN oor tegen zijn deur. Niks. Waar hij ook is, hij is niet hier. Ik overweeg Zo te bellen, haar alles uit te leggen, maar wat heeft het voor zin? Als Jenny me niet gelooft, zal Zo dat ook niet doen. Niemand gelooft me. Ik ben een prutser, een leugenaar.

Ik bestel een vegan pizza voor Dylan en ga linea recta naar de keuken, waar ik een koffiemok vul met wodka, met een scheut water om de smaak te verzachten. De mok is niet afgewassen, maar dat boeit me niet. Ik moet iets hebben om de scherpe randjes eraf te halen, om een gaatje te prikken in de immense bubbel van schaamte waar ik in leef.

Wanneer de pizza wordt bezorgd, komt Dylan tevoorschijn uit zijn krekelkoninkrijk om te eten. Ik ga bij hem aan tafel zitten.

'Alles oké?' vraagt Dylan met zijn ellebogen op tafel, een kleffe punt naar binnen schrokkend.

'Het gaat zo wel weer,' zeg ik, waarna ik een teug uit de mok neem.

'Hebben Jenny en jij ruzie?'

Ik knik, met tranen in mijn ogen. 'Ja.'

Ik neem nog een slok. M'n rug op met dat kutwijf, denk ik. Zíj is de slechte vriendin. Ik probeerde haar te helpen. Haar te redden. Ik hoop dat Adam háár in mootjes hakt. Mijn hart lijkt even stil te staan. Nee, dat meen ik niet. Natuurlijk niet.

Dylan kijkt naar me op, met draden nepkaas die uit zijn mond hangen. 'Waar ging de ruzie over?'

Ik hou me groot. 'Grotemensengedoe. Zit er maar niet over in, schat.'

Met ogen als schoteltjes kijkt hij me aan. 'Alfie?'

'Nee. Nou ja, min of meer...' Ik zak onderuit op mijn stoel en laat de schaamte over me heen komen. 'Eerlijk gezegd weet ik niet zo goed meer waar het allemaal om gaat.'

'Denk je dat je de politie moet bellen?'

Dit laat ik even bezinken. Ik zou rechercheur Singh kunnen bellen, hem vertellen wat ik heb ontdekt. Het aan de professionals overlaten. Zo heeft al met de politie gesproken over Marta. Als ik hun vertel over haar telefoon, kunnen ze misschien de ontbrekende stukjes invullen. De stukjes waar ik maar geen wijs uit kan worden. Kan mij het bommen, het is het proberen waard.

Ik kijk Dylan aan. 'Weet je wat, maatje, dat is geen gek idee.'

Rechercheur Singh heeft geen dienst, laat de arrogant kijkende baliemedewerker me weten, maar er is een onlineformulier dat ik kan invullen om aangifte te doen.

'Ik ben hierheen gekomen omdat ik met een echt mens moet praten. Het is nogal dringend,' zeg ik, met een nerveuze blik op Dylan.

De baliemedewerker tuit haar lippen. 'Goed. Als u wilt wachten op de dienstdoende agent, ga uw gang.'

'Weet u hoelang... Het punt is, het is bijna acht uur, en ik heb mijn zoon bij me, hij moet zo naar bed...'

Vermoeid kijkt de baliemedewerker me aan. 'Tja, zoals ik al zei: u mag het onlineformulier invullen.'

'Prima,' zeg ik met een strak lachje. 'Ik wacht wel.'

Ik dirigeer Dylan naar een rustig hoekje, langs de apathische, verdwaasde types die de wachtruimte bevolken. Ik strijk met een hand over mijn marineblauwe krijtstreepjurkje. Toen ik deze outfit uitkoos deed die serieus, advocaterig aan, maar nu de achterkant van mijn dijen aan de plastic stoel plakken, heb ik er spijt van.

Er gaat drie kwartier voorbij voordat de dienstdoende agent verschijnt. 'Miss, eh... Grimes?' zegt hij, van een klembord oplezend. 'Deze kant op. Ik ben agent Wilson.'

Ik laat Dylan achter in de gore wachtruimte met de strenge opdracht niet uit zijn stoel te komen of met iemand te praten. Hoe erg ik het ook vind om hem alleen te laten, ik moet er niet aan denken dat hij hoort wat ik zo ga zeggen.

Wilson is een gezette veertigplusser met weinig haar en nog minder kin. In zijn kantoor aangekomen trekt hij met veel omhaal een stoel voor me bij.

'Wat kan ik voor je doen, jongedame?' zegt hij, waarbij zijn blik op mijn benen blijft hangen.

Ik schraap mijn keel en poog mijn kalmste, zakelijkste stem op te zetten. 'Ik ben bang dat mijn vriend, eh, mijn buurman... ik denk dat hij, eh... iemand iets heeft aangedaan. Zijn ex-vriendin.'

Wilson fronst. 'Zo. Hoe kom je daarbij?'

'Nou, ze is vermist. En haar telefoon –'

Wilsons eigen telefoon zoemt, en hij kijkt ernaar. 'Sorry. Vrouwlief.' Hij rolt met zijn ogen. 'We hebben geen melk meer.' Snel tikt hij een berichtje, waarna hij weer opkijkt naar mij. 'Juist. Waar waren we gebleven? Je, eh... buurman, was het niet?'

'Ja. Ehm. Hij is zelf trouwens ook agent.'

Wilsons uitdrukking verandert, als een deur die dichtslaat. Hij leunt achterover op zijn stoel. 'O ja? Nou, dat is een ander rechtsgebied. Dan moet je bij het IOPC, het onderzoeksbureau voor politieoptreden zijn. In Fulham.' Hij klakt met zijn tong. 'Niet open nu. Maar morgenvroeg.' Hij wacht tot ik hem bedank.

'Het is alleen... Het is nogal dringend.'

Wilson fronst. 'Heeft hij je geslagen?'

Ik schud mijn hoofd.

'Je bedreigd?'

Ik slik. 'Nee.'

Wilson glimlacht. 'Mooi. Dus je loopt geen onmiddellijk gevaar.' Zijn lachje wordt toegeeflijk. 'We willen niet dat iemand dat knappe snoetje beschadigt.'

Hij schraapt zijn keel en rommelt wat in de papieren op zijn bureau. 'Fulham dus, oké, mop? Daar moet je aangifte doen.'

Ik knik, niet in staat op te staan.

Wilson knipoogt en schuift me een visitekaartje toe. 'En als deze kerel je lastigvalt, gaat agent Wilson een hartig woordje met hem spreken, ja?'

Mijn gezicht brandt van schaamte. Ik sta op en bedank hem voor zijn hulp, en al die tijd kan ik mezelf wel voor mijn kop slaan.

Eenmaal thuis wacht ik tot Dylan naar bed is gegaan om nog een scheut wodka in de koffiemok te plempen. Ik kan niks goed doen. Ik kan niet eens correct aangifte doen van een vermiste persoon. Ik zou zo graag naar een ander kanaal willen schakelen in mijn brein, maar elke keer dat ik mijn ogen dichtdoe zie ik Jenny's van afschuw vertrokken gezicht en galmen haar woorden door mijn hoofd. *Jij bent vergif!*

Ik app Matt B. Ben je nog op? Hij antwoordt niet. O god, zelfs Matt B. is mijn gezeik zat. Prima. Ik zoek mijn heil bij de apps. Leo, 23, wil vanavond een feestje bouwen. Oké, Leo. Jij kan ermee door.

Als in trance loop ik naar mijn kast, waar ik mijn kleinste, glinsterendste jurkje uit opdiep. Ik wurm me erin en doe een pirouette voor de spiegel. Past nog steeds. Ik stiefel de gang door naar de badkamer en haal mijn met foundation besmeurde toilettas tevoorschijn om mijn commandopost in te richten op de rand van de wasbak. Er is zo weinig waar ik nog controle over heb – niet over Dylan, niet over Adam, niet over agent Wilson. En al helemaal niet over Jenny. Maar dit – mijn gezicht, het blenden van mijn oogschaduwtinten, de golving van mijn haar – dit kan ik nog perfect krijgen.

Ik tuur in de spiegel. Een lijkbleek spook kijkt nijdig terug. Het valt niet te ontkennen: mijn wenkbrauwen vallen uit. De overgebleven haartjes zijn slechts plukjes. Maakt niet uit. Ik kan het fiksen met make-up. Ik kan alles fiksen met make-up.

Toner. Moisterizer. Primer. Laten intrekken.

Ik giet nog een scheut wodka met water in de koffiemok. Het smaakt goor, maar het werkt wel. Ik neem nog een slok.

Ik pomp een paar druppels NARS Vienna op een make-upspons en begin de foundation op mijn huid aan te brengen, tot mijn gezicht lijkt op een gladde pop zonder poriën.

Om de paar minuten werp ik een blik op mijn telefoon om te kijken of Jenny bij zinnen is gekomen, of ze me heeft geappt om haar excuses aan te bieden. Nope.

Tijd voor het echte vakwerk. Ik kies een glinsterend zwarte eyeliner en trek een lijntje langs de vorm van mijn oog. Met een synthetisch kwastje laat ik de kleur vervagen over mijn ooglid in trage cirkels. Daarna bronzer, blush, highlighter, setting spray.

Om 21.30 uur heb ik een totaal ander gezicht op mezelf geschilderd. Donkerder, expressiever, knapper. Met wenkbrauwen.

Ik haal een gloeiende tang door mijn verpieterde haar en spuit de hele handel vast met een wolk oude, vertrouwde Elnett.

Ik stel me voor dat ik weer op Jenny's beige bank zit, maar ditmaal verwoord ik alles precies goed. Ditmaal zet ik het overtuigend, helder en kalm uiteen. Jenny knikt: ze begrijpt het. Ze snápt het.

Bedankt dat je het me verteld hebt, zegt ze ernstig. *Ik zie in hoe moeilijk dat voor je was. Ik geloof je. Laten we een plan bedenken.*

Buiten toetert mijn Uber-chauffeur.

Op mijn tenen loop ik door de gang naar Dylans kamer. Hij slaapt als een roos. Tien is ruimschoots oud genoeg om alleen thuis te blijven. Toen ik zo oud was als Dylan was onze moeder aan het werk, en maakte ik avondeten voor Brooke en mij. Hotdogs uit de magnetron en chocolademelk met Hershey's-siroop. De Florence frankfurter speciaal noemden we het. Wij redden ons prima, en met Dylan gaat het ook heus goed. Jenny kan stikken in haar pogingen mij een schuldgevoel aan te praten.

Trouwens, weggaan is geen vrije keuze. Inmiddels heb ik een piep in mijn oren als een autoalarm dat maar blijft afgaan. Ik moet hier weg, anders word ik echt gek.

Na een laatste slok uit mijn koffiemok loop ik naar buiten, en doe de deur op het nachtslot.

42

Shoreditch

ZONDAG, 22.17 UUR

LEO NEEMT ME MEE NAAR EEN MORSIGE 'SPEAKEASY' IN EEN KELDER met een plakkerige vloer vlak bij de Old Street-rotonde. Het zit er stampvol grafisch ontwerpers zonder spiermassa en professionele barista's met ironische mutsen. Hij bestelt een mojito voor me. 'Je weet niet wat je proeft,' zegt hij enthousiast, alsof de mojito iets nieuws is wat hij net heeft ontdekt. Ik krijg een haast onbedwingbare neiging dit aan Ian te vertellen, die het grappig zou vinden, zo weet ik. Dan herinner ik me dat Ian me ook haat en sla ik het hele glas in één keer achterover. Ik probeer te focussen op wat Leo zegt, maar ik kan alleen maar aan Jenny denken. In mijn hoofd speel ik ons gesprek telkens opnieuw af. Waarom gelooft ze me niet? Snapt ze dan niet dat ik haar probeer te beschermen? Leo leutert maar door over iets. Een studie archeologie?

O god, hij studeert nog.

Uiteindelijk houdt hij een plastic zakje omhoog. 'Ja?'

De rest van de avond gaat in een waas voorbij. Leo begint tegen mijn hals te wroeten en vraagt of ik 'hier weg wil'. Zelfs in mijn benevelde toestand zie ik zijn haveloze gedeelde woninkje in Peckham iets te duidelijk voor me: een matras zonder bed, een poster van *The Big Lebowski* aan de muur en een oud krat als nachtkastje.

'Ik ga even naar het toilet,' lal ik.

Buiten hou ik een taxi aan. Ik herinner me dat ik de chauffeur vroeg bij een nachtwinkel te stoppen. Ik herinner me dat ik twee flesjes Fanta kocht en ze op de stoep leegklokte. Maar dat is het laatste wat ik me herinner.

Toen Dylan vier of vijf was, trainde ik hem om te slapen door middel van een digitale klok met een blauw maantje dat, op een voorgeprogrammeerd tijdstip, veranderde in een knalgeel zonnetje. Dat plastic klokje had meer gezag dan ik ooit heb gehad. Op ochtenden dat hij wakker werd voordat het zonnetje was verschenen bleef hij braaf in bed liggen, een soldaatje dat wachtte op toestemming om op te staan. Zodra het tevoorschijn kwam, riep hij naar me: 'Mammie, mijn zon is er!' *Mijn zon* noemde hij het. Die kwam speciaal voor hem op, geprogrammeerd door mijn onzichtbare hand.

Wanneer ik de volgende ochtend wakker word, lig ik in mijn eigen bed. De winterzon schijnt fel door de open gordijnen. Ik heb mijn feestjurkje nog aan, waar een lange scheur aan de zijkant in zit. De plek op mijn scheenbeen van de salontafel is verkleurd tot korenbloemblauw, zo lelijk dat het bijna mooi is.

Ik wankel naar de keuken. Het is stil in huis. Geen schetterende tv, geen milieubewuste podcast die je op luide toon een schuldgevoel aanpraat, geen gebakken tofu die op het fornuis staat te pruttelen.

'Dyl?' roep ik. 'Ben je op?'

Ik kijk op de klok. Halfnegen. School begint om 8.30 uur. Het bestaat niet dat hij zich zo heeft verslapen.

Ik klop op zijn deur. 'Dyl, opschieten. Je komt te laat.'

Geen reactie.

Ik probeer de deurklink. Hij zit op slot. Een vlaag van verontwaardiging jaagt door mijn aderen. Ik snuffel verdorie niet stiekem in zijn spullen. Het joch heeft geen reden om zijn deur op slot te doen.

Ik geef een harde roffel. 'Dylan! Goeiemorgen! Tijd om op te staan!'

Wanneer er geen antwoord komt, gris ik de sleutel van de koelkast. Zodra ik zijn deur open, trekt alle bloed uit mijn gezicht. Ik open mijn mond om te gillen, maar er komt niets uit.

Greta ligt op haar rug, haar schildpaddenpootjes steken recht omhoog.

En Dylan is niet in zijn kamer.

Ik begin te gillen, een oerkreet die uit mijn tenen komt. Ik bel zijn telefoon, maar die schakelt meteen over naar voicemail, het automatische bericht dat me tergt met het geluid van zijn stem.

Verdwaasd sta ik in de kamer van mijn zoon, uit alle macht wensend dat Dylan door de voordeur binnenkomt. *What the fuck what the fuck what the fuck.*

Ik heb het gevoel alsof mijn hart uit mijn borstkas is gerukt, zoals in die gruwelijke offerscène in *Indiana Jones*. Ik probeer mezelf te dwingen om naar de voordeur te rennen, om Dylan te zoeken, om zijn naam te schreeuwen, maar ik ben verstijfd, verlamd, een fossiel gevangen in barnsteen. Waarom willen mijn benen niet bewegen? Mijn hersenen draaien op volle toeren om de situatie te bevatten. Greta de schildpad is dood. En mijn zoon is weg.

Plotsklaps is de ban verbroken en sta ik bij de voordeur, zonder te weten hoe ik daar ben gekomen. Misschien zit Dylan in het portiek. Of is hij bij Mr Foster. Dat is het. Misschien werd hij wakker, zag dat het niet goed ging met Greta en rende rechtstreeks naar Mr Foster.

Ik strompel naar het portiek, en dan zie ik het. Een wit stukje papier, door de brievenbus geduwd, dat nu op het tapijt ligt tussen mijn deur en die van Adam.

458 Land's End Road
Porthcurno, Cornwall

Als je de politie belt, gaat hij eraan!!!

43

Shepherd's Bush

MAANDAG, 8.47 UUR

JENNY NEEMT DE TELEFOON OP NADAT DIE DRIE KEER IS OVERGEgaan, op een toon waar de verachting van afdruipt. 'Ik neem dit op,' zegt ze ijzig, 'voor het geval je van plan was meer misdaden op te biechten.'

Bij het geluid van haar stem ontsnapt een jammerkreet ergens diep uit mijn binnenste. 'Het is Dylan,' breng ik uit. 'Hij is weg.'

Haar toon verandert. 'Hoe bedoel je?'

'Hij is weg. Vermist.' De woorden blijven in mijn mond steken als schuurpapier. 'Ik word net wakker en hij is niet... hij is niet in zijn kamer.'

'Is dit een of andere zieke grap, Florence?' snauwt ze, hoewel de onzekerheid al in haar stem sluipt.

'Ben ik dood?' jammer ik. 'Wat gebeurt er allemaal?'

Nu ben ik volledig buiten mijn lichaam getreden en heb ik, vanuit mijn positie tegen het plafond, perfect zicht op mijn eigen, over het aanrecht gebogen schouders terwijl ik in de telefoon snik. Ik had gisteravond nooit weg moeten gaan. Wat bezielde me? Wat voor moeder gaat zich bezatten en laat haar tienjarige kind alleen thuis? Ik ben de slechtste mens ter wereld, en ik verdien dit. Ik zak in elkaar tot een zielig hoopje op de vloer, waardoor ik mezelf nóg meer haat. Een goede moeder zou opstaan. Naar hem op zoek gaan. Maar ik kan me niet bewegen.

De deurbel gaat. Jenny staat voor de deur. 'Heb je de politie al gebeld?'

Ik schud mijn hoofd.

Ze dringt naar binnen, waarbij haar ogen door de keuken schieten en ze de situatie in zich probeert op te nemen. 'Hoelang is hij al weg?'

Ik kijk op de klok. 'Ik... ik weet het niet. Ik werd om halfnegen wakker en hij was niet in zijn kamer.'

Haar blik flitst over mijn goudkleurige jurkje. 'Ben je gisteravond uitgegaan?'

Bij de herinnering word ik dizzy. Ik zoek houvast bij de koele steen van het aanrecht.

'Ik veroordeel je niet,' zegt Jenny vlug. 'Ik probeer alleen te achterhalen hoelang hij al vermist is. Heb je hem gezien toen je thuiskwam?'

Ik pijnig mijn hersenen. Was ik dronken naar zijn kamer gestommeld om hem nog een nachtzoen te geven? Ik geloof van wel. Maar ik kan het niet met zekerheid zeggen. Kan net zo goed meteen met kleren en al in bed zijn gekropen.

'Ik weet het niet zeker,' zeg ik zachtjes, vervuld van schaamte.

Jenny bijt op haar lip. 'Als jurist adviseer ik je om de autoriteiten in te lichten.'

'Dat kan niet.' Ik hou het briefje op. 'Er is nog iets anders.'

Ze grist het uit mijn hand, waarna haar ogen over het papier vliegen. Er trekt een gepijnigde uitdrukking over haar gezicht, alsof ze is geslagen.

'O,' zegt ze met overslaande stem. Een ogenblik denk ik dat ze gaat huilen.

'Wat?'

Er gaan een paar seconden voorbij. Dan vermant ze zich en zet een neutraal gezicht op. Ze kijkt me aan en zegt op ferme, zakelijke toon: 'Adam heeft een huis in Porthcurno. Zijn moeder verhuisde daarheen na de scheiding.'

Ik kan nauwelijks volgen wat ze zegt. Het is net alsof ik mijn begripsvermogen kwijt ben.

'Luister naar me,' zegt ze, haar hand op mijn schouder leggend. 'Ik ga Belinda bellen om op de jongens te passen. Intussen moet jij een tas inpakken. Kleren. Tandenborstel. Spullen voor Dylan.'

'Dylan?' herhaal ik, niet-begrijpend. Ik voel me als een gefileerde vis, uitgehold en wachtend om te worden opgegeten.

Jenny kijkt me doordringend aan. 'Ja. We gaan hem nu ophalen.'

Mijn oren beginnen te suizen.

'Hoe?' vraag ik dommig.

'We praten in de auto wel. Maar Florence?'

'Ja?'

'We moeten haast maken.'

Ik sta kleren in een tas te proppen wanneer de deurbel gaat. Alle haartjes op mijn lichaam staan recht overeind.

Jenny kijkt me aan. 'Niet kwaad worden,' zegt ze. 'Maar ik heb Allegra gebeld.'

Bijna zeg ik: *Wie is Allegra?* Want alles wat niet Dylan is of de plek waar hij zich bevindt voelt als een ander, parallel universum. Verspilde ik tot voor kort echt energie aan het haten van de andere vrouwen bij de schoolpoort? Wat kleinzielig, wat bevoorrecht om energie te hebben gehad voor zoiets onbeduidends. Het enige waar ik nu aan kan denken is Dylan. Dylan. Dylan.

'Paardenmeisje Allegra?'

Jenny fronst. 'Heb je weleens met haar gesproken? Ze is namelijk heel aardig. Bovendien heeft ze iets wat wij nodig zullen hebben.'

Er wordt beweerd dat gif een vrouwenwapen is. Een schone moord zonder bloedvergieten. Met gif kun je afstand houden.

Ik zag ooit een documentaire op het misdaadkanaal over een golf van arsenicumvergiftigingen in Engeland halverwege de negentiende eeuw. Het waren voornamelijk vrouwen die hun echtgenoten ombrachten. Een drupje in zijn ochtendkoffie, een snuifje over meneers doperwtenpuree. Je kunt het hun moeilijk kwalijk nemen, deze negentiende-eeuwse vrouwen; overdag veroordeeld tot het aanrecht, 's nachts verkracht in hun bed, de ene na de andere blèrende baby barend zonder ruggenprik of flesvoeding of wegwerpluiers. Je ziet ze voor je aan de rand van een graf, jaloers kijkend naar hun pas weduwe geworden vriendin en stilletjes hun plannen beramend.

En dan zitten Jenny en ik weer in de auto. Haar eigen auto, de Tesla, niet de gehuurde Kia. Over de snelweg sjezend naar Cornwall.

Mijn lijf is totaal gevoelloos, mijn bewegingen aangestuurd door een onzichtbare kracht, als een opwindpoppetje dat werktuiglijk een voorgeprogrammeerd dansje uitvoert.

Ik staar uit het raam en herinner me tot in detail alle manieren waarop ik tegenover Dylan ben tekortgeschoten, al vanaf dat hij vier maanden oud was en van de bank op de houten vloer rolde. Ik had niet door dat hij al kon rollen. Hij had een uur gehuild.

Ik denk aan het kleine, donkere deel van me dat altijd wenste dat Dylan populair en sportief was in plaats van slungelig en serieus. Het deel dat zich geneert voor zijn nukken, dat wenst dat hij meer zou zijn zoals andere kinderen, al was het alleen maar omdat het zijn eigen leven een stuk makkelijker zou maken. Hoe vaak heeft mijn zoon niet geprobeerd me iets te laten zien – een niet bijster indrukwekkende sprong van een laag muurtje, een wolk die vaag op een olifant leek, een ernstige recycleblunder? En wat had ik gezegd?

Goed zo, schat. Had ik ooit écht geluisterd? Ik verdien hem niet.

Mijn lijf begint zich op te rollen tot een miezerig balletje zelfhaat. De gordel snijdt in mijn schouder, maar ik verschuif hem niet. Ik verdien het om pijn te hebben. Dit is allemaal mijn schuld. Omdat ik aan hem twijfelde, omdat ik dacht dat hij, heel misschien, weleens iets afschuwelijks kon hebben gedaan. En nu is hij verdwenen. Het is onverdraaglijk. Ik zink dieper weg in mijn stoel.

Jenny kijkt opzij, waarna ze haar blik weer op de weg richt. 'Hou op met jezelf de schuld geven,' zegt ze, recht vooruit kijkend.

'Wat bedoel je?'

'Je hebt die eeuwige moederschuldgevoelblik in je ogen.'

'En terecht, toch? Deze hele toestand ís mijn schuld. Als ik niet had –'

'Hoor eens, Florence. Wat je hebt gedaan, was verschrikkelijk. Een onschuldige man erin luizen?' Ze schudt haar hoofd. 'Afschuwelijk. Gewetenloos. En zodra we terug zijn in Londen, moet je het rechtzetten.' Haar stem wordt milder. 'Maar ik snap wel waarom je het deed.'

'Echt?'

Ze fixeert haar blik op de weg. 'Natuurlijk. Ik ben ook moeder, hoor.'

De late middagzon verkleurt van oranje naar rood wanneer we stoppen bij een pompstation ergens in Devon om de Tesla op te laden. Jenny gaat naar binnen om te plassen, en ik zak onderuit in mijn stoel, uitkijkend over het parkeerterrein, dat leeg is op een aftandse zilverkleurige Skoda na. Een jonge moeder in een smoezelige legging is aan het worstelen met een boze peuter die niet in zijn autostoeltje wil.

'Oliver, ik zweer...' begint ze, totdat ze mij ziet kijken en haar toon matigt. 'Alsjeblieft, lieverd, ga in je stoeltje zitten.'

Niet tegen hem schreeuwen, wil ik roepen. *Op een dag krijg je er zo'n spijt van dat je dood wilt.* Maar voor ik de woorden kan vinden, komt Jenny het gebouw uit stuiven.

'Klaar?' Ze mikt me een proteïnereep met frambozensmaak toe, waardoor ik in één klap terug ben in de realiteit.

'Ik heb geen trek,' zeg ik, het ding op de achterbank gooiend als een nukkig kind. Ik kijk naar mijn telefoon, vurig wensend dat hij overgaat, maar er is helemaal geen ontvangst meer.

Jenny graait naar achteren om de proteïnereep te pakken.

'Eet op,' commandeert ze. 'We hebben een lange avond voor de boeg.'

Kilometers snelweg trekken in stilte voorbij. Het landschap wordt heuvelachtig. Jenny kijkt recht vooruit; ze is afwisselend aan het vapen en op de binnenkant van haar wang aan het kauwen.

Ik staar naar buiten en probeer intussen het antwoord te vinden op een vraag die me al dwarszit sinds we in de auto stapten.

'Ik snap niet waarom Adam hem überhaupt heeft ontvoerd. Het... het slaat nergens op.'

Jenny zegt niets en grijpt het stuur steviger beet. Het is alsof ik een kopstoot in mijn maag krijg. Plotseling weet ik precies hoe het zit.

'O mijn god.' Mijn wangen worden warm. 'Natuurlijk. Jij hebt het hem verteld. Gisteravond. Jij hebt Adam verteld wat ik over Marta zei.'

Alle kleur trekt weg uit Jenny's gezicht. Ze ontkent het niet.

'Jij hebt Adam verteld dat ik denk dat hij betrokken is bij Marta's verdwijning. En dus kidnapte hij mijn zoon, om te zorgen dat ik mijn mond hou.'

Jenny kijkt naar mij. 'Het spijt me zo,' fluistert ze. 'I-Ik dacht dat je gewoon kwaad was over onze flirt. Ik had nooit, in geen honderd jaar, gedacht dat hij tot zoiets in staat was.'

'Denk je dat Dylan –' Mijn stem breekt, niet in staat de zin af te maken. 'Ik bedoel, we gaan hem toch wel vinden?'

Jenny's gezicht is een ondoorgrondelijk masker. 'Ik kan je niet beloven dat het allemaal goedkomt,' zegt ze langzaam. 'Dat weet je. Maar ik zweer je, ik ga er werkelijk alles aan doen om Dylan thuis te brengen. Bovendien, als hij van plan was...'

'Je bedoelt: als hij van plan was Dylan te vermoorden, had hij het al gedaan?'

Ze steekt een vinger op. 'Nee. Niet doen. We moeten positief blijven.'

Maar al terwijl ze het zegt trapt ze het gaspedaal in. De Tesla schiet vooruit, op weg naar wat ons in Cornwall ook te wachten staat.

44

Cornwall

MAANDAG, 17.12 UUR

PORTHCURNO IS EEN PIEPKLEIN DORP OP HET ZUIDELIJKSTE puntje van Cornwall, een en al kneuterige cottages en uitgestrekte kustlijn en dramatische klifpanorama's. Wanneer we stoppen in het centrum kan ik de golven in de verte horen; de zilte geur van de oceaan vult de auto. De lucht is donkerder dan ik ooit heb gezien in Londen.

'Ik snap waarom je een gijzelaar hierheen brengt,' foetert Jenny. 'Geen ontvangst. Volledig geïsoleerd.'

Ik probeer instemmend te brommen, maar ik kan amper iets uitbrengen. Ik staar uit het raam, teruggekatapulteerd naar een van de weinige vakantie-uitjes die Dylan en ik hebben gehad, toen hij een jaar of zes was, naar een grauw Brits kustplaatsje. Het was een dagtrip; we hadden 's ochtends de trein genomen, en zodra we het station uitstapten was het gaan regenen. Ik was woest, maar we hadden ons niet laten kennen en, schuilend onder een parasol op het rotsachtige strand, koppig ijsjes gegeten en handenvol steentjes in zee gekeild. Op de treinreis naar huis die middag had Dylan zijn hoofd tegen mijn schouder gelegd, naar me opgekeken met dat sproetensnoetje van hem en gezegd: 'Dit was de leukste dag van mijn leven, mam.' De herinnering is zo pijnlijk dat ik begin te huilen.

Ik tuur in het aardedonker, wensend dat ik de tijd kon terugdraaien zodat ik een andere keuze kan maken. *Waarom liet ik hem alleen thuis? Wat bezielde me? Hoe kan ik zo stom zijn?*

Het geluid van banden over grind brengt me terug in het hier en nu. We rijden nu het dorp uit, landinwaarts over een donker landweggetje. Een auto scheurt rakelings langs ons in het duister.

'Hoezo dorpse gemoedelijkheid?' valt Jenny uit, en ik vraag me voor het eerst af of ze nerveus is.

Een paar kilometer verder piept het navigatiesysteem. Jenny neemt gas terug en wijst door het donker naar een blauwe cottage midden in een groot, leeg veld. 'Volgens mij is dat het.'

Ik knijp mijn ogen samen. Het is het enige huis in de wijde omtrek. Ik speur het huisje, de tuin, de weg af naar sporen van Dylan. Maar de luiken zijn dicht en er brandt geen enkel licht.

En dan, plotseling, ligt het huisje achter ons.

'Stop,' gil ik, maar Jenny rijdt door. Een dierlijk instinct neemt bezit van me. 'Keer om,' grauw ik. 'Nu. Mijn zoon is daar.'

Jenny bijt op haar lip en kijkt ongemakkelijk. Ze geeft richting aan, stopt in de berm en zet de motor uit.

'Luister,' zegt ze. Ze trekt de handrem aan en zet de knipperlichten aan. 'Ik weet hoe overstuur je bent. Maar je beseft toch wel...' Ze stopt, frunnikend aan haar ketting. 'Je krijgt maar één kans. Adam weet dat je komt. Hij verwacht je. We moeten dit slim aanpakken. In Dylans belang.'

Ik staar uit het raam. Ze heeft natuurlijk gelijk. Hij weet niet alleen dat ik kom, hij heeft me hierheen gelokt, met het sterkst denkbare lokaas. Maar dan nog.

Met een strak, serieus gezicht kijkt ze me aan. 'Weet je zéker dat je niet naar de politie wilt gaan? Het is niet te laat. Ik ben er vrij zeker van dat we langs een politiebureau zijn gereden.'

Ik schud mijn hoofd. 'Adam ís de politie. Bovendien wil ik dat Dylan weet dat ik hem probeerde te redden. Dat ik hem niet aan zijn lot overliet.' Mijn hoofd is helder. Ik ben bijna opgewonden. Na uren suf wachten ga ik eindelijk iets dóén. Ook al zou het zomaar eens het laatste kunnen zijn wat ik doe. 'Dat is het enige wat er nu toe doet. Hij moet weten dat ik het probeerde. Dat ik er alles aan deed om hem daar weg te krijgen. En nou omkeren.'

Ze verroert zich niet. Ze bestudeert haar nagels. 'Je weet dat ik niet... ik niet met je mee kan gaan. Als er iets gebeurt, zijn mijn jongens... ze hebben niemand anders.'

Ik knik. 'Ik snap het.'

Ze start de auto en we rijden met een slakkengangetje terug naar de cottage. Ze parkeert in de berm op zo'n vijftien meter van het huisje, achter een groepje bomen. We stappen uit, en ze frunnikt aan het koord van mijn hoodie terwijl ze lastminuteadvies en -instructies afvuurt. Maar ze lijkt al ongelooflijk ver weg, als een uitstapje dat ik me amper herinner. In gedachten ben ik al in het huisje. Het enige wat ertoe doet, bevindt zich in het huisje.

'Het draait om snelheid,' hoor ik Jenny zeggen. 'Met elke minuut die je binnen bent, wordt de kans kleiner dat je eruit komt. Je gaat naar binnen, grijpt Dylan, rent naar buiten. Ik wacht hier om jullie allebei naar huis te brengen.'

Ze schraapt haar keel. Ik merk dat ze iets van betekenis wil zeggen, iets om het moment kracht bij te zetten.

'Luister, Florence... wat er ook gebeurt, ik wil dat je –'

'Dit is niet *Braveheart*, oké? Maak het niet gênant.'

Ze slaat haar armen zo stijf om me heen dat ik amper lucht krijg. 'Succes, maffe chaoot,' fluistert ze in mijn haar. 'Hou je aan het plan. Ik zie je hier over een paar minuten, ja?'

45

Porthcurno

MAANDAG, 17.58 UUR

ZELFS IN HET DONKER ZIET HET HUISJE WAAR MIJN ZOON WORDT gegijzeld er onopvallend uit, op het banale af. Een lichtblauwe jarenvijftigcottage met niet-gesnoeide heggen, een verwaarloosd gazon. Je gaat er altijd van uit dat de dramatische momenten in je leven zich op een bijzondere plek afspelen. *Arme ik, mijn kind wordt gegijzeld in een doodsaai huisje*, zegt een pesterig stemmetje in mijn achterhoofd, en ik bal mijn vuisten, mijn nagels in mijn palmen drukkend uit zelfhaat.

Het voelt raar, plotseling, zo zonder Jenny, na al die uren van intense saamhorigheid. Alsof er een ledemaat is geamputeerd.

Ik loop over een stenen paadje naar de deur. Boven me krijst een nijdige zeemeeuw. Zijn zeemeeuwen nachtdieren? Voor de deur blijf ik even staan, speurend naar tekenen van Dylan. Maar het huisje is stil, geeft niets prijs. Ik pak de goedkope deurklopper, waarmee ik drie keer tegen de deur tik.

Klopf-klopf-klopf.

Ik adem uit. Ik had er geen rekening mee gehouden dat niemand zou opendoen. Wat knullig. Ik doe een stap achteruit en bedenk wat ik moet doen. Nog een keer aankloppen? Roepen?

Dan begint mijn telefoon te tingelen. *Ping ping ping.* Tientallen vertraagde berichten en notificaties. Blijkbaar is deze godverlaten cottage de enige plek in Cornwall met ontvangst. Ik kijk naar het scherm. 18 nieuwe berichten van Dylan; 10 gemiste oproepen van Dylan.

Halsoverkop bel ik hem terug. De adem stokt in mijn keel wanneer de telefoon één, twee keer overgaat. *Neem op neem op neem op.* Er volgt een klik, maar voor ik *waar ben je* kan zeggen klinkt er een luid krakend geluid. De voordeur zwaait open. Een hand schiet naar buiten en grijpt me bij de lurven. Ik word over de drempel het donker in gesleurd.

46

Porthcurno

MAANDAGAVOND

WANNEER IK BIJKOM, LIG IK OP EEN VERBLEEKTE BLOEMETJES-bank met een koel washandje op mijn voorhoofd.

'Dylan!' gil ik, maar er komt geen geluid uit. 'Ik ben er!'

Stilte.

Mijn hoofd bonkt, en met elke hartslag snijdt de pijn dieper in mijn schedel. Ik wrik mijn ogen open, maar ik kan amper iets zien. Het lijkt alsof iemand vaseline op mijn netvliezen heeft gesmeerd. Voor me zijn twee gezichten, twee paar lichtblauwe ogen. Een tweeling? Zie ik dubbel? Dan smelten de twee figuren samen tot één.

Adam.

Hij zit op een stoel tegenover me, in de marineblauwe sweater die ik hem voor de kerst gaf, op zijn telefoon te turen.

Ik scan de kamer. Dit moet het huisje van Adams moeder zijn geweest. Het ademt de sfeer van een oudere vrouw: rieten manden, houten ganzen, aquarellen. Het ruikt er vochtig en bedompt, alsof de ramen al tien jaar niet zijn geopend. Ik verwacht half en half om de hoek tegen Miss Havisham op te lopen.

'Dylan,' schreeuw ik opnieuw, door het waas van pijn.

Ditmaal springt Adam op van zijn stoel. 'O, je bent wakker.' Hij buigt over me heen, waarbij zijn vertrouwde geur in mijn neus dringt. 'Hoe voel je je? Je stootte je hoofd behoorlijk hard.'

'Waar is Dylan?'

'Dylan?' Adam klinkt oprecht verward. 'Hoe moet ik dat weten?' Onderzoekend kijkt hij op me neer. 'Zeker weten dat het gaat? Flinke smak maakte je.' Hij klinkt zo bezorgd dat ik me een ogenblik afvraag of het allemaal een of ander misverstand is. Dan merk ik dat mijn handen voor me zijn vastgebonden met ducttape.

'Alles op zijn tijd,' zegt Adam, waarna hij naar de keuken loopt en in een krakkemikkig bovenkastje begint te rommelen. 'Je bent mijn gast. Thee?'

'Als hij dood is, maak me dan meteen maar af. Het kan me geen fuck schelen.'

Hij mikt een PG Tips-zakje in een beschadigde witte mok. 'Je afmaken?' Hij stoot een holle lach uit. 'Je zit er helemaal naast, Flo. Ik wil alleen praten.'

'Praten? Ik heb een gapende hoofdwond en tape om mijn polsen.'

Hij grimast. 'Sorry daarvoor. Gewoon een voorzorgsmaatregel. Daarover gesproken...' Hij pakt een mes van het aanrecht. Het mes dat ik thuis in de zak van mijn hoodie had gestopt. 'Bedankt hiervoor. Je had echt geen housewarmingscadeautje hoeven meenemen.' Zachtjes tikt hij met zijn vinger op de punt.

Mijn hartslag schiet omhoog. 'Dylan!' krijs ik. 'Dylan! Hoor je me?'

Stilte.

'Je luistert niet,' zegt Adam met opengesperde neusgaten. 'Hou je hoofd erbij, Florence. Dit is belangrijk.'

Een paniekgevoel begint door de pijn te breken, als een duiker die langzaam bovenkomt voor lucht. Ik draai mijn hoofd naar Adam, de keuken. In het felle tl-licht ziet hij er tegelijk vertrouwd en wildvreemd uit. Ik zie namelijk ook iets anders. Een hardheid die me eerder nooit is opgevallen. Had deze versie van hem aldoor al op de loer gelegen?

'Wat wil je, Adam? Waarom doe je dit?'

Hij kijkt op van de thee, zijn blauwe ogen rond als knikkers. Hij lijkt bijna weemoedig. 'Ik wil alleen dat je naar me luistert. Meer heb ik nooit gewild, Flo.'

Adam komt bij me op de bank zitten en geeft me de mok thee aan. Die pak ik onhandig vast met mijn getapete handen. Het is lauw, constateer ik teleurgesteld. Niet heet genoeg om hem mee te verbranden als ik het in zijn gezicht gooi.

Hij ademt diep in. 'Waar zal ik beginnen?'

'Dylan,' zeg ik, maar hij negeert me.

'Kennelijk weet je het dus van Marta.'

'Ik weet dat ze je bedroog. Met –'

'Rollo Risby,' zegt hij, de naam uitspuwend als een vloek. 'Betrapte haar op heterdaad. Op onze jubileumdag.'

Ik knik terwijl mijn ogen de kamer afspeuren naar sporen van Dylan – een schoen, iets in een kindermaat. Waar is hij? Kon ik maar bij mijn telefoon, kijken wat er in de appjes stond...

'Ik wilde haar verrassen in de salon, met bloemen. Ze zei dat ze die avond moest overwerken. Toen ik er aankwam, zei haar baas dat ze uren eerder al was vertrokken. Met haar vríénd!'

Zijn gezicht is rood, zijn ademhaling zwaar. 'Hoorde je me, Flo? *Met haar vriend! Ik was haar vriend!*' brult hij. 'Wat betekent dat ze het allemaal wisten. Het hele zootje. Iedereen wist dat ze me bedroog.' Als een gewond dier kijkt hij naar me op. 'Wist jij het?'

'Niet tot gisteren.' Zou ik hem knock-out kunnen slaan met de mok als ik hem er hard genoeg mee op zijn hoofd sloeg?

Hij knikt, overtuigd. 'Toen ik haar ermee confronteerde, ontkende ze het. Zei dat ik "spoken zag". Ik zei dat ze kon opzouten. Zij zei dat ík moest opzouten. Uit mijn eigen huis. Dat geloof je toch niet, Flo?'

Dat hij mijn naam maar blijft herhalen, werkt op mijn zenuwen. Is dit een of andere politietactiek om mijn vertrouwen te winnen?

'Ik zei dat ze de kolere kon krijgen. En toen gaf ze me een duw.' Hij speurt mijn gezicht af naar een reactie. 'Marta was sterk. Sterker dan ze eruitzag. Oost-Europese vrouwen, die zijn niet voor de poes, weet je. Ze duwde me tegen de muur.'

Hij valt even stil. 'Dus duwde ik terug. Maar het was zelfverdediging. Ze sloeg ongelukkig met haar hoofd tegen een kastje.'

'Ze stootte haar hoofd? Belde je een ambulance?'

Hij kijkt me strak aan. 'Of ik een ambulance belde?' Hij lacht, een hol, leeg geluid. 'Daar zou de *Daily Post* van hebben gesmuld. "Zoon van ex-politiebaas ontslagen wegens huiselijk geweld"? Trouwens, een ambulance had tegen die tijd niets meer uitgehaald.'

Mijn maag draait om en lijkt dan naar beneden te storten als een lift in een lege schacht. 'Wacht, dus Marta is...?'

Adam kijkt naar zijn voeten, gestoken in de grijze New Balance 550's die ik zo gewend ben voor zijn deur te zien. Hij laat zijn knokkels knakken.

'Ik vrees van wel.'

De woorden komen aan als een stomp in mijn maag. Ik denk aan Zo, haar betraande gezicht, en kan wel overgeven.

'Je hebt haar vermoord.'

'Nee. Ik zeg net: het was een ongeluk.'

'Wacht eens even. Dus Marta is al dood sinds... augustus? En al die tijd heb jij appjes verstuurd vanaf haar telefoon? Alsof er niets met haar aan de hand is?'

Hij zuigt lucht tussen zijn tanden door. 'Ik moest tijd winnen. Bedenken wat ik moest doen. Ik was dit niet van plan, Flo. Het... gebeurde gewoon.'

'I-Ik begrijp het niet. Als Marta dood is, wat heb je dan gedaan met haar... lichaam?'

Hij aarzelt. 'Dat wil je niet weten. Geloof me.'

Hij heeft gelijk. Dat wil ik niet weten. Ik wil alleen Dylan vinden en als de sodemieter wegwezen hier. Maar ik ben het Zo verschuldigd.

'Alsjeblieft. Vertel het me.'

Hij kijkt naar de vloer. 'Heb je *Breaking Bad* gezien? De badkuipscène?' Hij schudt zijn hoofd en stoot een nerveus lachje uit. 'Ik zal je zeggen: het was góór. Verstopte alle leidingen. Sorry daarvoor, trouwens.'

Mijn gedachten gaan terug naar mijn haperende douche, en het maagzuur stijgt me naar de keel. Ik slik verwoed en leun achterover tegen de bank, met een keel die in brand staat. Mijn hoofd bonkt nog steeds, maar ik moet en zal weten waar Dylan is.

'Het was een ongeluk,' jammert Adam. 'Ik had geen andere keuze. Wie zou me hebben geloofd?'

Ik zet de mok op tafel, een onhandige manoeuvre met mijn vastgebonden handen. 'Even voor de goede orde. Je doodde Marta, en daarna kidnapte je mijn zoon zodat ik hierheen zou komen om je bekentenis aan te horen?'

Hij fronst. 'Nee. Bekentenis? Is dat wat je denkt dat dit is?' Zijn stem wordt hard. 'Ik beken helemaal niks! Kom op, Flo. Je ként me. Hoe vaak ben ik er niet voor jou geweest? Ik ben geen slecht mens. Ik zeg je: Het. Was. Een. Ongeluk.'

Ongemakkelijk ga ik verzitten. De wond op mijn hoofd klopt als een gek. Het bloed is naar mijn mond gesijpeld, een zoutige, ijzerachtige smaak achterlatend op mijn lippen. Het enige waaraan ik kan denken is Dylan.

Adam legt een hand op mijn been. 'Alsjeblieft, Flo. Zeg dat je het begrijpt.'

Tandenknarsend verzamel ik alle mildheid die ik kan opbrengen. 'Oké. Goed. Het was een ongeluk. Ik snap het.'

Hij ademt uit, een zucht van verlichting. Heel even denk ik dat hij me gaat omhelzen.

Ik schraap mijn keel. 'Vertel me nou waar Dylan is.'

Fronsend trekt hij zijn hoofd in. 'Dylan? Hoe moet ik weten waar hij is?'

Withete razernij kolkt door mijn aderen. 'Hoe moet jij het weten? Godverdomme, Adam, ik weet dat jij hem hebt! Ik vond het briefje. Wat denk je verdomme dat ik hier kom doen?'

Hij staart me aan en stoot dan een bulderende lach uit. 'O wauw. Het briefje.' Hij blijft lachen, een bitter, rommelend geluid waarvan zijn borst schudt. 'Dylan. Ha.' Hij schudt zijn hoofd, alsof hij zijn oren niet kan geloven. 'Ik heb geen flauw idee waar Dylan is.' Hij zet zijn mok op de grenen salontafel en draait zich naar me om, zijn gezicht duister.

'Dat briefje ging over Alfie Risby, nitwit die je bent.'

47

Porthcurno

MAANDAGAVOND

ER IS GEEN TOUW AAN VAST TE KNOPEN. IK ZIT NOG STEEDS OP DE bloemetjesbank, maar mijn hoofd voelt alsof iemand ertegenaan schopt met een schoen met stalen neus, een aanhoudend dof gebonk dat met de minuut erger wordt.

'Alfie?' hoor ik mezelf zeggen. 'Wat?'

'Heb je niet gehoord wat ik zei?' Adams gezicht wordt rood, kwaad. 'Zijn vader neukte mijn vriendin. Hij heeft mijn leven vergald! En het is een kwestie van tijd voordat iemand lucht krijgt van het... ongeluk.' Zijn ogen staan wanhopig. 'Ik heb geld nodig, Flo. Om de stad te ontvluchten. Opnieuw te beginnen, ergens waar het warm en goedkoop is. Je weet dat ik een aardige vent ben. Verdien ik niet nog een kans?'

Ineens er een lichtje bij me op. 'O mijn god. Heb je... Is Alfie...' Verwilderd kijk ik om me heen wanneer een nieuwe panische angst in mijn longen kolkt. 'Is hij... Is Alfie Risby... híér?' Mijn ogen schieten door de kamer, over de knoestige grenen meubels, de ouderwetse tv, de verbleekte zachtpaarse gordijnen. 'Waar is hij?'

'Relax,' zegt Adam terwijl hij opstaat. 'Hij is oké, dat verzeker ik je. Meer dan oké zelfs. Ik ben, zeg maar, de aardigste gijzelnemer ooit. Joch heeft een gloednieuwe PlayStation en Star Wars-LEGO. Dan heb ik het over een volledige Millennium Falcon-set. Gaf hem zelfs de en suite –'

Mijn hart hamert in mijn borst. 'Je hebt Alfie Risby gekidnapt? Maar… waar is Dylan dan?'

Hij gromt. 'Dat eeuwige gezeik over Dylan! Is het zo moeilijk om eens aan iemand anders te denken?' Hij gebaart naar een donker halletje. 'Ik zeg net tegen je dat Alfie Risby – het miljardairskind – aan de andere kant van de muur zit, en het enige wat jou interesseert is Dylan. Trouwens…' Adam tikt op zijn telefoon en houdt het scherm voor mijn neus. '…volgens onze deurbelcamera ging Dylan vanochtend naar buiten om… zeventien over vijf. Vlak nadat jij thuiskwam van je avontuurtje.' Hij kijkt me vuil aan. 'Beetje laat voor een schooldag, vind je niet? Met wie was je nou weer uit?'

Ik heb een raar, hol gevoel, alsof al mijn bloed en botten en ingewanden uit mijn lichaam zijn geschraapt. Ik graai naar de telefoon, klem hem onhandig tussen mijn nog steeds vastgebonden handen en staar naar het scherm. De figuur op de deurbelcamerabeelden draagt een donkere hoodie en zo te zien een zware rugzak. Hij lijkt inderdaad heel erg op Dylan.

'Wat zullen we nou –'

Adam knipoogt naar me. 'Niks aan de hand. De deurbelcamera toont ook dat hij een uur later terugkwam en daarna weer vertrok in zijn schooluniform om kwart voor acht. Wist niet dat je hem nu alleen naar school liet lopen? Maar je was vast moe van je date.'

Mijn hoofd tolt. *Is Dylan echt de hele dag op school geweest? En hoezo ging hij vóór zonsopgang al aan de wandel?*

Ik moet mijn telefoon hebben, om de berichten te lezen die Dylan me stuurde. Om erachter te komen wat er in godsnaam aan de hand is. Voordat ik iets kan doen, gooit Adam me een goedkope skibril van rood polyester toe. Die belandt op mijn schoot. 'We kunnen er maar beter voor zorgen dat hij je gezicht niet ziet.'

'Wat?'

'Ik neem aan dat je met Alfie wilt praten? Om zeker te weten dat hij oké is?'

Alfie. Juist. Ik was hem straal vergeten. Het enige wat ik echt wil is maken dat ik hier wegkom, terug naar Londen, naar Dylan. *Wat doe ik hier, honderden kilometers bij mijn zoon vandaan?*

'Ik, eh...'

Hardhandig trekt Adam me van de bank, en ik volg hem met tegenzin door een donker gangetje naar een deur met een ketting aan de buitenkant. Licht schijnt eronderdoor. Adam morrelt aan de ketting en gebaart dan dat ik naar binnen moet gaan.

Mijn adem stokt. 'Wacht, je gaat niet mee naar binnen? Hoe weet ik dat je mij daar niet opsluit?'

Hij kijkt me gekwetst aan. 'Kom nou, Florence. Ik ben het. Ik wil alleen dat je met eigen ogen ziet dat ik geen gewetenloos monster ben. Dat ik goed voor hem zorg.' Hij verplaatst zijn gewicht. 'Vraag het hem zelf, ja? Hij zal het beamen.'

Adam helpt me de skibril op te zetten, waarna ik de kamer in stommel. Alfie zit op een onopgemaakt bed met zijn rug naar me toe een shooter te spelen. Hij is kleiner dan ik me herinner, zijn rode haar warrig en vet. Hij draagt een ruimteschippyjama en pantoffels met een gestreepte badjas eroverheen, als een kind dat ziek thuisblijft van school. Het is schokkend om zo dicht bij hem te zijn in het echt, na zijn schoolfoto te hebben gezien op de voorpagina van elke krant in het land. Alsof je een beroemdheid van dichtbij ziet.

Alfie kijkt op van zijn game en fronst. 'Jij bent hem niet. Wie ben jij?'

'Ik ben een vriendin, eh... van je moeder. Soort van. Ik wilde alleen even kijken of het goed met je gaat.'

'Ja, hoor,' gromt Alfie.

De kamer is groter dan ik had gedacht. Er is een inbouwkast en een aangrenzende badkamer, plus een tweepersoonsbed en een flatscreen-tv verbonden met een PlayStation.

Op fluistertoon vraag ik: 'Je bent dus in orde? Niemand die je... lastigvalt?'

Hij kijkt niet op van zijn game. 'Ieuw. Getver.'

Er gaat een golf van opluchting door me heen. Natuurlijk niet. 'Mooi. Dat is mooi.'

'Dus je komt me redden?'

'Wat?'

'Je weet wel, me bevrijden, zeg maar?'

Achter de plastic skibril prikken de eerste zweetdruppels op mijn voorhoofd. Ik slik. 'Wat? Eh... nee. Ik was eigenlijk op zoek naar mijn eigen zoon.'

Alfies gezicht betrekt. Hij gaat weer verder met zijn game, en ik krijg een soort schuldgevoel. Móét ik hem bevrijden? Hoe zou dat dan in zijn werk moeten gaan?

'Sorry. Ik weet niet hoe ik je kan helpen. Trouwens, ik zit hier ook vast.' Ik steek mijn vastgebonden handen op als bewijs.

Alfie stoot een smalend lachje uit zonder zijn ogen van het scherm af te halen. 'Ja, maar jij bent een volwassene. Kun je niet iets bedenken?'

Er ontploft iets op het scherm, en Alfie slaakt een gefrustreerde zucht en smijt zijn controller naar de tv.

'Slet,' mompelt hij. 'Kijk nou wat er door jou gebeurt.'

Twee weken gijzeling hebben hem duidelijk geen steek veranderd. Heel even vind ik het helemaal niet erg dat hij is opgesloten in Adams logeerkamer. Misschien dat nog een weekje of twee hier hem een lesje zal leren.

Ik stommel naar de deur. 'Juist. Nou, eh... sterkte.' Met mijn elleboog bonk ik tegen de houten deur. 'Ik wil er nu wel weer uit!'

Alfie kijkt over zijn schouder naar me, en nu pas valt me op dat zijn ogen roodomrand zijn. Met een stem die amper boven een fluistertoon uitkomt, spreekt hij een woord uit waarvan ik niet zeker weet of hij het ooit eerder heeft gebruikt.

'Alsjeblieft?'

Plotseling oogt hij kleiner, hulpelozer. 'Alsjeblieft,' zegt hij nogmaals. 'Ik mis mijn moeder.'

Ik wil iets zeggen, maar dan zwaait de deur open en grijpt Adams gespierde arm me bij de schouder en dirigeert me terug naar de bank in de woonkamer. Ik trek de jeukende plastic bril af en zink weg in de kussens, terwijl ik probeer te verwerken waar ik net getuige van ben geweest.

'Zie je wel?' kraait Adam triomfantelijk, zich naast me op de bank parkerend. 'Wat zei ik je? Dat joch heeft pizza, *Fortnite*, alle Monster Energy die hij op kan. Ik wed dat-ie niet eens weg wil!'

Ik verbijt me. Alfies zielige 'alsjeblieft' spookt als een vloek door mijn hoofd.

Adam grijpt mijn vastgebonden handen, en zijn gezicht wordt ernstig.

'Het enige wat ik wil,' zegt hij op gespannen toon, 'is een nieuwe start. Je moet me geloven, Flo, het was niet mijn bedoeling om Marta iets aan te doen. Het was een ongeluk. Een afschuwelijk, tragisch ongeluk. Als iemand kan begrijpen dat een mens een tweede kans wil, ben jij het wel.'

Ik knik, niet zeker of ik het daar wel mee eens ben, maar erop gebrand tijd te winnen. 'I-Ik snap het niet. Hoe heb je hem überhaupt gevonden?'

'O, het was stom toeval dat Dylan het die dag over het schoolreisje had. Wist je dat het Wetland Centre een van de weinige plaatsen in heel Londen is zonder bewakingscamera's? Maakte het vrij gemakkelijk.'

'Dus je kidnapte hem en reed wat, vijf, zes uur met hem naar Cornwall? Ik snap het niet. Heb je hulp van iemand? Hoe heb je hem hier gehouden?'

Hij haalt zijn schouders op. 'Tja, hij stond niet bepaald te trappelen om weer naar school te gaan. Zoals ik al zei: hij zit er hier best lekker bij. Ik deed gewoon de deur op slot, liet meer dan genoeg eten voor hem achter. Zei dat ik overal camera's heb, en als hij iets probeert, ik hem opspoor en afmaak.' Hij knipoogt naar me. 'Bovendien hebben kinderen van deze leeftijd niet echt constant toezicht nodig, toch?'

Hoewel mijn gezicht brandt van schaamte, vraag ik door. 'Hoe zit het dan met Dylan? Hoe kwam hij aan Alfies rugzak?'

'O, dat. Helaas verstoorde Dylan de boel een beetje die dag in het Wetland Centre. Ik droeg natuurlijk een masker, dus hij herkende me niet. Maar voor de zekerheid liet ik de jongens van rugzak wisselen.' Hij grijnst bij de herinnering aan zijn eigen sluwheid. 'Maakte Dylan wijs dat als hij iets tegen iemand zei, ik zou zorgen dat hij in de gevangenis belandde.'

Ik word witheet. 'Je hebt mijn zoon erin geluisd?'

Plotseling is Dylans vreemde gedrag van de laatste tijd een stuk begrijpelijker. Geen wonder. Het arme joch zag een gemaskerde man zijn klasgenoot ontvoeren. Hij moet enorm getraumatiseerd zijn.

Verwoed schudt Adam zijn hoofd. 'Nee. Het was gewoon een stukje verzekering. Hoe moest ik weten dat jij in zijn kamer zou gaan rondsnuffelen en overhaaste conclusies zou trekken? Maar goed, je moet het het joch nageven: hij kan wel een geheim bewaren. Het dreigen met de gevangenis zal hem vast zo bang hebben gemaakt dat hij zijn mond hield.'

Ik denk aan Dylan. Mijn lieve, kleine alto, die de wereld alleen maar beter wil maken. Hoeveel zonovergoten zaterdagen met ijshoorntjes krijgt een klein kind nou helemaal, voordat zijn geest wordt gebroken door pestkoppen en onuitstaanbare bazen en dreigbrieven van de belastingdienst? Hoeveel kerstochtenden, waarin hij op kousenvoeten de trap af sluipt naar een berg cadeautjes onder de boom? Het is geen retorische vraag. Ik kan mijn eigen gelukkige jeugdherinneringen op één hand tellen. Adam heeft gestolen wat er over was van Dylans onschuld, hem voortijdig de grens over gejaagd die *het Paradijs van Kinderlijke Onbevangenheid* scheidt van de *Woestenij van Volwassen Verdorvenheid*, en de terugweg afgesloten. Erger nog, hij heeft mijn kind geleerd tegen me te liegen. Alleen al daarom zou ik hem met alle plezier vermoorden: een paar snelle halen met de bijl, een diepvrieszak, een zeil. Het zou me geen enkele moeite kosten.

Inmiddels beeft mijn hele lijf van woede. Ik kijk hem recht aan. 'Waarom liet je me hierheen komen, Adam? Wat doe ik hier?'

Hij kijkt naar de vloer. 'Ik heb je hulp nodig.'

'Wat?'

'Je hoorde Cleo Risby op de persconferentie: "Noem je prijs." Ik zat aan vijf miljoen te denken. Drie voor mij, twee voor jou. Genoeg voor ons allebei om opnieuw te beginnen, maar niet zoveel dat ze het echt zouden missen en achter ons aan zouden komen.'

'Ons?' Mijn palmen beginnen te zweten. 'Wat heeft dit met mij te maken?'

Hij snuift. 'O nee, je hebt gelijk ook. Ik zal die miljardairs gewoon een losgeldbriefje sturen gemaakt van uitgeknipte tijdschriftletters, het door hun brievenbus gooien. "Heb jullie zoon, zet alsjeblieft een paar tassen cash in de bosjes." Tuurlijk, joh.' Hij schudt zijn hoofd. 'Waar zie je me voor aan, Florence? Ik ben niet helemaal achterlijk. Ik heb al geprobeerd contact te leggen met Cleo. Stuurde haar een paar tekeningen van Alfie, als bewijs dat hij leeft. Maar het heeft de boel alleen maar in de war geschopt.'

Ik word misselijk bij de herinnering aan de tekeningen die Cleo me die nacht in de bus liet zien. Fuck. Ze had gelijk.

Adam gaat zachter praten, alsof er iemand meeluistert. 'Feit is dat gijzelingsonderhandelingen nauw luisteren. Het contact moet discreet worden gelegd, door iemand die ze kennen. Anders gaan ze linea recta naar de politie of welke ex-Mossad-bullebakken ze ook hebben ingehuurd, en dan is het allemaal voor niks.'

'Wacht, dus... je wilt dat ik de Risby's om losgeld vraag?'

'Eindelijk heb je het door.'

'Waarom Jenny niet? Aangezien jullie nu zo close zijn?'

Lachend gooit hij zijn hoofd achterover. 'Jenny? Ben je wel helemaal lekker? Die zou de politie bellen voor je met je ogen kunt knipperen. Maar jij...' Hij zwijgt even, waarbij zijn ogen me taxerend van top tot teen in zich opnemen. 'Jij bent anders. *Moreel flexibel.*'

Dat schiet me in het verkeerde keelgat. Ondanks alles vind ik dit een belediging. 'Zo ben ik helemaal niet. Niet meer.'

'O nee? Vindt Robin Sexton dat ook?'

Alsof er een emmer ijswater over me wordt uitgestort.

Adam trekt een wenkbrauw op. 'O, kom op. We weten allebei wat je hebt gedaan. Eerlijk gezegd ben ik onder de indruk. Een onschuldige man erin luizen om je zoon te beschermen? Dat is serieus Bijbelse shit.' Hij wacht een tel. 'Stel je eens voor: twee miljoen pond. Je zou een groter huis kunnen kopen, een album opnemen. Ik bied je een uitweg, Flo. Een nieuw leven. Je hoeft me alleen met dit ene kleine dingetje te helpen.'

Ik ben niet lekker. De kamer begint te draaien. Naast me wordt Adam steeds geagiteerder en spreekt nu op snelvuurtempo.

'Weet je, een ander type zou je ijskoud chanteren. Maar ik niet. Ik ben een aardige vent. Ik ga je niet dwingen iets te doen wat je niet wilt.'

Voor ik iets kan zeggen springt hij op van de bank. Hij haalt een stanleymes uit zijn achterzak en grijpt me bij de arm, waarna hij de tape om mijn polsen met twee snelle halen lossnijdt.

'Ziezo,' zegt hij, een hand uitstekend om me overeind te helpen. 'Oké? Je bent vrij. Je kunt zo de deur uit lopen als je wilt. Serieus.'

Ik wrijf over mijn polsen. Mijn hoofd bonkt nog steeds. Marta is dood. Alfie is in de kamer hiernaast. En Dylan is, blijkbaar, veilig thuis in Shepherd's Bush, na een mysterieus rondje dauwtrappen.

Denk na, Florence, denk na.

Hoelang ben ik al in dit huisje? Het kan een uur zijn, of tien, ik heb geen idee van de tijd. Ik vraag me af of Jenny nog buiten staat te wachten. Ik kan nu naar buiten glippen, door het donker naar de auto rennen, de zes uur terugrijden naar Londen en Dylan. Maar wat zal er gebeuren met Alfie Risby als ik nu wegga? Ik voel een steek in mijn maag. Ik heb meer tijd nodig. Ik moet nadenken.

'Nou, Adam...' Ik probeer mijn rare positie te bepalen, die ergens ligt tussen gast, medesamenzweerder en gijzelaar. 'Mag ik misschien even gebruikmaken van de badkamer? Me een beetje opfrissen?'

Adams blik blijft even op me rusten, op het gedroogde bloed op mijn voorhoofd, mijn uitgelopen make-up, mijn geklitte haar.

'Ik moet zeggen: je ziet er inderdaad niet uit,' zegt hij uiteindelijk. 'Aan het eind van de gang links. Maar geen geintjes, oké?'

48

Porthcurno

MAANDAGAVOND

OOK DE BADKAMER ZIET ERUIT ALS DIE VAN EEN OUD VROUWTJE. Loslatend pastelkleurig behang. Een stel wit uitgeslagen, schelpvormige zeepjes. Een mandje potpourri uit het jaar kruik.

Ik knoop mijn shirt los, voorzichtig, zodat ik mezelf niet prik aan de injectiespuit met dopje die ik in mijn beha had gestopt. Die met Allegra's paardenkalmeringsmiddel erin. Het is makkelijk zat me voor te stellen die in Adams schouder te steken, dan Alfie te grijpen en het huisje uit te rennen. Maar kan ik het ook echt?

Bij de wasbak plens ik koud water in mijn gezicht en probeer de Adam die ik al jaren ken – mijn serieuze, smoorverliefde bovenbuurman – te rijmen met de man die hij daadwerkelijk is: een moordenaar, een kidnapper. Had ik maar meer vragen gesteld over het incident waarop hij een keer had gezinspeeld, eerder in zijn politieloopbaan, waardoor hij was gedegradeerd. Als ik beter had opgelet, had ik misschien iedereen alle ellende kunnen besparen. Maar nu is het te laat.

Dylan. Ik zie mijn zoon voor me, thuis, zich afvragend waar ik ben en waarom ik mijn telefoon niet opneem. Wat moest dat in godsnaam voorstellen, dat hij het huis uit glipte in het donker?

Ik pak een dubieus ogend stuk zeep en begin mijn gezicht te boenen, elk spoortje make-up eraf te wassen tot het schuim in mijn ogen brandt. Misschien kan ik het beste akkoord gaan met Adams plan. Per slot van rekening zit Dylan veilig thuis. Waarom zou ik proberen Alfie te redden? Ik mag hem niet eens.

Ik staar naar de beschadigde tegels en denk na over Adams aanbod. Een nieuwe start. Een kans om dit hele treurige hoofdstuk van mijn leven af te sluiten. Om niet meer Florence Flater te zijn en aan mijn *Emancipation of Mimi*-tijdperk te beginnen. Twee miljoen pond is een smak geld, maar nog steeds niet genoeg voor een pastelkleurig herenhuis in Notting Hill. Misschien het souterrain ervan. Ik zou een opnamestudio in de achtertuin kunnen bouwen. Dylan overplaatsen naar zo'n particuliere 'vrije school' zonder uniforms en cijfers. Dan zou hij eindelijk vrienden kunnen maken, niet meer al zijn tijd hoeven doorbrengen met die ouwe griezel van een Mr Foster.

In de smoezelige spiegel bestudeer ik mijn gezicht. Alle make-up is eraf, en mijn ogen zijn dik en opgezwollen, nog prikkend van de zeep. Nat haar plakt als slappe spaghetti om mijn schedel. De jaap in mijn voorhoofd bloedt weer. Ik zie eruit als een monster. Ik voel me een monster. Klein en verachtelijk en slecht. Adam zag het. *Duister herkent duister.* Daarom vroeg hij mij en niet Jenny om hem te helpen.

Ik droog mijn gezicht af met een harde handdoek en stop de koele plastic injectiespuit weer achter het bandje in het midden van mijn beha. Mijn blik blijft hangen op de groezelige spiegel. Heel even zie ik iemand anders. Geen monster. Maar iemand die zich niet meer druk maakt om haar uiterlijk. Die zich niet meer druk hoeft te maken. De godin Medusa, gevaarlijk, krachtig in haar afzichtelijkheid.

Kan mij het verdommen. Ik heb de laatste tien jaar de gemakkelijke weg gekozen.

Moet je zien waar het me heeft gebracht. Alleen in een omabadkamer, gevangen tussen een vrouwenmoordenaar en een ontvoerd rijkeluiskind. Ik heb geen carrière, geen liefdesleven, en alle moeders haten me. Niemand komt me redden. Niemand is me ooit komen redden. Vanavond ga ik voor één keer in mijn leven het juiste doen. De moeilijke weg nemen.

Het is tijd om Alfie Risby te redden. Ditmaal echt.

49

Porthcurno

MAANDAGAVOND

IK TREF ADAM IN DE KEUKEN, WAAR HIJ NET EEN DIEPVRIESPIZZA op een bakplaat uit de oven schuift. 'Hard werken, zo'n verwende gijzelaar,' zegt hij met een lachje. 'Het joch lust alleen het delicatessenspul van M&S.'

Zijn blik blijft hangen op de striemen om mijn polsen, paarsrode afdrukken die op armbanden lijken.

'Sorry daarvoor nog,' zegt hij. 'Voorzorgsmaatregel. Je begrijpt het wel.'

'Het geeft niet,' zeg ik zo luchtig als ik kan opbrengen. Ik moet nu een nonchalante houding aannemen. Daar hangt alles van af. Geleund tegen het aanrecht maak ik me op voor één laatste optreden. 'Ik begrijp het, Adam. Echt. Alles.'

Opluchting druipt van zijn gezicht. Hij schuift de pizza op een bord, waarna hij zijn armen om me heen slaat, me omhullend in een vertrouwde wolk van Old Spice en wasmiddel; de plastic spuit drukt harder tegen mijn borst. Elke vezel in mijn lijf komt in opstand tegen zijn aanraking, maar ik dwing mezelf om doodstil te blijven staan.

'Dank je,' zegt hij met zijn neus in mijn haar. 'Serieus, Flo. Je zult er geen spijt van krijgen.'

Relax, spreek ik mezelf toe. *Blijf kalm.*

'Het komt goed,' lieg ik.

Hij laat me los en draait zich om naar het dienblad, waar hij een fles Perrier op zet.

'Etenstijd voor Zijne Hoogheid. Ben zo terug – dan nemen we de details door.' Hij knipoogt naar me alvorens de rode skibril op te zetten.

Ik ga aan de keukentafel zitten en wacht. Het kalmeringsmiddel zal niet meteen werken. Wat inhoudt dat ik, zodra ik hem heb geprikt, klaar moet zijn om het op een rennen te zetten. Alfie ook.

Ik tuur door het keukenraam in het duister. Het glas is smerig; het enige wat ik kan zien, is de flauwe gloed van maanlicht. Ik vraag me af of Jenny daarbuiten nog staat te wachten. Ik hoop het wel. Anders zie ik het somber in, alleen in het donker.

Verderop hoor ik de slaapkamerdeur weer dichtgaan en het gerammel van de ketting, gevolgd door Adams zware voetstappen die terugkomen naar de keuken. Ik ga rechtop zitten. Het liefst prik ik hem in de woonkamer, zodat het maar een paar stappen is naar Alfies kamer en dan de voordeur. Hoe dichterbij, hoe beter. Elke seconde gaat tellen.

Adam verschijnt weer, trekt de skibril af en komt dan naast me aan tafel zitten.

'Juist. De aanpak dus. Je zult contact moeten leggen met Cleo Risby in haar eentje. Haar misschien uitnodigen voor koffie. Jullie moeders zijn verzot op Gail's Bakery, niet? Zorg dat je haar in het openbaar ontmoet, op een drukke plek. Breng het als een vriendinnenafspraak.

'Ik zal je een paar foto's sturen van Alfie met de krant van vandaag, maar – en dit is belangrijk – laat ze haar alleen zien op jóúw telefoon. Verstuur ze niet via AirDrop of e-mail of zo. We mogen geen digitaal spoor achterlaten.'

Ik knik. 'Gesnopen. Maar, Adam...' Ik giechel nerveus. 'Ik moet alweer plassen.'

Hij rolt met zijn ogen. 'Je weet waar het is.'

Zodra ik de keuken uit ben graai ik in mijn beha, trek het dopje van de injectiespuit en klem hem zo in mijn vuist dat ik mezelf niet prik.

Ik sluip door het gangetje, langs de badkamer, naar Alfies kamer. Zo stilletjes mogelijk schuif ik de ketting eraf. Mijn hart hamert zo hard tegen mijn ribbenkast dat ik me verbeeld dat Adam het in de keuken kan horen. *Het moet snel, snel, snel.*

Wanneer ik de deur behoedzaam open zit Alfie pal voor de tv, een videogamecontroller in zijn handen. Verbaasd kijkt hij op naar mijn ongemaskerde gezicht. 'Hé, ik ken jou. Jij bent een van de moeders –'

Ik druk een vinger op mijn lippen en knik. 'Ik ben Dylans moeder. En ik ga ons hieruit halen. Trek je schoenen aan.'

Alfie fronst en trekt geërgerd zijn neus op. 'Wat, nu meteen? Maar ik ben op level 17, en ik –'

In de verte kan ik Adam horen rondscharrelen in de keuken. Mijn hartslag schiet omhoog. 'Alfie, dit is serieus. Trek je schoenen aan, wees klaar om weg te rennen. We lopen gev–'

Ik word onderbroken door het geluid van snelle, zware voetstappen. De deur vliegt open en slaat met een doffe dreun tegen de muur. Adam heeft de rode skibril op en een zilverkleurig wapen in zijn rechterhand. Bij de aanblik krijg ik een rolberoerte.

Ik schraap mijn keel. 'Sorry, ik keek alleen even of hij iets nodig –'

'Stommeling!' schreeuwt Adam, op me af springend. Voor zo'n gespierde kleerkast is hij ongelooflijk snel. Zijn gezicht bevindt zich op centimeters van het mijne. Ik voel zijn hete adem op mijn wang. 'Stomme idioot! Hij mag je gezicht niet zien. Snap je het dan niet? Nu weet hij –'

Ik ben er niet klaar voor. Maar dit is het. Het is nu of nooit. Ik hef de injectiespuit boven mijn hoofd en haal uit, ram hem in Adams stevige monnikskapspier. Hij is compleet overdonderd. Hij wankelt achteruit, met de spuit die uit zijn marineblauwe sweater steekt als een dart in de roos.

Ik draai me om naar Alfie. Die zit nog steeds voor de tv, verlamd van angst.

'Rénnen, Alfie!' gil ik, waarbij de woorden branden in mijn keel. 'Rénnen!'

Eindelijk, op de valreep, lijkt de urgentie van onze situatie tot Alfie door te dringen. Hij staat op, smijt de controller op de grond en stuift dan langs Adam, door de open slaapkamerdeur naar de woonkamer.

Adam plukt de spuit uit zijn schouder. 'Wat krijgen we nou?' schampert hij, de spuit op de grond smijtend. 'Probeerde je me nou neer te steken?'

Ik luister ingespannen of ik de voordeur hoor opengaan, want ik moet weten of het Alfie is gelukt weg te komen. Zit Jenny nog op de uitkijk in de auto? Zal ze hem vinden?

De halflege spuit ligt nu op het tapijt, net buiten mijn bereik. Ik doe er een uitval naar, maar het is te laat. Adam stort zich op me.

'Stom wijf!' brult hij. 'Je hebt alles verpest.'

Er is een explosie van pijn op het moment dat alle lucht uit me wordt geperst. Ik lig nu op de vloer, op mijn buik, met mijn gezicht in het tapijt gedrukt.

'Waarom?' schreeuwt hij. Hij heeft het wapen laten vallen en ranselt me af met zijn blote vuisten, alsof hij de afstand die het wapen tussen ons zou creëren niet kan verdragen, alsof hij de voldoening zoekt van zijn huid die op de pijnlijkst denkbare manier de mijne treft. 'Waarom, Flo? Je hebt alles verpest.'

Onder zijn slagenregen verkrampt mijn hele lijf van angst. Een hand. Een voet. Iets zwaars, de PlayStation wellicht. Eerst voel ik me merkwaardig verdoofd en losgekoppeld van mezelf. Dan komt alle pijn in één keer, als een golf die op het strand breekt. Overal. Ondraaglijke pijn. Adam is nog steeds aan het schreeuwen, maar de woorden dringen niet meer tot me door. Ik laat mijn lichaam verslappen. Het stompen gaat door. Daas vraag ik me af hoe ik nog bij bewustzijn kan zijn. Hoort mijn lichaam zichzelf niet uit te schakelen, me hiertegen te beschermen? Ik denk aan Marta en hoop dat haar einde minder pijnlijk was. In de verte hoor ik een dreunend geluid, van hout op metaal of zo, dat van de voorkant van het huis komt. Ik probeer mijn ogen te openen, maar ik zie alleen maar bloed. Ik voel mezelf wegzakken, versuft worden meegesleurd naar de bodem van een warm zwembad.

Er doemt een beeld op van Dylan, gebogen over onze keukentafel, zich afvragend wanneer ik thuiskom.

Wie gaat het Dylan vertellen? Het is mijn laatste coherente gedachte voor ik in een donkere put stort, waar ik met een plof op de bodem beland. Mijn moeder is er, in haar Denny's-uniform. 'Kijk nou toch,' zegt ze stralend. 'Je hebt compassie met dat kind. Dacht niet dat je het in je had.'

Marta is er ook. Of Marta de Geest, neem ik aan. Ze geeft me een tissue en een meelevende blik.

'Klote om dood te zijn, vind je niet?' zegt ze.

Ik schud mijn hoofd. 'Ik niet. Nog niet.' Ik wrik mijn ogen weer open.

Inmiddels jammert Adam niet meer tegen me. Hij zit op het bed met zijn gezicht naar mij toe, zijn rug naar de deur, in zijn handen te snikken. Het dierenkalmeringsmiddel heeft geen merkbaar effect gehad. Mijn ogen schieten naar het wapen op de vloer, rechts van het bed. Als ik een klein stukje kan kruipen... wie weet. Ik probeer mijn arm te bewegen, maar er gebeurt niets. *O god, ben ik verlamd?*

Vlak achter Adam, in de deuropening, verschijnt een figuur. Donker haar, donkere kleren. Mijn adem stokt. Jenny? Ben ik aan het hallucineren?

Haar ogen worden groot wanneer ze de situatie in zich opneemt. Ze legt een vinger tegen haar lippen en duikt op het wapen af.

Precies op dat moment kijkt Adam op en ziet haar.

'Shit,' zegt Adam. Hij springt op van het bed en geeft een laatste schop tegen mijn hoofd. 'Zie je nou wat je hebt gedaan?'

Het geluid van een schot vult de kamer. De knal is veel harder dan ik verwachtte, en alles wordt zwart.

Stilte.

50

IK WORD WAKKER MET EEN GIRLS' NIGHT-NUMMER IN MIJN hoofd, maar ik kom er niet uit welke. De tekst dwarrelt ergens net buiten mijn bereik, als het lint van een heliumballon die omhoogzweeft, steeds hoger, en dan weg.

Het ruikt hier naar lelies en ontsmettingsmiddel. Ik knipper. Fel licht verschroeit mijn netvliezen. Een ziekenhuis. Ik lig in een ziekenhuis. De laatste keer dat ik in het ziekenhuis lag, was toen Dylan werd geboren – een morsige NHS-kraamafdeling met negen andere vrouwen en hun lompe, harige echtgenoten. Maar dit is andere koek. Dit is de Tiffany's onder de ziekenhuiskamers. Nog een paar Diptyque-kaarsen en het kan doorgaan voor een wellnessresort.

Dylan zit naast me met zijn hoofd gebogen, zijn ogen gericht op een Game Boy.

Ik zeg zijn naam, maar het komt er heel raar uit, ongeveer als '*Gm-pgn*'.

'Mam,' zegt hij, overeind springend. 'Ik haal de verpleegster.' Hij aarzelt een nanoseconde en legt dan onbeholpen een arm over mijn borst. 'Ik heb je gemist,' mompelt hij.

Ik snuif de zeepgeur van zijn haar op. De behoefte om hem te knuffelen is allesoverheersend, maar wanneer ik mijn armen probeer te bewegen gebeurt er niets. Ik kijk naar beneden en ontdek dat ze allebei in het gips zitten, als onbeweeglijke rupsen in witte cocons.

Een opgewekt ogende verpleegkundige in een smetteloos groen uniform verschijnt in de deuropening. 'Hé, hallo daar,' zegt ze vrolijk, alsof ze het tegen een pasgeboren baby heeft. 'Hoe voelen we ons?'

Ik open mijn mond om antwoord te geven, maar de woorden komen eruit in een brij.

'Geeft niks,' zegt de verpleegkundige, die iets op haar klembord krabbelt. 'Dat doet een week in coma nou eenmaal met je!' Ze richt zich tot Dylan. 'Dylan, lieverd, de verpleegsters hebben net koekjes klaargezet in de personeelskamer, als je er een lust. Ze zijn nu nog warm.'

Ze drukt een ijskoude stethoscoop op mijn borst. 'Probeer je te ontspannen. Goed zo. De dokter is al onderweg. Ik controleer even wat vitale functies.'

Ze fladdert als een kolibrie om me heen, hier porrend, daar optillend, weer krabbelend. Haar bewegingen zijn kordaat, efficiënt, trefzeker. Ze doet me aan Jenny denken.

'Mmpf, Mpfh.'

Meelevend kijkt ze me aan. 'Je kunt de komende paar dagen wat moeite met praten hebben. Maak je geen zorgen. Probeer te rusten.'

Ik knik. Mijn oogleden voelen zo zwaar, alsof ze zijn opgemaakt met cement.

'O, en ik heb je zus al gebeld,' zegt ze met een samenzweerderige knipoog. 'Niet die in Mauritius. De andere.'

Niet-begrijpend staar ik haar aan.

'Normaal gesproken mag er uitsluitend familie bij patiënten in kritieke toestand, maar zij en de tweeling zijn bijna elke dag langs geweest sinds je werd binnengebracht.'

Ik laat mijn hoofd dieper in het kussen zakken. Ik probeer me te herinneren hoe ik hier ben beland, maar mijn geheugen lijkt wel ingesmeerd te zijn met pindakaas. De zacht piepende monitoren brengen me in een meditatieve toestand.

Dylan verschijnt weer aan de rand van mijn blikveld, dun en bleek, zijn gezicht half verborgen door zijn donkere hoodie.

'Wat is er gebeurd?' probeer ik te zeggen, maar het klinkt als *'waz-ekuhd?'*

Dylan kijkt naar de vloer, maar antwoordt niet. Hij snapt donders goed wat ik wil weten.

'Adam?' (*Agham?*), kras ik.

Grimassend haalt Dylan een wijsvinger langs zijn keel.

Ik slik.

'Alfie?' (*Meffie?*)

'Hij is oké.' Dylan haalt zijn schouders op. 'Kan weer reptielen gaan mishandelen dankzij jou.' Hij gebaart naar een bloemstuk met het formaat van een kleine SUV op de tafel tegenover me. 'Van de Risby's,' zegt hij. 'Je weet wel, voor het redden van hun zoon en alles.'

Ik knik en probeer het allemaal te bevatten. Adam is dood. Alfie leeft. Rollo en Cleo mogen me nu.

'Waar was je?' zeg ik uiteindelijk. *(Aa wazj?)* 'Die ochtend?' *(Gie och?)*

Dylan kijkt weer naar de witte vloertegels, mijn blik ontwijkend. 'Ik ging gewoon een eindje wandelen, mam. Meer niet.'

Ik bestudeer zijn gezicht, om uit te maken of ik hem geloof. Er zijn nog zoveel vragen, maar ik voel dat mijn lichaam als een steen door de matras begint te zakken. Ik ben zo moe. Geven ze me morfine? De ziekenhuisvloer opent zich en ik stort naar beneden richting de kelder, waar ik heel lang blijf.

De volgende keer dat ik wakker word zit Jenny naast me, op de stoel waar Dylan eerder zat. Het is ochtend. Zonlicht stroomt door het raam naar binnen en vormt een halo rond Jenny's hoofd. Voor haar ligt een map papieren uitgespreid, met daarnaast gele schrijfblokken vol aantekeningen in Jenny's keurige handschrift. *Informeren naar specialist in tandheelkundi-*

ge implantaten. Nieuwste onderzoek opvragen over behandeling van acuut subduraal hematoom.

Jenny kijkt naar me op en zet haar leesbril af. Een glimlach verspreidt zich over haar gezicht. 'Je bent wakker.'

'*Mmfhg*,' weet ik uit te brengen.

'Zit maar niet in over je gebit. We zoeken een toptandarts voor je.' Ze glimlacht toegeeflijk. 'Binnen de kortste keren loop je weer Big Red te kauwen.'

Mijn gebit? Kan ik daarom niet praten? Ik haal mijn tong erlangs, maar mijn tandvlees is dik en wollig, alsof het met watten is bedekt.

'Probeer je geen zorgen te maken,' zegt ze. 'Iedereen heeft tegenwoordig facings. De Risby's zorgen er wel voor dat je de allerbeste krijgt.' Ze gebaart naar de kamer. 'Zij hebben je naar deze poenerige plek laten brengen.'

'*Mmfhg*,' mompel ik.

Ze geeft me een magnetisch schrijfbordje aan. 'Het leek me makkelijker voor je om te schrijven.'

Onhandig pak ik de bijbehorende pen. Mijn armen zitten nog in het gips, maar het lukt me om te krabbelen: *Wat is er gebeurd?*

Jenny zuigt lucht tussen haar tanden door. 'Oké. Goed. Juist. Wat is het laatste wat je je herinnert?'

Voordat ik kan antwoorden, komt Dylan terug en houdt een kartonnen doos voor mijn neus. 'Mam, kijk,' ratelt hij. 'Het is Greta! Ik dacht dat ze dood was, maar ze was in winterslaap. Mr Foster zei –'

'Hé, Dyl,' zegt Jenny. 'Zin in wat lekkers uit de automaat?' Ze haalt een briefje van twintig pond tevoorschijn. 'De tweeling zit in de wachtkamer, neem ze mee.'

Zodra hij weg is, kijkt ze me strak en ernstig aan. 'Ik wachtte buiten, zoals we hadden afgesproken.' Ze slaat haar ogen neer en kiest haar woorden zorgvuldig. 'Maar ik belde ook de politie. Ik ging mijn beste vriendin niet in een dodelijke val laten lopen, toch?'

Ik ben geroerd. *Je kwam me redden?* krabbel ik.

‘Niet helemaal. Het was een klein plaatsje, weet je. De agent, hij zag de ernst van de situatie niet echt in. Misschien lag het aan het Amerikaanse accent, geen idee. Hij leek te denken dat hij in de maling werd genomen. Hoe dan ook, er kwam niemand. Dus uiteindelijk stapte ik uit de auto en hurkte achter een paar struiken in de voortuin, om te zien wat er in het huisje gebeurde. Toen vloog de voordeur open en kwam Alfie naar buiten stuiven, gillend als een speenvarken. Rende straal langs me. Ik kon binnen geschreeuw horen. De deur stond nog open, dus... ik ging naar binnen. En toen...’

‘Wat?’ zeg ik. (*Waf?*)

Ze staart me strak aan. ‘Weet je het echt niet meer?’

Ik schud mijn hoofd.

Er trekt een vreemde uitdrukking over haar gezicht, iets tussen argwaan en opluchting in. ‘Ach, doet er ook niet toe. Het belangrijkste is dat jij het er levend hebt afgebracht.’

Haar ogen boren zich als lasers in de mijne; ze proberen mij iets duidelijk te maken wat Jenny niet hardop kan of wil zeggen. ‘Hoewel ik ervan uitga dat de politie wel een verklaring van jou zal willen. Over Adams, eh... zelfmoord.’

Ik verander van onderwerp.

Dylan? vis ik via het bordje.

Ze aarzelt. ‘Dat deel heb ik minder helder. Wat heeft hij jou verteld?’

Ik schud mijn hoofd. Niks.

‘Nou, volgens hem kon hij niet slapen en ging wandelen,’ zegt Jenny, haar woorden zorgvuldig afwegend. ‘Hij beweert dat hij thuiskwam en zag dat jij sliep als een blok, dus kleedde hij zich om en ging zelf naar school.’

Schóól? Dat zou verklaren waarom niemand van de administratie belde over zijn absentie. Maar waarom ging hij in vredesnaam voor dag en dauw aan de wandel?

Het geluid van uitbundig gejoel op de gang onderbreekt mijn gedachten.

De jongens komen terug, met hun handen vol frisdrank en snoep. Jenny staat op en, alsof ze mijn gedachten kan lezen, zegt: 'Je zult Dylan moeten vragen naar de wandeling.' Ze hurkt naast mijn ziekenhuisbed om op fluistertoon te vervolgen: 'Maar luister. Hij is oké. Jij leeft nog. Misschien moet je het voorlopig laten zitten. Wat zou je ermee opschieten?'

Ze knijpt zachtjes in mijn hand. 'Rust nu maar uit, Florence.'

De dagen verstrijken in een waas. Er is fysiotherapie. Heel voorzichtig op krukken lopen, rustige rek- en strekoefeningen doen. Kleine schaaltjes appelmoes eten die de verpleegkundigen me brengen. Er komt iemand naar mijn ziekenhuiskamer om een gipsafdruk van mijn mond te maken. 'Voor je nieuwe tanden.' De oude ik zou hysterisch zijn geworden bij de gedachte zes tanden kwijt te zijn. Misschien ligt het aan de pijnstillers, maar ik merk dat het weinig verontwaardiging bij me losmaakt. Ik leef. Mijn zoon is veilig. Wat stellen een paar stukjes email nou helemaal voor? Zoals Jenny al zei: ik kan nieuwe kopen.

Een paar dagen later komt de politie langs. Een mannelijke agent met een fikse overbeet staat aan het voeteneinde van mijn ziekenhuisbed en stelt wat plichtmatige, suggestieve vragen alvorens Adams dood te bestempelen als zelfmoord.

Hij heeft zijn vriendin vermoord! krabbel ik op mijn schrijfbordje.

De agent geeft een kort knikje. 'We zullen haar familie op de hoogte brengen,' zegt hij. 'En de Poolse ambassade.'

Zelfs nu lijkt niemand bijster geïnteresseerd in Marta's dood. Marta, die geen enkele krantenkop haalde.

Een zongebruinde Brooke komt op bezoek, samen met een chagrijnige Julian en een verlept boeket. Ze moet wel eerst even kwijt dat ze haar eersteklasstoel opgaf om eerder terug te kunnen vliegen naar Londen. ('Maar het was geen probleem,' verzekert ze me.)

'Jammer van je tanden,' mompelt een roodverbrande Julian, en ik probeer beleefd te knikken. 'En sorry van het cricketbalvoorval.' Hij heft zijn kin op naar Brooke. 'Het moest van haar.'

Nijdig kijkt Brooke naar hem. 'Serieus? Je vindt dit het juiste moment?'

'*Waf?*' breng ik uit.

Brooke gaat op de rand van mijn bed zitten. 'Luister, het spijt me. Echt. Maar ik was zo ongerust over jou en Dylan. Ik dacht dat het briefje je misschien zo bang zou maken dat je stopte met je zogenaamde onderzoekje en een advocaat inschakelde. Ik deed het om jullie bestwil.' Haar stem verandert van verontschuldigend in monter. 'Maar het doet er niet toe! Dat is nu immers verleden tijd?'

Voor ik kan protesteren, graait mijn zus in een rieten tas en spreidt diverse kranten uit over het bed. 'Heb je het goede nieuws gezien? Kijk dan! Je bent weer beroemd!'

Ik bekijk de krantenkoppen.

HELDHAFTIGE MOEDER VINDT VERMISTE JONGEN!

VOORMALIGE POPSTER ACHTER DRAMATISCHE REDDING VAN ERFGENAAM DIEPVRIESMAALTIJDENIMPERIUM

POLITIEBAAS EIST ONDERZOEK NAAR KIDNAPPENDE AGENT

Een ondernemende redacteur heeft foto's opgeduikeld uit mijn Girls' Night-tijd. Oude promoshots, van toen ik tien jaar jonger en diverse tinten blonder was. Ik moet onwillekeurig lachen, hoewel het een stekende pijn door mijn kaken jaagt.

Brooke kijkt me stralend aan.

Ik krijg nog wel een nieuw raam van je, kalk ik op het schrijfbordje.

Later die avond blader ik de kranten door. Ik neem aan dat bijna doodgaan me nieuwsgierig heeft gemaakt naar de wereld die ik zowat achter me had gelaten. Het nieuws is voorspelbaar deprimerend: bosbranden verwoestten het huis van een miljardair in Californië. Rebellen vielen een containerschip aan op de Rode Zee. En weggestopt onderaan pagina vijf onthult een kort artikel dat Robin Sexton is vrijgelaten en dat alle aanklachten zijn ingetrokken. Een golf van schuldgevoel gaat door me heen. Misschien dat ik altijd spijt hou van wat ik die man heb aangedaan. Maar nu heb ik tenminste de rest van mijn leven om het goed te maken.

De volgende ochtend beginnen de bezorgingen: bloemstukken en fruitmanden en teddyberen gestuurd door ochtendshowredacteuren in New York en ambitieuze, jonge producenten in Londen, die allemaal hopen het eerste uitgebreide interview te scoren met de 'heldhaftige speurdersmoeder' die Alfie Risby vond.

Elliott stuurt een kist Taittinger met een briefje waarop staat: 'WAUW! *Wie had gedacht dat je zo'n multitalent was. En nu? Nieuw album? Cosmeticalijn? Een gastrol in Torture Jungle? Bel me, laten we jouw 15 minuten pakken!*'

Er komt een kartonnen doos binnen met een limited-editionpersing van *The Emancipation of Mimi* op doorschijnend vinyl. Er zit geen kaartje bij, alleen een handgeschreven gele Post-it waarop staat: '*Word snel beter, Negroni-meisje.*'

Met een licht schuldgevoel laat ik alle bloemen en krantenknipsels aan Jenny zien. *Jij bent degene die eer toekomt*, krabbel ik op mijn schrijfbordje. *Als jij er niet was geweest, zou ik begraven liggen in de achtertuin van die cottage.*

'O, alsjeblieft,' zegt ze, haar haar over haar schouder zwiepend. 'Alsof ik met mijn hoofd op tv wil. De gasten op kantoor zouden me er tot in lengte van dagen mee plagen.' Haar gezicht wordt serieus. 'Ik ben allang blij dat jij oké bent.' Ze knijpt in mijn hand. 'En ik vind het heel erg dat dit is gebeurd, Florence. Dat verdiende je niet. Van geen kanten.'

Hete tranen prikken in mijn ogen. Maar de waarheid is – hoewel ik het afschuwelijk vind wat Adam Marta aandeed, en ik Rob Sexton – dat als die hele Alfie-toestand niet was gebeurd, Jenny en ik nooit vriendinnen zouden zijn geworden. Dan zat ik nog steeds de hele dag in mijn eentje reality-tv te kijken, te dromen van een muzikale comeback, en leverde ik tussendoor ballonnenbogen af. Dan hunkerde ik nog steeds naar mijn oude leven, terwijl ik mijn huidige doorbracht in een donkere wolk van zelfverwijt over fouten uit het verleden, en mezelf voortdurend onderuithaalde.

Tuurlijk, wat Alfie heeft meegemaakt is klote, maar luister: zou het kunnen dat zachtzinnig gekidnapt worden niet het allerergste was wat een verwend rijkeluisjoch kon overkomen? Nu heeft hij op zijn minst een 'ontbering' om over te schrijven voor zijn toelatingsessay. Als ik héél eerlijk ben, vind ik het geloof ik niet zo erg dat het is gebeurd. Dit zeg ik echter niet tegen Jenny. Ik wil niet dat ze me aanziet voor een psychopaat.

In plaats daarvan knijp ik in haar hand. 'Ik sta bij je in het krijt,' mompel ik.

De volgende dag geven de Risby's acte de présence: Cleo en Rollo en Alfie, herenigd in euforische opluchting, met een gevolg van uitgeputte assistenten en een lijfwacht. Ik ben benieuwd of de scheiding van de baan is, maar het lijkt me ongepast ernaar te vragen.

Cleo is schichtig en verlegen. Haar haar is weer blond, alsof het allemaal niet is gebeurd. Ze blijft dicht bij Alfie, niet van zins hem uit het oog te verliezen. Ze knijpt in mijn hand en snikt in een oversized kasjmieren rolkraagtrui. 'Ik zal je nooit genoeg kunnen bedanken,' zegt ze zacht. 'Om je kind terug te krijgen. Het is... Het is alles.'

Ik knik, want ik begrijp het beter dan ze waarschijnlijk ooit zal beseffen.

Alfie kijkt naar zijn schoenen, alsof hij zich geneert voor zijn moeder.

'Toe maar, schat,' zegt Cleo, waarop Alfie naar me toe schuifelt om een gigantisch boeket witte lelies in mijn schoot te leggen.

'Voor jou,' zegt hij. 'Je weet wel, omdat je me hebt gered.' Ligt het aan mij of schemert er een grijns door op zijn sproetengezicht?

'Zo is het maar net,' komt Rollo tussenbeide, cognac en dankbaarheid uitwasemend, waarbij de kracht van zijn persoonlijkheid de kamer vult als helium. Hij grijpt mijn hand en pompt mijn arm op en neer alsof hij kandidaat is voor het burgemeesterschap, zonder op mijn van pijn vertrokken gezicht te letten.

'Het beste gewenst,' buldert hij terwijl zijn assistent een foto maakt.

'We zullen je niet ophouden,' zegt Cleo, een beschermende arm om Alfie geslagen. 'Kom. Laten we Ms Grimes haar rust gunnen.'

Rollo schraapt zijn keel. 'Familiezaken neemt nog contact met je op. Over de financiële kant,' zegt hij met een knipoog.

Mijn hart veert op. Betekent dit... Krijg ik een beloning? Op de een of andere manier was ik die straal vergeten. Maar even snel herinner ik me Sexton. En nog voor de deur achter de Risby's dichtvalt, weet ik al dat ik het geld niet ga houden. Geld kan nooit ongedaan maken wat ik heb gedaan, maar het is een begin.

De volgende dag mag het gips eraf. Het lukt me om een potlood van de vloer op te rapen, wat mijn fysiotherapeut in applaus doet losbarsten. Een fris artsenteam vindt dat ik gezond genoeg ben om te worden ontslagen. Ik moet fysiotherapie blijven volgen, maar er is geen reden om me de kerst niet thuis te laten vieren.

Tijdens mijn laatste avond in het ziekenhuis komt de opgewekte verpleegkundige van de eerste dag de ronde doen, gevolgd door een tenger figuurtje in een grote paarse hoodie. 'Ze zegt dat ze een vriendin is,' meldt de verpleegkundige.

Ik tuur door mijn wimpers. Linh zet de capuchon af met een samenzweerderig lachje. Ze zegt niet dat ik er goed uitzie en probeert me ook niet te omhelzen. In plaats daarvan houdt ze een make-upkoffertje omhoog.

'Dacht dat je nagels er vast niet uitzagen,' zegt ze grijnzend, waarna ze haar spullen begint uit te stallen aan de rand van mijn bed.

Waar zat je? krabbel ik op mijn schrijfbordje. *Ik ging langs bij Fresh Nails en zag je niet. Ik dacht dat de Strangler je te grazen had genomen!*

Linh zet grote ogen op. 'O, heb je het niet gehoord? Ze hebben hem te pakken.' Ze zucht. 'Ja. Een of andere kneus uit Wandsworth. Blijkbaar jatte hij de mobiel van een van zijn slachtoffers en probeerde die cadeau te geven aan een andere vrouw die hij online had ontmoet. Vergat haar iCloud te wissen. Dat geloof je toch niet? Bijna alsof hij gepakt wilde worden!'

Ik knik geduldig. Ik heb Linhs obsessie met true crime nooit gedeeld.

Maar waar was jij? schrijf ik.

Linh kijkt opgelaten weg. 'O. Ik had een sollicitatiegesprek. Alexander McQueen. Een stage maar, hoor. Maar meid, ze laten je er wel voor zwoegen, zeg. Drie sollicitatierondes, hele proefdag in het atelier.' Ze legt haar instrumenten op mijn dienblad en haalt haar schouders op. 'Maar goed, ik ben aangenomen.'

Ik grijns zo breed dat mijn hele gezicht er pijn van doet.

GEFELICITEERD! krabbel ik.

Glimlachend neemt Linh mijn handen in de hare om mijn nagels zo aandachtig te bekijken als je theebladeren zou lezen om je toekomst te voorspellen.

'Laten we voor groen gaan,' zegt ze even later. 'Voor een nieuw begin.'

Linh gaat aan de slag, angstvallig het infuusslangetje vermijdend dat mijn pijnstiller afgeeft.

'Ik heb trouwens een nieuwe obsessie,' zegt ze terwijl ze nagellakremover op een watje sprenkelt. 'Heb je van dat nieuwe, militante milieucollectief gehoord? Het is een soort kruising tussen Just Stop Oil en de Red Army Faction.'

Ik schud mijn hoofd.

Ze gooit het vochtige watje naar de prullenbak aan de andere kant van de kamer. Het zeilt sierlijk door de lucht en belandt in de bak bij haar eerste poging.

'Ecoterrorisme, in feite. Ze richten zich op bobo's van de tien vervuilendste bedrijven. Directeuren van oliemaatschappijen, dat soort dingen. Begon met ludieke acties, zoals suiker in de benzinetank van een CEO's Bentley. Maar de laatste tijd...' Haar ogen twinkelen van opwinding. '...blazen ze dingen op.'

Ze draait een doorzichtig flesje Seche Vite open, waarna ze de toplaag met vloeiende, gelijkmatige streken aanbrengt. 'Hoe dan ook, het is voor een goed doel.' Ze draait de dop er weer op en maakt een buiginkje. '*Et voilà.*'

Ik kijk naar mijn nagels. Negen volmaakte muntgroene ovaaltjes.

'Ik moest die met de saturatiemeter overslaan,' zegt ze verontschuldigend. 'Maar wat vind je?'

'*Naaz glur-glur,*' zeg ik.

Linhs ogen verwijden zich bij het geluid van mijn stem. 'Wat zeg je?'

Ik doe nog een poging. '*Gli-guh.*'

Haar lippen verbreden zich tot een begrijpend lachje. 'O. Glítter.' Ze werpt een blik op mijn nagels. 'Helemaal mee eens.'

Per slot van rekening leef ik nog. Reden genoeg voor een feestje.

51

Shepherd's Bush

25 DECEMBER

IK BEN OP TIJD THUIS VOOR DE KERST. IN EEN VLAAG VAN JOIE DE vivre mag Dylan van mij een echte kerstboom kopen. Hij kiest een manshoge Nordmannspar met kluit die terug kan worden geplant. De spar kost tweehonderdvijftig pond en heeft meer weg van een struik, maar mij best. Dylan zet hem pontificaal in de woonkamer en versiert hem met 'duurzame' slingers van popcorn en gedroogde sinaasappelschijfjes, waarvan ik vrees dat ze ratten zullen aantrekken. Na een viraal gegane video te hebben gezien over hoe een uitgedroogde kerstboom je woonkamer binnen vijf seconden in lichterlaaie kan zetten, ga ik het ding als een bezetene water geven.

Je zou denken dat het vreemd zou zijn om terug te zijn in onze oude woning, om elke dag door onze gedeelde voordeur te stappen, maar eerlijk gezegd voelt het als vanouds. Als thuis, in voor- en tegenspoed.

Op kerstochtend is Dylan vroeg wakker en komt mijn kamer in stuiteren om een Red Bull met karmozijnrode fluwelen strik erom voor mijn neus te houden.

'Haha, heel grappig,' zeg ik terwijl ik met mijn ogen rol, maar stiekem ben ik in mijn sas dat hij überhaupt iets voor me heeft. Dylan gelooft niet in de Kerstman, nooit gedaan, maar toch stiefelen we getweeën naar de woonkamer om te doen alsof. Ik maak mokken warme chocoladehavermoutmelk voor ons om van te slurpen, terwijl Dylan zich op de stapel cadeautjes stort.

Brooke en Julian brengen de feestdagen door op Saint Lucia ('om onze onderbroken huwelijksreis af te maken!'), maar hebben cadeaus gestuurd: een Selfridges-kerstpakket en pluizige pantoffels voor mij, en een stel walkietalkies met zonnecelooplader voor Dylan. Ik had me strikt aan zijn verlanglijstje gehouden: een drone, een instantcamera en, tegen beter weten in, een katapult. Er is maar één cadeau dat ik zelf durfde te kiezen: een nieuw terrarium voor Greta. Dylan pakt het uit met een sceptische blik alvorens het verrukt uit te roepen tot zijn allermooiste cadeau. 'Een echt schildpaddenpaleis!'

We besteden de ochtend aan Greta's verhuizing naar haar nieuwe onderkomen, en 's middags komen Jenny en de jongens langs. We bestellen dimsum bij Tian Fu, openen Brookes kerstpakket en ontkurken de champagne die Jenny heeft meegebracht. De tweeling holt door de achtertuin, elkaar met stokken slaand, terwijl Dylan zich verschanst in zijn kamer om stenen in Greta's nieuwe terrarium te leggen.

'Wat gaan ze met zijn woning doen?' vraagt Jenny, die haar tanden in een stuk panettone zet.

Mijn blik schiet naar het plafond. 'Ik dacht eigenlijk dat ik wel – nou ja, je weet dat het oorspronkelijk één huis was. Dacht dat ik wel kon proberen ze weer samen te voegen.'

Dit is niet helemaal waar. In feite had ik Adams vader al gebeld en, na hem te hebben gecondoleerd, aangeboden om Adams woning te kopen. Ik rekende het hem niet aan dat hij een moordenaar had grootgebracht. Tenslotte kiezen we onze kinderen niet.

Jenny's wenkbrauwen schieten omhoog. 'Wauw. Serieus? Kun je dat betalen?'

'Jawel, ik heb nog een deel van de –' Ik slik de rest in.

Ze zet haar glas op tafel. 'Ho, ik dacht dat je de beloning aan Robin Sexton had gegeven?'

'Ja, zeker. Maar had hij echt de hele vijf miljoen nodig? Hij zat een weekje of zo in de gevangenis! Vier miljoen leek me meer dan genoeg.'

Ze rolt met haar ogen, maar er speelt een lachje om haar lippen.

Snel verander ik van onderwerp. 'En jij? Nog iets gebeurd op je werk?'

Ze slaat haar ogen neer. 'O. Er is me promotie aangeboden. Om leiding te geven aan het kantoor in Frankfurt.'

Dat valt me rauw op mijn dak. 'Echt? Maar je woont hier net!' Ik herpak me. 'Ik bedoel, dat is geweldig. Gefeliciteerd.'

'Ja.' Ze schenkt haar champagneglas nog eens vol. We staren uit het raam naar Max en Charlie, die elkaar niet meer met stokken slaan, maar ze nu als boemerangs over de schutting keilen.

'Ik denk niet dat ik het ga doen.'

'Wat?'

Ze rimpelt haar neus. 'Ben je weleens in Frankfurt geweest? Bovendien hebben de jongens het hier naar hun zin. Ze voelen zich thuis. Ik zat te denken: misschien moet ik mezelf maar eens trakteren op een sabbatical. Iets nieuws proberen. Wie weet?' Schouderophalend neemt ze nog een teug champagne. 'Misschien begin ik voor mezelf.'

Nadat ze zijn vertrokken, installeren Dylan en ik ons op de bank. We spelen twee spelletjes Uno, eten overgebleven dimsum met onze handen en kijken naar *Die Hard* op tv. Dylan is waarschijnlijk een beetje te jong om Bruce Willis te zien strijden tegen terroristen op Nakatomi Plaza, maar ja, boeien. Will komt hem morgen ophalen voor tweede kerstdag, en ik wil er per se voor zorgen dat dít de kerstdag is die hem bijblijft.

We moeten allebei in slaap zijn gevallen op de bank, want wanneer ik wakker word is het donker en stil in huis. Dylan ligt languit op de bank. De film is afgelopen en het elfuurjournaal is bezig. Een verslaggever met een babyface staat op een parkeerterrein voor een brandend gebouw. Hoofdkantoor van Shell in Zuid-Londen, vertelt hij de somber kijkende journaalpresentator.

'Er zijn geen dodelijke slachtoffers gemeld, maar minstens één bestuurslid is zwaargewond,' vervolgt de verslaggever, gebarend naar de vlammenzee achter hem. 'Volgens de autoriteiten is het brandstichting. Het explosief zou een spijkerbom zijn geweest.'

Op het scherm verschijnt een onscherpe foto. Een gebogen figuur in een grijze anorak.

'De politie roept mensen op om te helpen deze man te identificeren,' voegt hij eraan toe.

Druppelsgewijs begint angst door te sijpelen in mijn bewustzijn. Waarom komt dat beeld me zo... bekend voor? Ik staar naar het scherm, mijn brein dwingend om op te starten en het verband te leggen. Ik ken dat jack ergens van. Maar waar? Een van de schoolvaders? Iemand van Raya?

Dan ga ik bijna over mijn nek.

Mr Foster.

Zodra het tot me doordringt, valt er iets op zijn plaats in mijn hoofd. De krekels. Het blik vol spijkers. Dylans mysterieuze ochtendwandeling. Linhs woorden galmen na: *dat nieuwe, militante milieucollectief.*

Ik kijk naar mijn zoon, die diep in slaap op de bank ligt, en alle haartjes op mijn lijf staan rechtovereind.

Heeft hij... Kan hij...?

Ik richt mijn blik weer op de tv en het in lichterlaaie staande Shell-gebouw. De zender melkt de beelden van de brand wel uit, zeg. In de reflectie van het tv-scherm zie ik Dylan zachtjes snurken, waarbij zijn groene GIVE PEAS A CHANCE-hoodie met elke ademhaling omhooggaat. Hij ziet er zo onschuldig, zo engelachtig uit als hij slaapt.

Eén ding dat je je niet realiseert tot je zelf kinderen hebt, is hoe vaak je eigen moeder jouw dood voor zich heeft gezien. Het is een van de duistere geheimen van het moederschap: vanaf het moment dat je kind wordt geboren, en soms ervóór al, word je geplaagd door schrikbeelden van afschuwelijke dingen die hem overkomen. Je tweejarige die ongemerkt een pierenbad in waggelt. Je zesjarige die op een glanzend rood fietsje voor een bus de weg op schiet. Je opstandige tiener die een lift aanneemt van een wildvreemde met slechte bedoelingen. En het gaat nóóit over. Op een dag zal Dylan een gezette, kalende man van middelbare leeftijd zijn, en dan nog zal ik 's nachts wakker liggen in mijn bejaardenhuis, kniezend of hij zijn cholesterolverlagers wel heeft ingenomen. Daarom kijken moeders zo graag naar hun slapende kinderen. Omdat we alleen dan het gevoel hebben dat ze daadwerkelijk veilig zijn.

Ik bestudeer Dylans vredige gezicht. Hoeveel van zulke avonden heb ik nog, voordat hij groot is en het huis uit gaat, de grote, boze buitenwereld in trekt? Voordat Het Erge, dat wat ik niet kan voorkomen of voorzien of verhelpen, hem uiteindelijk te grazen neemt, zoals ons allemaal op een dag zal overkomen?

Heel lang zit ik in het donker naar een slapende Dylan te kijken, elke in- en uitademing koesterend, zoals alleen een moeder kan.

Uiteindelijk sta ik op, zet de tv uit, giet wat water in de kerstboompot en leg een deken over Dylan heen.

Mijn mannetje.

Veilig. Gezond. En wel.

DANKWOORD

DIT BOEK ZOU ER NIET ZIJN GEWEEST ALS MIJN OORSPRONKELIJKE levensplan goed had uitgepakt. Dus bedankt, universum, voor het verkloten van dat weldoordachte plan.

Ik heb alles aan mijn man te danken, die me opveegde toen plan A implodeerde en daarna onze hypotheek betaalde zodat ik achter een bureau verhalen kon gaan zitten verzinnen. Als eeuwige, woestmakende optimist geloofde hij zelfs in dit boek wanneer ik het niet meer zag zitten. Al mijn dromen zijn uitgekomen dankzij jou.

Dank aan Hellie Ogden, die me aanraadde de titel te veranderen en in ruil daarvoor mijn leven veranderde. Je bent een topagent, en dat wist ik zodra ik de WME-vergaderzaal in liep en al die ballonnen zag. Dank aan Ma'suma Amiri, die ze waarschijnlijk had opgeblazen. Dank aan Alyssa Reuben, wier glanzende haar en messcherpe onderhandelingstechniek ik zo bewonder. Ik heb veel moois aan jou te danken. Dank aan Hilary Zaitz-Michael, die trachtte Hollywood aan mij uit te leggen en me in contact bracht met mijn tv-dreamteam: Chris Storer, Josh Senior en Cooper

Wehde. Dank aan Florence Dodd, die haar naamgenoot naar lezers in zoveel landen bracht.

Hartelijk dank aan mijn redacteur, Kate Dresser. Ik voel me een ongelooflijke bofkont dat ik met jou mag werken. Jouw opmerkingen maakten alles beter. Bedankt dat je ze zo aardig bracht en bedankt dat je geen mist op de cover hebt laten zetten.

Ik zou me geen slimmere, getalenteerdere groep mensen kunnen wensen dan het Putnam-team: Tarini Sipahimalani, Andrea Monagle, Noreen McAuliffe, Katy Miller, Sanny Chiu, Claire Sullivan, Maija Baldauf, Emily Mileham, Lorie Pagnozzi, Erin Byrne, Molly Pieper, Ashley McClay, Katie McKee, Alexis Welby, Lindsay Sagnette en Ivan Held.

Dank aan Katie Bowden van Fourth Estate, die onmiddellijk begreep wat ik voor ogen had en me vervolgens hielp het zoveel beter te maken. Jij bent de Mariah onder de redacteuren, en ik ben heel blij van jou te kunnen leren.

Dank aan Gillian Stern voor het promoten van dit boek, in woord en daad. Dank aan iedereen die betrokken is bij de Lucy Cavendish Fiction Prize voor het door de vingers zien van tikfouten, waarmee jullie mij een reden gaven om in mezelf te geloven. Dank aan Johanna Clarke en de Society of Authors voor de praktische steun tijdens het schrijfproces.

Dank aan mijn eerste lezer, Ralph Martin; mijn tijgermoeder, Kiko Itasaka; en mijn lieve vriendinnen Hillary Evans, Francesca Harrison, Brittaney Kiefer en Mae Wiskin voor de morele steun. Dank jullie wel, Smita Bhide voor het lezen van mijn brieven vol vragen en Elle Harrison voor de lange telefoongesprekken en wijze raad. Dank aan Oliver Wilson en Chris Corbett voor het elektronisch handje-vasthouden tijdens de beoordelingsfase. En dankjewel Berit Cassis, de originele speurdersmoeder.

Een high five voor buitengewoon docent creatief schrijven, Nikesh Shukla, en iedereen van mijn Faber-cursus (Asra, Nicky, Inez, Suzanne, Nick, An, Phil, 'Sandy', Larissa, Zoe, Ilana, Mel, Sam) die de conceptversies las en me liet weten dat Florence niet Brits was. Jullie hadden gelijk, jongens.